LA MARINE FRANÇAISE

1re SÉRIE GRAND IN-8°.

Propriété des Éditeurs.

HISTOIRE
DE
LA MARINE
FRANÇAISE

FASTES DE LA MARINE MILITAIRE

DE LA FRANCE

PAR E. DE CORGNAC.

LIMOGES
EUGÈNE ARDANT ET Cie,
ÉDITEURS.

INTRODUCTION.

La marine!... Ce mot, à lui seul, résume toutes les émotions d'un drame gigantesque, dont les péripéties sont des tempêtes, des naufrages, des combats sanglants...; dont les acteurs au teint bruni, hommes de résolution, de courage et de dévouement, sont toujours en présence du danger...; dont le théâtre est un navire, c'est-à-dire une planche étroite jetée sur les abîmes de l'Océan...; dont les décorations, qui changent incessamment, sont aujourd'hui des banquises et des neiges éternelles sous un ciel nébuleux; — demain, la nature luxuriante des tropiques colorée par l'éclat radieux d'un soleil brûlant.

La mer!... quel imposant spectacle par ses caprices et son immensité! quelle harmonie sauvage et grandiose!... Dans un temps calme, au souffle modéré du vent, les vagues se balancent et creusent de mobiles sillons; sont-elles fouettées par la tempête? elles se dressent furieuses, se couronnent d'une écume bouillonnante et brisent avec fracas contre la falaise escarpée, ou s'en vont expirer sur la plage que tapisse un sable uni et doré. Le vent fléchit! l'agitation de la mer continue, mais ses ondulations ne sont plus écumeuses; la houle succède aux emportements des lames, la rancune à la colère...

Et si le regard se promène au-delà du rivage, il aperçoit bien loin, se découpant à l'horizon, les silhouettes de barques légères, à la voilure blanche comme les ailes d'un goëland, qui vont, qui viennent, se croisent en sens divers; et plus près, de ci, de là, partout, au mouillage, un grand nombre de bâtiments de formes et de dimensions différentes : c'est la rade... Voici venir une flottille nombreuse, un convoi de navires du commerce sous l'escorte d'un bâtiment de guerre. En-deçà, au premier plan, une formidable escadre avec ses vingt-sept vaisseaux est tranquillement embossée. Au corps de bataille, en serre-file, est l'amiral, son pavillon carré au grand mât; à droite, en avant-garde, le vice-amiral portant ses couleurs au mât de misaine; de l'autre côté, en arrière-garde, le contre-amiral, arborant sa marque distinctive au mât d'artimon. En avant sont les vaisseaux alignés en pelotons; sur les flancs, les frégates et les corvettes; sur tous les points les avisos, véritables officiers d'ordonnance de l'armée navale, voltigeant qui çà qui là, pour vérifier l'exécution des commandements que transmet la télégraphie aux mille couleurs. En un clin d'œil l'escadre est sous voiles, évoluant avec une promptitude et un ensemble admirables. Elle se déploie d'abord en une seule ligne, l'amiral au centre, et les deux autres divisions à droite et à gauche, en ailes immenses; puis, voguant par colonnes, elle présente, selon le signal de l'amiral, ou un front de trois vaisseaux sur une profondeur de neuf, ou elle oppose sur trois rangs une face de neuf vaisseaux... Quelle étonnante précision!...

Ce qui n'est pas moins curieux à voir, c'est un port de commerce avec son peuple d'ouvriers et de matelots, avec ses navires en construction, ses navires armés ou désarmés, ses navires aux riches cargaisons, les uns en partance, les autres en déchargement. Cette activité, cette agitation, cette foule empressée, ce tumulte, l'air salin de la mer apporté par la brise du large, le cri des mouettes qui voltigent, la fumée du goudron qui se répand au loin..., tout cela, — la première fois, — vous surprend, vous étourdit, vous enchante!...

Mais dans un grand arsenal maritime l'étonnement redouble. Là, les bâtiments de haut bord, ces géants de l'empire des eaux, font paraître bien petits les navires du commerce. Là, ouvriers, marins, circulent par centaines et travaillent avec méthode, sous la règle d'une discipline sévère. Ici, sur une cale de construction, s'élève la membrure colossale d'un vaisseau à trois ponts; plus loin, une gracieuse frégate aux formes sveltes, aux contours élégants, semble impatiente d'aller prendre sa place sur le liquide élément; là-bas, une corvette, virée en carène, présente le flanc aux maillets étourdissants des calfats. Plus loin, s'ouvre le bassin de radoub pour recevoir un vapeur qui rentre avec des avaries. De toutes parts les chantiers et ateliers, — la corderie, l'avironnerie, la poulierie, les forges, la serrurerie, la clouterie, la chaudronnerie, la machinerie, — préparent, confectionnent, réparent les pièces de construction ou d'armement. Voici le parc aux canons, qui fournirait l'artillerie d'une flotte entière; voilà le parc au bois, qui bâtirait cinquante vaisseaux; puis le parc au lest, qui leur donnerait la stabilité; le parc aux ancres, qui leur trouverait un point d'appui au fond des rades.

Mais un vaisseau armé!... c'est une citadelle flottante avec sa garnison de mille à douze cents hommes, répartie à différents étages depuis les profondeurs de la cale jusqu'au sommet des mâts... Quel ordre! quelle harmonie en toutes choses! Tout est prévu, tout est réglé. Chacun obéit sans hésitation au chef supérieur qui transmet son commandement partout et à tous avec une rapidité surprenante, même au sein de la tempête... D'un coup de sifflet les marins sont debout et leurs lits ont disparu. D'un coup de sifflet tout est rétabli comme auparavant. Le vaisseau est à l'ancre; il faut appareiller. Tout le monde est sur le pont, chacun à son poste : les gabiers grimpent dans les hunes et sur les vergues, les matelots sautent aux manœuvres courantes et aux cabestans; un coup de sifflet, et les voiles se détachent et se hissent; le timonier qui est à la barre leur fait prendre le vent. En même temps les cabestans tournent, l'ancre dérape, elle est levée; le vaisseau s'incline légèrement et trace un blanc sillage; sa marche s'accélère, il est en route.

Dès lors la grande bordée s'organise. La moitié de l'équipage prend six heures de repos, pendant que l'autre moitié fait le quart, c'est-à-dire le service du bord. Si la navigation est heureuse, cet état de choses se maintient durant la traversée; s'il survient un accident, la vigilance des chefs redouble : on donne le signal, et l'équipage tout entier est sur pied. Si l'on rencontre en mer un ennemi, le commandant ordonne le branlebas de combat. Aussitôt les officiers sont postés dans les batteries, les hommes placés pour le service des pièces; la mèche allumée est plantée dans la baille de combat, les mousses et les cambusiers sont aux panneaux pour le passage des poudres; le chirurgien est à l'infirmerie dans l'entre-pont, pour y attendre les blessés; le commissaire se tient prêt à dresser les actes de décès, les testaments : il est à la fois notaire et officier de l'état civil.

Les matelots s'arment de pistolets, de sabres et de haches. Les filets et les grappins d'abordage sont prêts à fonctionner. Le signal est donné; si le vaisseau ouvre le feu de ses batteries de tribord, il se retourne pour lâcher sa bordée de bâbord, tandis que l'on recharge les pièces qui viennent de tirer. Mais les deux ennemis se rapprochent; ils se saisissent bord à bord; ils sont aux prises; l'artillerie est impuissante; mais la fusillade est partout, les grenades tombent en pluie de feu du haut des hunes et des vergues sur le pont adverse. Ce n'est pas assez, les grappins sont lancés et s'accrochent de toutes part : A l'abordage! les combattants s'élancent les uns sur les autres; le carnage est à son comble... Celui qui a le désavantage amène son pavillon; il est amariné; l'humanité reprend ses droits. Vainqueur ou vaincu, le vaisseau répare ensuite ses avaries et se remet en route.

Mais le danger pour lui n'est pas fini : le vent s'élève, un grain s'annonce, il va tomber à bord; les voiles sont rapidement carguées et serrées; le vaisseau à la cape fuit devant la bourrasque, heureux de n'être pas désemparé. Cependant les éléments s'apaisent; mais dans sa course précipitée le vaisseau a fait fausse route; il se trouve au milieu des écueils. Il talonne. L'eau pénètre dans la cale; les pompes sont bientôt impuissantes ; plus d'espoir de salut... C'est dans ce moment suprême que le commandant a besoin de tout son sang-froid, de toute l'énergie de son caractère; car devant la mort, la désobéissance pourrait commencer. Cependant les chaloupes sont mises à la mer et chacun veut s'y précipiter. Le vaisseau, dont la mâture a été abattue, s'est couché sur le récif; il se remplit et va disparaître sous les flots. On rassemble à la hâte les vergues, les mâts de rechange, toutes les pièces de bois disponibles, pour improviser un radeau. Quelques barriques de vin, quelques barils de biscuit, de farine et de salaison y sont jetés précipitamment. Le commandement de ce fragile appareil, où se réfugie l'espoir du marin, est confié au lieutenant du bord. Chaque chaloupe a pour chef un officier. Enfin le vaisseau s'engloutit à jamais. Alors le commandant, qui a présidé au sauvetage de ses matelots, prend place le dernier dans la chaloupe qui doit diriger le sinistre convoi. La terre est loin encore : les vivres sont distribués avec une sage parcimonie. Le mécontentement, la mutinerie se manifestent d'abord par des murmures; bientôt la révolte éclate; les embarcations chavirent... Sauve qui peut!... les survivants souffrent les angoisses de la faim et surtout les tortures de la soif. L'autorité des chefs est méconnue; la raison s'égare... il n'y a plus que des bêtes féroces...

Et le soir du dernier jour, passe là un navire qui écrit sur son journal de bord cette page déchirante : « C'était un » radeau formé par des mâts de hune, une grande vergue et

» quelques espars. Quatre cadavres s'y trouvaient, trois
» groupés ensemble à une extrémité du radeau, et un noir
» étendu sur le dos, vers le centre. Un chien seul vivait en-
» core, mais il n'eut pas la force de se lever, et mourut quel-
» ques instants après. La position du nègre sur le radeau, le
» couteau qu'il tenait encore dans ses doigts coupés, les mor-
» sures dont il était couvert, indiquaient qu'une lutte provo-
» quée par la faim avait ensanglanté ces débris. » Le pin-
ceau de Durand-Brager a trouvé là une belle et terrible ins-
piration.

L'aperçu qui précède donnerait une idée bien incomplète
de l'existence accidentée de l'homme de mer, des fatigues
sans nombre, des privations, des périls de toute espèce auxquels il est sans cesse exposé. Notre *Histoire de la Marine*
sera le développement des faits et des circonstances qui méritent de fixer l'attention.

Seulement, obligés de nous restreindre, nous consacrons
spécialement ces pages à la *Marine militaire française;* et encore borgnons-nous notre travail à l'époque qui va du couronnement de Louis XVI (1774) à la fin de la première moitié
du siècle que nous traversons.

LA MARINE FRANÇAISE

CHAPITRE I.

Le 10 mai 1774, Louis XVI, âgé de vingt ans, montait sur le trône dans des circonstances difficiles. Mais, dès à présent, que les lecteurs remarquent que nous ne nous occuperons des événements de son règne, comme de ceux des temps qui les ont suivis, qu'autant qu'ils auront trait au rôle de la marine militaire française.

La marine française, tel est, avant tout, l'objet de nos études.

Déjà, depuis plusieurs années, les Américains faisaient, auprès de leur mère-patrie, des démarches infructueuses pour revendiquer leurs droits politiques, et faire cesser les vexations dont ils étaient accablés. Désespérant d'obtenir justice du gouvernement britannique, ils se réunirent pour lui opposer une résistance commune. Bientôt ils se sentirent assez forts pour secouer le joug de leurs oppresseurs, et ils donnèrent enfin une base légale à leur indépendance, par l'acte mémorable du 4 juillet 1776.

Abîmée de dettes, l'Angleterre avait conçu la pensée d'en faire acquitter une partie par ses colonies d'Amérique ; mais celles-ci, accoutumées à se taxer elles-mêmes, et à voir consommer au-dedans de leur territoire les dépenses de leur administration, virent, dans cette prétention, une injure à leurs droits. La publication d'un acte du Parlement, qui introduisait en Amérique l'usage du papier timbré, fut le signal d'une émeute à Boston. La révolte s'étendit dans toute la province de Massachusset, dont cette ville était la capitale, et il y fut arrêté, dans une assemblée générale des francs-tenanciers, que, nonobstant l'acte du Parlement, il serait légal de contracter sur papier libre et non timbré.

Cette audace, jointe à des remontrances plus conformes a l'esprit de soumission, obtinrent la révocation de l'acte du timbre, mais pour faire place à un autre plus inquiétant encore. Il était enjoint, en effet, aux provinces américaines de recevoir les troupes qui leur seraient envoyées par la métropole, et de leur fournir gratuitement le logement, le chauffage, la bière et autres menus accessoires.

Les plaintes de la province de New-York sont punies par la suspension de son pouvoir législatif. Les Bostoniens se signalent, dans cette occasion : ils chassent de leur ville deux régiments qui ont osé faire feu sur les citoyens, et organisent un soulèvement général. Le gouvernement mollit contre ces mesures séditieuses, et retire ses actes. Se ravisant, et revenant à son premier plan de soumettre les colonies à l'impôt, il chargea de droits exorbitants divers objets de commerce importés en Amérique, et particulièrement le thé, dont la Nouvelle-Angleterre faisait une immense consommation.

Cependant on fixe d'abord au terme d'une année la tolérance du commerce avec l'Angleterre, et l'on émet enfin le vœu d'un congrès général. De toutes parts on nomme des députés, qui se rassemblent à Philadelphie, capitale de la Pensylvanie.

Elu président de l'assemblée, Peyton-Randolphe commença la session par la rupture d'une couronne en douze parties égales, qui furent distribuées aux représentants d'autant de provinces, formant alors la confédération. Le congrès rédigea ensuite une déclaration des droits, type de toutes celles qui ont été faites depuis.

Puis, George Washington fut promu au grade de généralissime des armées américaines. La modération connue de son caractère l'avait fait juger le plus propre à défendre avec sagesse la révolution qui s'opérait.

Pendant que Washington forçait Howe à capituler dans Boston ; que la Géorgie accédait à la confédération ; que le congrès faisait publier son acte d'indépendance ; que le gouvernement français, tolérant dans ses ports le commerce d'armes et de munitions pour le compte des insurgés, fermait les yeux sur la disparition d'une jeunesse avide de gloire et folle de liberté qui s'échappait de la cour et des armées pour s'associer à la cause des Américains, et former à la discipline et à la victoire leurs bataillons inexpérimentés, quarante mille Allemands, Hanovriens, Hessois et autres, débarquaient sur la côte nord du nouveau monde.

William Howe, au commencement de l'année suivante, reprenant les projets auxquels la saison avait mis obstacle, se fit porter à l'embouchure de la Delaware, remonta le fleuve, et prit terre à peu de distance de Philadelphie. Washington se proposait de lui opposer les moyens de temporisation, qui seuls pouvaient lui réussir avec une armée trop novice ; le congrès lui ordonna de combattre.

L'action eut lieu à Brandywine. Lafayette, jeune encore, et l'un des premiers Français qui avaient offert leurs services aux fils de la liberté, s'y distingua d'une manière toute particulière. Les Américains furent battus : ils recueillirent néanmoins de cette journée un avantage, celui d'avoir privé l'armée anglaise d'un nombre considérable de militaires difficiles à remplacer.

Les Anglais entrèrent à Philadelphie, que le congrès avait quittée, pour aller s'établir à York-Town. Toutefois, pendant qu'ils triomphaient dans le midi, ils éprouvaient dans le nord un échec honteux, qui contre-balançait, et au-delà, le faible succès récemment obtenu. Cerné de toutes parts, par Gates et Arnold, et dans un dénûment absolu de vivres, auquel la victoire même ne pouvait apporter aucun remède, Burgoyne, réduit à capituler, mit bas les armes, avec six mille hommes, reste de douze mille qu'il avait en entrant en campagne; tandis que, précisément vers le même temps, Lafayette enlevait un fort convoi que Cornwalis conduisait à Philadelphie.

Louis XVI ne voyait pas avec indifférence la position difficile où se trouvait l'Angleterre, mais sa probité l'éloignait d'en profiter, et de venger, ainsi qu'il y était excité, les anciennes injures de la France, couvertes, à son avis, par le traité solennel qui avait réconcilié les deux peuples. Tout ce qu'il crut pouvoir se permettre, comme une mesure de précaution, fut un simple traité d'alliance et de commerce, qui ne devait avoir d'effet défensif et offensif que dans le cas d'une rupture, très-probable d'ailleurs, entre la France et la Grande-Bretagne.

Les Anglais, depuis longtemps, se plaignaient des secours particuliers donnés par quelques Français, militaires et négociants, tant en Amérique, à leurs colons insurgés, que dans l'Inde, au nabab Hyder-Ali-Kan, leur ennemi mortel. Les Français répondaient « que le zèle chevaleresque de quelques individus n'avait jamais été considéré comme une agression nationale, et récriminaient non-seulement sur les injustices et sur les violations, non moins criantes, exercées envers une multitude de navires marchands, mais encore sur le manque d'égards des Anglais pour les côtes de France, où les navires américains se voyaient poursuivis et brûlés, même jusque dans les ports. »

On ignorait alors en France qu'on avait des reproches bien plus graves à faire aux Anglais, et que leur ministère, ne doutant pas de l'issue de ces accusations réciproques, avait fait passer, par la voie de Suez, des ordres pour attaquer les établissements français dans l'Inde; que déjà Chandernagor, Masulipatan et Karical étaient au pouvoir de la Grande-Bretagne, et que Monro, parti de Madras, allait se diriger sur Pondichéry.

Plus franc dans sa politique que George III, Louis XVI se fût reproché de commencer les hostilités; il crut même devoir ne pas faire un mystère à ce prince des engagements qu'il avait pris avec l'Amérique septentrionale, et il les fit notifier par son ambassadeur, à l'effet de prévenir les inductions erronées qu'on pourrait en tirer.

Convaincu des dispositions hostiles du cabinet de Saint-James, celui de Versailles jugea nécessaire de le prévenir, en frappant un coup décisif. Il s'en offrait un de la plus haute importance : l'escadre de l'amiral Howe était mouillée dans la Delaware; supérieure en forces, la flotte française pouvait l'y surprendre, s'en emparer, ou la forcer à se brûler elle-même.

Douze vaisseaux de ligne appareillent de Toulon pour se rendre en Amérique. Ils ont à bord des troupes de débarquement, et un agent de la France auprès du congrès. D'Estaing les commande; sa destination est pour la Delaware. Il doit resserrer Howe par mer, pendant que Washington, qui s'est rapproché de Philadelphie, continuera à le presser du côté de terre, et l'on se flatte de réduire le général anglais au sort humiliant de Burgoyne.

Pressentant la possibilité d'un tel désastre, Howe fait ses dispositions pour se retirer à New-York, et elles sont exécutées par Clinton, qui lui succède dans le commandement en chef.

Sur ces entrefaites, d'Estaing arriva à l'entrée de la Delaware, et sa présence n'y étant plus nécessaire, il fit voile pour New-York. Il avait l'intention d'y attaquer l'ennemi avant l'arrivée des renforts que leur amenait le commodore Byron; mais il fallut encore remettre la partie, parce que les vaisseaux français se trouvèrent tirer trop peu d'eau pour s'approcher suffisamment du port. Dès lors, une autre expédition fut concertée contre Rhode-Island, l'une des places d'armes des Anglais.

Neuf mille Américains, aux ordres de Sullivan et de Lafayette, et quatre mille Français de la flotte, prirent terre dans l'île, et marchèrent sans délai contre New-Port, qui en est la forteresse. On en croyait la prise si infaillible, qu'on avait menacé la garnison de la faire passer au fil de l'épée, dans le cas où elle se permettrait d'endommager les fortifications de la place. Les approches, secondées par l'artillerie de la flotte, donnaient en effet une espérance fondée de réussite, lorsque Howe, malgré son infériorité, se hasarda dans les parages de l'île, pour essayer de lui porter quelques secours en hommes et en munitions.

Ravi d'avoir enfin trouvé l'occasion de combattre l'Anglais, d'Estaing quitte sa station pour le joindre; mais, au moment où il l'atteignait, une tempête sépare les deux armées, et sa fureur est telle que, horriblement maltraitées, elles sont forcées de se retirer, l'une à Boston, l'autre à New-York. Réparée la première, la flotte anglaise reparaît devant New-Port, et décide la levée du siège.

En même temps, Howe et Byron ont opéré leur jonction, et menacent Boston même. D'Estaing les en éloigne par une diversion sur les Antilles. A peine arrivé à la Martinique, il apprend que les Anglais se sont emparés de Sainte-Lucie, au sud de cette île. Appareillant aussitôt, et se trouvant dans le port Barington, avec six vaisseaux seulement, mais embossés d'une manière inabordable, il est réduit à une attaque de terre, dont son courage lui dissimule le danger, sans pouvoir en triompher. Une perte considérable qu'il éprouve, et l'arrivée de Byron dans le canal, contribuent à lui faire hâter son retour à la Martinique, où il attend les renforts que doit lui amener de Grasse.

Ainsi se consuma en tentatives, dont aucune ne lui réussit, la campagne de d'Estaing; tandis que, plus heureux, le commandant de la Martinique, Bouillé, ayant sous ses ordres Duchillau et Damas, colonels des régiments de Viennois et d'Auxerrois, s'était emparé, et sans perdre un seul homme, de la Dominique, et par cet exploit avait jeté la terreur parmi les négociants anglais, qui tremblèrent pour toutes leurs autres possessions des Antilles.

Non-seulement le commerce de la Grande-Bretagne, mais sa marine militaire même devaient commencer à concevoir quelques inquiétudes de l'audace et de l'expérience françaises. Tel fut du moins le sentiment que fit naître le résultat inattendu du combat d'Ouessant, livré en 1778 à l'entrée du canal de la Manche.

Trente vaisseaux de ligne, de part et d'autre, s'étant rencontrés, se mesurèrent, sous les ordres du comte d'Orvilliers pour la France, et de l'amiral Keppel pour l'Angleterre. On se battit à outrance une journée entière, et à la nuit les deux flottes furent obligées de regagner leurs ports respectifs pour se radouber, sans qu'il y eût perte d'un seul vaisseau d'aucun côté.

Cette lutte opiniâtre fut pour les Français l'équivalent d'une victoire, par la confiance qu'elle leur rendit contre un ennemi, habile sans doute, mais dont on a toujours trop exagéré la capacité, pour la contrebalancer avec avantage. Les Anglais, au contraire, regardèrent l'issue de ce long engagement comme une véritable défaite, par la certitude qu'ils eurent d'avoir trouvé cette fois des égaux dans l'art des manœuvres nautiques.

Le duc de Chartres, depuis duc d'Orléans, y commandait l'arrière-garde, assisté du brave Duchaffaut. La cour trouvant le prince sans aptitude pour le service de mer, lui donna la charge de colonel-général de hussards.

En 1779, le comte d'Orvilliers avait fait sortir de Brest, pour éclairer les mouvements de la flotte britannique, la frégate *la Surveillante*, commandée par le chevalier du Couédic, et le cutter *l'Expédition*, aux ordres du vicomte de Roquefeuil. Ces deux bâtiments firent rencontre, à la hauteur de l'île d'Ouessant, de la frégate anglaise *le Québec*, capitaine Farmer. Elle était suivie également d'un cutter, appelé *le Rambler*. Les uns et les autres s'attaquèrent aussitôt avec fureur.

Les forces, l'habileté, la bravoure, étant égales des deux côtés, l'action dura trois heures et demie. Les frégates étaient engagées de si près que, plusieurs fois, leurs vergues s'embarrassèrent. Leur artillerie avait déjà fait un ravage affreux; les ponts étaient couverts de morts et de blessés, leurs mâts fracassés et abattus; elles ne pouvaient plus gouverner. Ni l'une ni l'autre ne semblaient cependant disposées à battre en retraite ou à se rendre.

Le capitaine français reçoit une blessure à la tête, et perd connaissance; mais, revenu à lui, il reprend aussitôt le commandement. Deux nouvelles blessures, dans le ventre, ne peuvent le contraindre à se retirer; au contraire, il ordonne l'abordage.

Farmer, de son côté, déploie un courage indomptable. Les Français, pour se frayer un chemin à l'abordage, jettent une grande quantité de grenades à bord du *Québec*, dont les voiles s'enflamment, et, en peu d'instants, le feu atteint jusqu'aux gaillards. L'Anglais travaille à l'éteindre, et refuse opiniâtrément d'amener. Du Couédic se voit forcé de s'éloigner pour éviter l'incendie; mais il n'y parvient qu'avec beaucoup de difficulté, son beaupré s'étant engagé dans le gréement de l'ennemi. Enfin, le feu prend aux poudres de la frégate anglaise, et elle saute avant d'avoir baissé son pavillon.

N'écoutant plus alors que des sentiments d'humanité, qu'on ne peut assez honorer, le capitaine de *la Surveillante* mit tous ses soins à sauver le plus grand nombre possible de ses ennemis, qui, pour échapper aux flammes, se précipitèrent en foule dans la mer. On ne peut en retirer que quarante-trois, reste infortuné de trois cents hommes qui composaient l'équipage du *Québec*.

Farmer fut englouti avec les débris de son navire. La frégate française était hors d'état de se mouvoir. Le cutter l'*Expédition* se dégagea du *Rambler*, qu'il combattait avec avantage, pour se porter au secours de *la Surveillante*. Il la prit à la remorque, et la conduisit, le lendemain, dans le port de Brest.

Fidèle à ses propres exemples, et à ceux des nations civilisées, le cabinet de Versailles renvoya libres les quarante-trois Anglais tombés au pouvoir de la France, ne voulant pas retenir prisonniers ceux qui, dans le même jour, avaient échappé à la fureur des hommes, du canon, des flammes et des eaux. Les Français eurent dans cette action quarante morts et cent blessés.

Louis XVI éleva le chevalier du Couédic au grade de capitaine de vaisseau ; mais il ne put jouir longtemps de la haute réputation que lui avaient acquise sa valeur et son humanité. Mort des suites de ses blessures, il fut vivement regretté, et son nom fut prononcé avec distinction dans toute l'Europe, mais nulle part plus qu'en Angleterre.

Un fait d'armes maritime des plus éclatants avait précédé le combat d'Ouessant.

L'amiral anglais Keppel avait à peine appareillé de Sainte-Hélène, faisant route vers la baie de Biscaye, lorsqu'il découvrit, à peu de distance, deux vaisseaux accompagnés de deux autres bâtimentr de moindre force, qui avaient l'air d'observer les mouvements de sa flotte. C'étaient les deux frégates françaises *la Licorne* et *la Belle-Poule*.

La guerre n'était pas encore déclarée. N'écoutant que son amour pour sa patrie, Keppel ordonne de donner chasse aux bâtiments français. La frégate anglaise *le Milfort* arrive sur *la Licorne*, et l'officier qui la commande somme, en termes très-mesurés, le capitaine français de se rendre sous la poupe de l'amiral Keppel. Le Français refuse d'abord ; mais, voyant avancer le vaisseau *l'Hector*, qui lui tire un coup de canon à boulet, il se soumet à sa destinée, et prend rang dans la flotte anglaise.

Pendant ce temps, le capitaine Marshall, avec sa frégate *l'Aréthuse*, de vingt-huit pièces de six, de concert avec le sloop *l'Alerte*, de dix canons, se portait sur la *Belle Poule*, armée de vingt-six pièces de canon de douze, et accompagnée d'une corvette de dix canons. *L'Aréthuse*, meilleure voilière, arriva, vers six heures du soir, à portée de fusil de *la Belle-Poule*, et lui intima l'ordre qu'elle avait de l'envoyer sous la poupe de l'amiral. Le capitaine français, Chadeau de la Clocheterie, s'y refusa nettement. L'Anglais lui tira un boulet par son travers, et Chadeau y répondit par toute sa bordée.

Dans ce combat, *l'Aréthuse* eut huit hommes tués et trente-six de blessés. *La Belle-Poule* compta quarante-cinq morts et ses blessés s'élevèrent à cinquante-sept. Parmi les premiers, se trouvaient Saint-Marsault, lieutenant de frégate, et au nombre des seconds, Laroche de Kerandraon, l'enseigne Bouvet, officier auxiliaire, et la Clocheterie lui-même, qui reçut deux contusions.

Si, d'après le combat d'Ouessant, la France pouvait se promettre de disputer, désormais, la victoire à l'Angleterre, elle ne douta plus de la lui enlever, sans retour, lorsque son alliance avec l'Espagne lui permit, l'année suivante, de doubler ses forces.

Après quelques efforts inutiles pour concilier les différends de l'Angleterre avec ses colonies et avec la France, l'Espagne, liée à cette dernière puissance par le pacte de famille, se déclara ouvertement pour elle, et se hâta de réparer, par une prompte coopération, la faute de son intervention tardive dans les guerres précédentes.

Gibraltar est bloqué par terre et par mer, et trente-quatre vaisseaux de ligne, aux ordres de Louis de Cordova, se joignent, dans l'Océan, à la flotte française, que commande toujours d'Orvilliers. L'amiral anglais Hardy, quoiqu'il soit fort de trente-huit vaisseaux de haut bord, n'ose ou ne peut empêcher la jonction des alliés, et recule devant soixante-six voiles, qui paraissent destinées à favoriser une descente en Angleterre.

Disposés sur les côtes de Bretagne et de Normandie, une multitude de transports étaient prêts à recevoir quarante mille hommes rassemblés dans ces deux provinces, et, à cet appareil de forces imposantes, la Grande-Bretagne, en ce moment, n'avait guère que des milices à opposer. Le maréchal De Vaux était désigné pour commander la descente, et, entre les officiers généraux qui servaient sous ses ordres, on distinguait Lafayette, revenu d'Amérique pour prendre part à cette expédition. Sa présence semblait en garantir le succès; mais, à l'étonnement général, et soit contrariété des vents ou effet de la politique conservatrice des cours alliées, qui prétendirent seulement neutraliser, par cette démonstration hostile, les efforts extérieurs de l'Angleterre, la flotte combinée, après avoir tenu trois mois la mer, s'être approchée de Plymouth, où elle jeta la terreur, et avoir chassé, pendant vingt-quatre heures, la flotte de Hardy, qu'elle ne put atteindre, rentra à Brest. Elle avait perdu, sans combat, cinq mille hommes, qui moururent à bord, victimes d'une épidémie qu'ils y contractèrent.

Une tactique semblable avait lieu en Amérique, où d'Estaing servait la cause des Etats-Unis, par des diversions sur les îles anglaises des Antilles. Détaché de la flotte, Rumain venait d'enlever à la Grande-Bretagne l'île caraïbe de Saint-Vincent, et l'amiral, accru des renforts amenés par de Grasse, la Motte-Piquet et Vaudreuil, fit voile pour la Grenade, y débarqua, et s'en rendit maître en deux jours.

Cette expédition, qui excita un enthousiasme général parmi les Français, eut un éclat supérieur à son importance. Ce n'était qu'un coup de main brillant, où quinze cents hommes, sans canons, en forcèrent sept cents dans une enceinte murée et palissadée.

Le jour même où Macartney se rendait à discrétion aux Français victorieux, Byron, informé de l'attaque de la Grenade, avait appareillé, de Sainte-Lucie, avec vingt et un vaisseaux de ligne et quatre mille hommes de débarquement. Arrivé en vue de l'île, il se dirigea sur le port, où il serait entré et où sa flotte eût couru le risque de se livrer elle-même, si l'on ne se fût pas trop pressé d'arborer le pavillon blanc sur le fort. Byron reconnut son erreur, assez tôt pour prévenir sa ruine, mais non pour éviter le combat. Plusieurs de ses vaisseaux furent désemparés ; il n'en perdit d'ailleurs aucun. Forcé à la retraite, il cingla vers Saint-Christophe, et se refusa à un nouvel engagement dont d'Estaing lui offrait l'occasion. Ce ne fut qu'après ce double exploit, que l'amiral français se montra enfin sur les côtes des Etats-Unis, dont les habitants se plaignaient d'être oubliés par leurs alliés.

Les Américains s'étaient maintenus avec assez d'égalité sur le continent, où ils avaient aussi souvent battu les Anglais qu'ils en avaient été battus eux-mêmes, dans des combats partiels et dans des affaires de poste qui ne décidaient rien, et qui, par cela seul, étaient au désavantage des Anglais. Ces derniers, cependant, s'étaient emparés de Savannah, capitale de la Géorgie. Secondé par Lincoln, d'Estaing résolut de leur arracher cette place, en disposa le siège, et ouvrit la tranchée ; mais, d'un côté, la négligence des Américains, suite d'une certaine prévention qu'on était parvenu à leur inspirer contre leurs alliés, ayant laissé pénétrer des renforts, les assiégés furent bientôt plus nombreux que les assiégeants ; et, d'une autre part, la flotte, dans une rade découverte, éprouvait quelquefois des coups de vent plus ou moins pernicieux à son gréement.

Dans cette situation critique, d'Estaing ne voit d'espoir de succès que dans la chance d'un assaut. Le jour est indiqué ; lui-même conduit une colonne. Toutefois, si l'attaque est vigoureuse, la défense du gouverneur Prévost n'est pas moins opiniâtre. Près de planter leurs drapeaux sur les remparts, les Français et les Américains sont repoussés. Les pertes qu'ils éprouvent, jointes à une blessure que reçoit d'Estaing, provoquent la levée du siège et le départ de la flotte.

Byron avait partagé son armée en trois escadres ; l'amiral

français, à son imitation, fit trois divisions de la sienne : la première, aux ordres du comte de Grasse, se rendit à Saint-Domingue ; la seconde eut pour chef la Motte-Piquet, et pour destination la Martinique ; la troisième, commandée par Vaudreuil, alla croiser dans la baie de Chesapeak. Quant à d'Estaing, il revint en France avec le seul vaisseau qu'il montait, *le Languedoc*.

Ce qu'il y eut de très-particulier dans l'infructueuse expédition de la Géorgie, c'est que, à trois cents lieues de là, elle opérait l'évacuation de Rhode-Island, que les forces combinées des alliés n'avaient pu obtenir l'année précédente. Clinton l'avait ordonnée sur l'avis de l'approche des Français, en sorte que les Américains s'en emparèrent sans coup férir. Le pavillon britannique, qu'ils y laissèrent flotter quelque temps encore, leur valut de riches prises, qui entrèrent sans défiance dans le port.

Cependant, l'Angleterre voyait diminuer de jour en jour les immenses profits dont s'enrichissent ordinairement ses corsaires. Sous prétexte que les neutres transportaient chez ses ennemis des munitions prohibées, ou qu'ils se rendaient dans des ports qu'elle déclarait bloqués sans qu'ils le fussent effectivement, elle s'arrogeait le droit de visiter leurs bâtiments, et, le plus souvent, de les confisquer.

Fatiguées de ces vexations, les puissances du Nord crurent les circonstances favorables pour s'en affranchir, et, sous le nom de neutralité armée, elles formèrent une ligue pacifique destinée à protéger leur commerce. Elles armèrent, en effet, sans dessein hostile, mais avec l'intention de repousser par la force les perquisitions insolentes que se permettaient à leur égard les moindres bâtiments de guerre. Elles déclarèrent ne reconnaître pour munitions prohibées que les objets tels que les poudres, les boulets, les canons, etc. ; mais nullement les madriers, planches, poutres, cordages, fers et goudrons, matières ordinaires de leurs opérations mercantiles. La signification qu'elles firent de cet acte aux puissances belligérantes fut accueillie par la France et par l'Espagne, comme s'accordant parfaitement avec les plans de leur politique.

Dans le temps que, chargé de remplacer d'Estaing aux Antilles, Guichen mettait à la voile, avec quinze vaisseaux, pour se rendre à sa station, Rodney, destiné à être son rival de gloire dans les mêmes parages, l'avait prévenu de quelques jours, et avait quitté l'Angleterre, suivi de vingt et un vaisseaux de ligne, et d'un convoi qu'il devait, chemin faisant, conduire à Gibraltar.

La commission de l'amiral anglais était difficile à remplir : vingt-quatre vaisseaux, espagnols et français, aux ordres de don Gaston, devaient sortir incessamment de Brest et se rendre à Cadix, à sa poursuite; la nombreuse escadre de don Louis de Cordova, et celle de l'amiral Barcello, à qui l'on avait confié le blocus de Gibraltar, croisaient à l'entrée du détroit, sur les caps Spartel et Trafalgar; et enfin, don Juan de Langara, avec neuf vaisseaux de ligne, avait sa station en avant de Cadix, vers le cap Sainte-Marie.

C'était à travers ces nombreux ennemis que Rodney, embarrassé encore par son convoi, devait essayer de pénétrer à Gibraltar. Un premier coup de vent dispersa, à trente lieues de Brest, la flotte de don Gaston; un autre désempara la croisière du détroit, et la força de rentrer à Cadix pour réparer ses avaries. Le seul Langara fut épargné, mais pour tomber entre les mains des Anglais.

Faute d'avoir envoyé à la découverte de l'ennemi, il ne put l'éviter, et l'attendit dès lors en bataille. Son courage ne put le soustraire au sort inévitable qu'appelait son infériorité. Un de ses vaisseaux brûla, quatre autres furent pris; tous, cependant, ne furent pas perdus. L'un d'eux, trop faible d'équipage pour manœuvrer par un gros temps, s'étant vu sur le point d'échouer ou de périr, les Anglais voulurent forcer les Espagnols, qu'ils tenaient à fond de cale, de les aider à sauver le bâtiment amariné; mais tous répondirent « qu'ils étaient prêts à périr avec les vainqueurs, et qu'ils ne leur donneraient aucune assistance, qu'ils n'eussent la liberté de conduire le vaisseau dans un port d'Espagne. » La nécessité força les Anglais d'y consentir, et les Espagnols les ramenèrent prisonniers à Cadix.

Libre de repasser le détroit sans obstacle, Rodney se rendit aux Antilles. Il y était à peine arrivé, que trois combats livrés à Guichen, dans le cours d'un seul mois, attestèrent l'égale habileté des chefs et des équipages. Cependant les vaisseaux anglais furent plus maltraités, et le temps dont il eut besoin pour les remettre en état lui donna une infériorité momentanée. L'amiral français en profita pour protéger l'arrivée d'une escadre espagnole de douze vaisseaux de ligne que don Solano conduisait à la Havane, avec douze mille hommes de débarquement, et sur laquelle Rodney avait, assez publiquement, jeté son dévolu.

Guichen avait espéré de cette jonction quelque tentative heureuse sur les îles anglaises; mais les instructions précises de l'Espagnol, qui se proposait la conquête de la Jamaïque, ne lui permirent point de ralentir sa marche, et les maladies, qui exercèrent leurs ravages sur les deux escadres, entravèrent les dispositions projetées.

Toutefois, la réunion instantanée des forces navales de la France et de l'Espagne avait inquiété Rodney. Craignant également et pour la Jamaïque et pour le continent, il fit deux divisions de sa flotte : l'une, il l'envoya à Kingstown, et avec l'autre il se rendit sur les côtes des Américains. C'était à la fois une méprise et une imprudence; mais, toujours heureux, il y gagna d'avoir soustrait ses vaisseaux à un ouragan terrible qui se fit sentir aux Antilles, et qui détruisit quatre cents navires à la Barbade, à Saint-Christophe et à Sainte-Lucie. Bridge-Town, la principale cité de la première de ces îles, devint un monceau de ruines, et cinq mille habitants périrent sous ses décombres.

Cependant Guichen, qui, après ce désastreux ouragan, n'avait plus à redouter la présence de Rodney, expédia pour Cadix la flotte marchande de Saint-Domingue. C'était le premier convoi qui, depuis le commencement de la guerre, fût arrivé en Europe sans échec. Le soin d'escorter les navires du commerce était regardé alors par les officiers de la marine royale comme au-dessous de leur dignité. Cette prévention donna un nouveau mérite au zèle que marquèrent, à cet égard, quelques marins distingués. Le brave la Motte-Piquet était de ce nombre.

On renouvelait en Espagne les immenses préparatifs de la campagne précédente. D'Estaing y avait été appelé par le roi Charles, qui le nomma généralissime de ses troupes de terre et de mer. Une armée de débarquement était toujours stationnée sur les côtes de Flandre, de Normandie et de Bretagne. Toutefois, ce ne fut encore qu'un épouvantail, et soixante-trois vaisseaux de ligne, espagnols et français, sortis de Cadix, n'eurent d'autre destination que de ramener dans les ports de France la riche flotte marchande de Saint-Domingue. Peut-être, au reste, ne fallait-il pas moins que cette formidable escorte pour la soustraire à la capture de quarante-cinq vaisseaux de ligne qui l'épiaient, et que l'amiral Darby promenait, à cet effet, de croisière en croisière.

Luttant avec peine contre la marine réunie de France et d'Espagne, l'Angleterre réclamait depuis longtemps, en vertu de traités antérieurs, l'assistance de la Hollande, partagée alors en deux factions : celle des républicains, qui refusait de se commettre avec la France, et celle du stathouder, dévoué à la Grande-Bretagne par ses alliances avec la maison de Brunswick, qui le gouvernait. La première prévalut, et répondit par un silence obstiné aux demandes du cabinet de Saint-James. Ce refus était dangereux.

De nouvelles réclamations et des plaintes sur l'asile donné à des corsaires américains, n'eurent pas plus de succès, ou du moins les mesures qui en furent la suite parurent des actes de connivence. Dès lors, le commerce des Provinces-Unies fut livré à la rapacité anglaise. L'accession que méditait la Hollande, à la neutralité armée, semblait devoir y porter remède ; mais l'Angleterre, que cette menace aurait frustrée de son espérance, déclara nettement la guerre à la Hollande, se flattant de compenser sur les possessions sans défense de cette puissance les pertes que pourraient lui faire éprouver les autres.

Rodney n'eut pas plus tôt reconnu son erreur sur les projets des Français et des Espagnols, qu'il revola vers les Antilles, et, seule puissance alors dans ces mers, il se hâta d'en profiter pour mettre quatre mille hommes à terre à Saint-Vincent. Toutefois, sept cents Français, qui formaient la garnison de Kinstown, suffirent pour lui enlever l'espérance qu'il avait conçue de s'en rendre maître.

Informé de la déclaration de guerre entre l'Angleterre et la Hollande, il tourna ses efforts vers des conquêtes plus faciles et plus lucratives. Saint-Eustache est pris : trente-deux navires, chargés des dépouilles des négociants hollandais, sont expédiés en Europe, sous l'escorte de quatre vaisseaux de ligne ; mais, à la vue des côtes britanniques, et à la hauteur des Sorlingues, ils sont rencontrés par la Motte-Piquet, qui en enlève vingt-six.

Vers le même temps, le comte de Grasse, parti de Brest avec vingt et un bâtiments de haut-bord, et un nombreux convoi, ayant fait remorquer les plus mauvais voiliers, arrive aux Antilles. Occupé, à Saint-Eustache, à la vente des effets qu'il a capturés, Rodney détache le vice-amiral Hood pour l'observer, et lui fermer l'entrée du port de la Martinique. La flotte française se grossit, en vue du Fort-Royal d'un renfort de quatre vaisseaux; Hood, malgré son infériorité, ne refuse pas le combat, et ne prend chasse qu'après quatre heures d'engagement.

Une diversion sur Sainte-Lucie, en trompant les Anglais sur le véritable dessein de l'amiral français, lui permit de descendre à Tabago, sans y être attendu. Bouillé, déjà en réputation par la prise de la Dominique, conduisit les attaques, et fit capituler les forces de cette île importante. Quant à de Grasse, des dépêches qu'il reçut alors de Rhode-Island, par la frégate *la Concorde*, qui lui amenait des pilotes américains, lui firent quitter ces parages, et gagner d'abord Saint-Domingue. Jugeant la campagne finie dans les Antilles, Rodney repassa en Angleterre, avec une partie des dépouilles de Saint-Eustache, et laissa à Hood le commandement en chef de la flotte.

De Grasse ne fit que toucher à Saint-Domingue; il y prit des troupes de débarquement, et, de cette île, il gagna le rapide et dangereux canal de Bahama, pour se rendre plus tôt sur les côtes de l'Amérique, où il était attendu avec impatience. Il pensa dans sa route intercepter, à la pointe de Cuba, un riche convoi qui venait de sortir de la Jamaïque, et qui, y rentrant aussitôt, jeta l'alarme dans toute l'île Enfin, l'amiral français mouilla à l'entrée de la Chesapeak, et commença à exécuter pour sa part le plan concerté, à Rhode-Island, par Washington et Rochambeau, et auquel la frégate dépêchée aux Antilles l'avait invité à concourir. Ce plan consistait à enfermer tellement Cornwalis dans la péninsule d'York-Town, qu'il fût contraint de subir le sort de Burgoyne, à Saratoga, et de mettre bas les armes.

L'océan qui baigne les côtes de l'Europe offrit encore l'imposant spectacle de la réunion des flottes française et espagnole sous Guichen et sous don Louis de Cordova. Les cinquante vaisseaux qui la composaient croisèrent à la hauteur des Sorlingues, forcèrent à se blottir dans Torbay la flotte de Darby, jetèrent de nouveau l'alarme sur les côtes de la Grande-Bretagne, puis rentrèrent dans leurs ports respectifs, sans avoir rien exécuté des grands desseins qu'ils paraissaient destinés à accomplir, et qu'on suppose avoir été, pour le moins, d'empêcher le retour des convois du commerce anglais.

Dans le même temps que la grande flotte sortait de Cadix, une expédition en appareillait pour la Méditerranée. Contrariée par les vents, il lui fallut près d'un mois pour aborder Minorque, but de sa destination. Cent voiles y débarquèrent douze mille hommes, que commandait Crillon, général au service d'Espagne. L'île entière se soumit immédiatement, à l'exception du fort Saint-Philippe.

Des renforts étaient nécessaires. La France fit passer à Minorque une division composée des régiments de Lyonnais, de Bretagne, de Bouillon et de Royal-Suédois. Ce fut alors que commencèrent les opérations du siége, dont le succès, toutefois, était réservé à l'année suivante.

Parti de Brest avec cinq vaisseaux de ligne, le bailli de Suffren était chargé de la double mission de conduire dans l'Inde un renfort destiné au comte d'Orves, et d'assurer en même temps le cap de Bonne-Espérance aux Hollandais, contre le commodore Johnston, qui venait d'appareiller de la Méditerranée, porteur d'instructions impératives de l'attaquer. Parvenu aux atterrages de Sant-Iago, l'une des îles portugaises du cap Vert, Suffren rencontra Johnston, et forma aussitôt le projet de le réduire à l'impossibilité d'exécuter les ordres de son gouvernement.

Suivi de deux vaisseaux seulement, il pénètre dans la baie de la Praya, à travers les nombreux bâtiments qui la remplissent, et, par un feu nourri et soutenu pendant une heure, il leur cause d'immenses dommages. Lui-même a beaucoup souffert, et ce n'est qu'avec peine qu'il sort de la baie. Toutefois, il a rempli son but, et moins maltraité que son adversaire, qui emploie seize jours à se réparer, il peut le prévenir au Cap, où il dépose quelques troupes, ainsi que Bussy, devenu célèbre par ses exploits et ses négociations dans l'Inde.

Aux avantages près que les Anglais y avaient obtenus sur Hyder, avantages qu'ils achetèrent de la perte de beaucoup d'Européens, cette campagne fut malheureuse pour eux. Cependant, ils la terminèrent par un incident qui fit honneur à Kempenfeld, mais dans lequel la fortune entra aussi pour quelque chose. Cet amiral croisait sur les côtes de France avec douze vaisseaux de ligne, dans l'espérance d'intercepter un convoi de cent trente-cinq bâtiments venant de Saint-Domingue. Ce convoi entrait heureusement à Brest, lorsque Kempenfeld fut rencontré par Guichen dans le sud d'Ouessant.

Le Français commandait une escadre égale en forces à celle de l'Anglais, et se rendant à Cadix, escortait, chemin faisant, deux vaisseaux de ligne et un convoi destiné pour l'Inde, plus sept autres bâtiments de guerre, avec cent dix-huit transports chargés de neuf mille hommes, que Vaudreuil conduisait aux Antilles. En sorte que Guichen avait une immense supériorité sur l'ennemi. Un coup de vent d'abord, et une terrible tempête ensuite, l'empêchèrent d'en profiter, et séparèrent le convoi de la flotte.

A la vue des Français, dispersés à la vérité, Kempenfeld eut l'heureuse audace de couper quinze bâtiments, et il en eût amariné davantage, si Vaudreuil, avec deux vaisseaux seulement, ne l'eût arrêté dans ses progrès, et déterminé à une retraite prudente. Plusieurs navires du convoi furent jetés à la côte, et Vaudreuil n'en put conduire qu'une partie à la Martinique, où de Grasse et Bouillé l'attendaient pour former une tentative sur la Jamaïque.

Cette expédition en Amérique, le siége de Gibraltar en Europe, et le recouvrement de l'Inde en Asie, tels étaient les résultats que l'on espérait des efforts immenses que faisaient encore la France et l'Espagne, dans la vue d'amener la paix. La prise de Saint-Christophe avait préludé à ces grands projets. Fort de vingt-huit vaisseaux, l'amiral français y avait débarqué six mille hommes, aux ordres de Bouillé, qui avait sous lui Duchilleau, Saint-Simon, Dillon et Damas. L'île se soumit immédiatement, à l'exception de la forteresse de Brimstone-Hill, où Frazer avait réuni ses divers détachements.

Après avoir balayé l'Océan d'Europe et assuré la rentrée de leurs flottes marchandes, les escadres française et espagnole regagnèrent la Méditerranée, et jetèrent l'ancre devant Algésiras, pour seconder les opérations dirigées contre Gibraltar. Ce roc était menacé, du côté de terre, c'est-à-dire du côté de sa plus haute élévation, par deux cents bouches à feu, qui le foudroyaient vainement, au plus près; et du côté de la mer, par dix batteries flottantes, de l'invention du colonel d'artillerie d'Arçon.

Sur les dix heures du matin, au moment marqué pour le jeu de ces formidables moyens de destruction, le feu commence. A quatre heures du soir, celui des batteries de la place paraît éteint, et son brave gouverneur, Elliot, semble se résigner au sort pénible de céder à la fortune. Mais, alors même, il faisait de nouvelles dispositions, et tournait la majeure partie des forces de sa garnison au service des boulets rouges dirigés contre les batteries flottantes. Sur six mille boulets qu'il y fit tomber, sa persévérance en adressa un, avec succès, dans le bordage de *la Talla-Piedra*, commandée par l'aventureux prince de Nassau, et qui incendia la machine.

Deux autres batteries prirent feu peu après la première, et les équipages de celles qui n'étaient point encore endommagées se hâtèrent de les abandonner. Douze cents hommes, dans cette nuit fatale, périrent ou furent faits prisonniers. Le prince de Nassau se sauva à la nage.

Cependant Howe, qui s'était retiré sur les côtes d'Irlande, à l'approche des flottes combinées, arrivait avec trente-quatre vaisseaux seulement. Parti de Plymouth, le 11 septembre 1782, il était le 9 octobre à la hauteur du cap Saint-Vincent.

Instruit de son approche, don Louis de Cordova se préparait à le recevoir, lorsqu'un coup de vent sépara ses vaisseaux et en chassa une partie dans la Méditerranée. Ce même coup de vent, favorable à l'Anglais, le porta sur Gibraltar, qu'il ravitailla, protégé qu'il fut par un temps brumeux qui empêcha de l'apercevoir. Le lendemain, lord Howe avait repassé le détroit.

A cette époque, la paix était l'objet des vœux non moins ardents des gouvernements et des peuples.

Elle fut enfin signée le 3 septembre 1783, entre la France, l'Espagne, l'Angleterre et les Etats-Unis.

Louis XVI avait conçu alors le projet d'une expédition scientifique; il en donna le commandement, en 1785, à l'infortuné Lapeyrouse. C'est le 6 décembre 1789 que l'illustre marin eut connaissance de l'île la plus orientale de l'archipel des Navigateurs. Le lendemain il ordonna de laisser tomber l'ancre devant Tou-ton-ila. Le soir même, le capitaine de Langle, embarqué avec plusieurs officiers sur trois canots armés, alla reconnaître un village populeux, où il reçut l'accueil le plus amical. L'heure étant avancée, les naturels allumèrent un grand feu pour éclairer le débarquement de leurs hôtes; tout se passa fort bien dans cette première entrevue, et les canots regagnèrent les navires.

Le lendemain, les naturels vinrent trafiquer à bord, échangeant des provisions contre des objets de fer, et surtout contre des verroteries qui leur plaisaient beaucoup. Les chaloupes allèrent à terre pour faire de l'eau, et les deux capitaines les suivirent dans leurs canots.

Lapeyrouse, accompagné de quelques hommes armés, etait allé visiter le village, abrité sous des bosquets d'arbres à pain; les cases y étaient disposées autour d'une fort belle pelouse circulaire. Debout devant la porte de leurs maisons, tous ces sauvages, hommes, femmes, enfants, vieillards, suppliaient Lapeyrouse de les honorer de sa visite. Il entra dans plusieurs cases; partout régnait la propreté. Pour tempérer l'ardeur du soleil, on avait disposé, dans quelques-unes, des nattes fines artistement recouvertes les unes par les autres, en écailles de poisson, et qui s'abaissaient ou se relevaient comme nos jalousies. Ce pays charmant réunissait encore le double avantage d'une terre fertile sans culture et d'un climat qui n'exigeait aucun vêtement. Des arbres à pain, des cocos, des bananes, des orangers, offrent à ces peuples fortunés une nourriture abondante; ils possèdent en outre de grosses et belles tourterelles et portent avec eux de jolies perruches privées. Quelle imagination ne se fût représenté cette terre privilégiée comme le séjour du bonheur! Mais les Français ne furent pas longtemps sans s'apercevoir qu'elle n'était pas celui de l'innocence : de larges blessures cicatrisées, ou encore saignantes, trahissaient chez les sauvages des habitudes belliqueuses et turbulentes, et leurs traits annonçaient une grande férocité.

Les rapports avec les habitants furent ce jour-là moins pacifiques. Un matelot fut frappé d'un coup de maillet par un sauvage. Lapeyrouse se contenta de le faire jeter à l'eau.

Dans la journée du 10, le capitaine de Langle avait reconnu un joli village dans une anse voisine; il voulut y retourner le lendemain, malgré les répugnances de Lapeyrouse. Le 11, les deux chaloupes de frégates et les deux grands canots, montés par soixante et une personnes, l'élite des équipages, sous les ordres de de Langle, quittèrent donc le mouillage pour se rendre à l'aiguade que cet officier avait aperçue la veille. Mais au lieu d'une baie vaste et commode qu'il croyait trouver, il ne vit qu'une anse remplie de coraux, dans laquelle on pénétrait par un canal étroit et tortueux.

Néanmoins, les naturels l'attendaient sur le rivage avec les meilleures dispositions, et avec une quantité immense de fruits et de cochons. On débarqua les pièces à eau; on établit une haie de soldats pour protéger les travailleurs, et l'opération commença tranquillement. Peu à peu arrivèrent de nombreuses pirogues, et bientôt quinze cents insulaires couvrirent la plage et encombrèrent la petite crique. Alors commencèrent le désordre et la confusion. Pour y mettre un terme, de Langle, mal inspiré, s'avisa de distribuer des présents à des hommes qu'il prit pour des chefs.

Cette largesse ne satisfit personne. Ceux qui ne reçurent rien en devinrent jaloux jusqu'à la rage, et le conflit devint inévitable.

De Langle avait ordonné la retraite vers les chaloupes. Les sauvages entrèrent dans l'eau et suivirent les Français, obligés de marcher quelque temps dans la mer pour rejoindre les embarcations : dans ce trajet, les fusils et les cartouches furent mouillés. Au moment où l'ordre fut donné de lever les grappins et de mettre les chaloupes à flot, quelques pierres furent lancées. De Langle y répondit par un coup de fusil tiré en l'air. Ce fut le signal d'une attaque générale de la part des indigènes. Presque tous ceux qui étaient dans la chaloupe furent atteints; le capitaine lui-même fut renversé et tomba à babord de l'embarcation, où plus de deux cents sauvages fondirent sur lui et le massacrèrent à coups de casse-tête.

Lapeyrouse eut d'abord le projet d'ordonner une nouvelle expédition, pour venger ses malheureux compagnons; mais envisageant que, si les canots avaient le malheur d'échouer, il n'en reviendrait pas un seul homme, il dut renoncer à ce désir, quoique avec le plus grand regret. Après deux jours d'hésitations, il fallut se résigner à abandonner ces funestes parages, qui reçurent le nom d'*île du Massacre*.

Louis XVI n'était plus. A cette époque, une famine d'une rigueur inouïe pesait sur la France. Un convoi de subsistances était impatiemment attendu des Etats-Unis. Aucune des mesures qu'exige la prudence n'avait été négligée pour assurer le succès d'une expédition si précieuse. Une puissante escorte défendait sa marche; une croisière éclairait les parages qu'elle devait parcourir; une division de vaisseaux de ligne couvrait l'atterrage qu'elle devait atteindre. Cependant, le mois de mai s'écoula dans l'attente.

Conformément aux ordres transmis par le Comité révolutionnaire, l'armée se dirigea sur les îles Coves et Flores, dans la mer desquelles l'amiral devait attendre le passage du convoi.

Le 9 prairial (28 mai), vers dix heures de la matinée, les cris : Navires! navires sous le vent! tombèrent des hunes, proférés au même instant par les gabiers de plusieurs vaisseaux.

Les deux armées ne se furent pas plus tôt aperçues, que leurs divisions se formèrent en ligne de combat. Villaret, commandant de l'escadre française, n'avait pas cependant l'intention de s'engager avec l'ennemi; ses ordres lui enjoignaient d'éviter tout combat, tant que le convoi ne serait pas en sûreté dans un port de France.

L'armée ennemie se trouvait en ce moment égale, par le nombre de ses vaisseaux, à l'escadre française. Si sa ligne offrait quelque supériorité matérielle, elle ne la devait qu'au nombre des navires à trois ponts qui la bastionnaient de leurs coques élevées.

Notre amiral fit revenir au vent pour prendre la bordée du large, et entraîna, par cette manœuvre, la flotte britannique hors des eaux que devait traverser, avec son convoi, le contre-amiral Vanstabel. Lord Howe, commandant de l'escadre anglaise, loin d'en soupçonner le motif, ne vit, dans ce virement de bord, qu'un indice de timidité et de faiblesse. La vivacité avec laquelle il se porta sur nos vaisseaux donna lieu à un engagement, durant lequel l'armée française, conservant son ordre de marche, présenta constamment à l'ennemi un front de bataille dont le vaisseau *la Montagne* formait le centre.

Un combat court, mais sanglant, força la flotte britannique d'abandonner le champ de bataille.

Cette affaire coûta deux vaisseaux à l'armée française : *l'Indomptable* et *le Montagnard*, percés à jour et privés complètement de leur mâture, se virent forcés de se diriger sur les côtes de France. Les Anglais avaient bien éprouvé une perte semblable, mais une division de six vaisseaux, qui les avait ralliés sur la fin du combat, avait élevé, par de nouvelles forces, la supériorité matérielle de leur ligne.

Les deux flottes reprirent le soir même leur marche, que Villaret sut, avec habileté, porter de nouveau dans le nord-ouest.

Un voile de brume enveloppa pendant trente-six heures les deux armées ; le 31 mai seulement on put découvrir quelques-uns des vaisseaux anglais.

Les premiers signaux de Villaret transmirent l'ordre de tenir tout disposé pour une action générale.

La flotte anglaise, qui s'était formée en ligne oblique, ne tarda point à s'avancer couverte de toile : les trente-cinq vaisseaux dont se composait alors cette flotte présentaient une ligne armée de plus de trois mille canons; huit vaisseaux à trois ponts, montés par autant d'officiers généraux, en formaient les points les plus formidables.

L'armée française, rangée sur une seule ligne, dans un ordre parfait, ne comptait dans ses rangs que vingt-six vaisseaux.

A peine la première division de l'armée anglaise eut-elle atteint la hauteur de notre arrière-garde, qu'elle passa sous le vent de la queue de notre colonne; son corps de bataille prolongeait notre front du bord opposé. Le combat s'engagea aussitôt avec la plus vive énergie. La flotte française, rangée à portée de pistolet par la flotte britannique, ouvrit sur elle un feu roulant, auquel celle-ci répondit volée par volée. Dès que l'amiral Howe eut atteint avec la tête de son corps de bataille l'extrémité du centre français, il ordonna à tous ses bâtiments de serrer et de combattre les vaisseaux qu'ils avaient par le travers, et il en donna lui-même l'exemple en s'attachant, avec *la Reine-Charlotte*, à l'amiral français.

Le combat, dès le premier choc, fut terrible; l'attaque et la défense firent éclater un acharnement où se rallumèrent les haines invétérées des deux peuples.

Attaquée par l'amiral ennemi, *la Montagne* fut d'abord si bien secondée par le feu de ses matelots d'arrière et d'avant, que *la Reine-Charlotte*, malgré les bordées énormes de ses cent vingt canons, fut plusieurs fois obligée de reculer. Mais une fausse manœuvre du *Jacobin* ayant laissé un vide derrière l'amiral français, lord Howe força de voiles et s'y jeta, suivi de plusieurs navires. *La Montagne*, enveloppée alors par six vaisseaux, la moitié à trois ponts, se défend avec un courage inouï, sous les feux qu'ils vomissent sur elle. D'assailli, ce vaisseau devient même plusieurs fois agresseur.

Une fausse embardée portant sur lui *la Reine-Charlotte*, les deux navires se heurtent avec tant de violence, que leur carène se déjoint. Villaret veut tirer parti de cet accident pour s'emparer de l'amiral ennemi. L'abordage est ordonné. Pendant que les chargeurs, profitant du rapprochement des deux navires, se brisent la tête à coups de refouloir par l'embrasure des sabords, on se prépare, dans les hunes et sur les gaillards, à lancer des grappins à l'ennemi; mais lord Howe se hâta d'échapper à cet embrassement de fer, en reculant de plusieurs encâblures.

Chaque instant, dans ce rude combat, enfante un trait d'héroïsme; de Granville, les entrailles emportées par un boulet, expire en criant : *Vive la nation!* Angot, frappé d'une balle, se fait panser et revient se battre. Cordier se ligature, avec son ceinturon d'épée, le tibia qu'un boulet lui a brisé en esquilles, et reste à son poste. L'amiral Villaret, précipité de son banc de quart, qui vole en éclats sous ses pieds; le député Jean-Bon Saint-André, couvert du sang de deux novices, tués à ses côtés, ne cessent de donner l'exemple du sang-froid et de la bravoure.

Enfin l'amiral anglais fait déployer les voiles, et s'éloigne en faisant le signal à sa division de le suivre. Les Français demeurent ainsi maîtres du champ de bataille.

La Montagne n'était pas le seul vaisseau dont la défense opiniâtre eût si glorieusement illustré cette journée. Les autres navires de notre escadre, épars autour de lui, privés presque tous d'une partie de leur mâture, attestaient par leur délabrement la part énergique qu'ils avaient prise à cette mémorable affaire. Il en était un cependant dont le nom devait encore briller au milieu de tous. Bien qu'il ait à déduire beaucoup de cette *légende*, grossie par la presse jacobine et les historiens-romanciers de cette couleur. C'était *le Vengeur*.

Attaqué par trois vaisseaux de force supérieure à la sienne, cet intrépide navire avait longtemps riposté à ses ennemis, qui n'avaient pu ni ralentir ni affaiblir ses volées.

Cette résistance ne pouvait qu'avoir un terme prochain. Depuis longtemps déjà, la mer envahissait la cale du *Vengeur*, dont les secousses du combat avaient en plusieurs endroits déjoint les murailles, lorsque l'affaissement du navire offrit à l'eau mille ouvertures par les trous dont les boulets avaient crevassé ses préceintes. Dès lors elle se précipite dans l'intérieur du vaisseau, qui s'enfonce sous son poids; les lames envahissent la batterie, où l'on combat toujours; les canons tirent encore que la mer bat leurs essieux; ce n'est que lorsque les pièces sont complètement noyées que l'entrepont est évacué. Le combat ne cesse point; il se rallume sur le pont avec plus de fureur. Mais la mer, montant toujours, vient leur disputer ce nouveau champ de bataille. Cependant un tronçon de bas-mât se dresse encore et les couleurs nationales y sont clouées. Le vaisseau va disparaître. Tous, combattants, blessés, mourants, se raniment dans cet instant suprême. Les canons à fleur d'eau tonnent pour la dernière fois; un cri immense s'élève de toutes les parties du tillac. *Le Vengeur* coule!... Les cris continuent... Tout a disparu...

Le Terrible, coulant bas comme *le Vengeur*, en foudroyant les ennemis, partage sa catastrophe et sa victoire.

Villaret-Joyeuse avait su éviter si adroitement l'amiral Howe par sa marche vers l'ouest, que le jour même où l'escadre française luttait si héroïquement contre l'armée britannique, la division du contre-amiral Vaustabel et le convoi traversaient les eaux où deux jours auparavant s'étaient mesurées les deux flottes.

Le combat du 25 messidor an III est encore un des brillants épisodes des guerres maritimes de la République. La relation ci-après de cette affaire est empruntée à une lettre écrite par le brave commandant de la frégate *l'Alsceste*, et que nous a communiquée son fils, M. Hubert, sous-chef de bureau au ministère de la marine :

« Mon cher père, le 25 messidor, au point du jour, étant nord et sud avec le golfe de Fréjus, nous aperçûmes l'armée anglaise, plus forte que nous de neuf vaisseaux, dont cinq à trois ponts. Les vents étant alors grand frais du nord-ouest, nous étions fort mal en ordre, et les Anglais, se formant en ligne en arrivant, doublement forts du nombre de leurs vaisseaux et de leur position, auraient pu engager une affaire générale que tout concourait à rendre très-désavantageuse à notre armée. Mais les destinées de la République veillaient sur nous, et les Anglais, au lieu de profiter d'un avantage qu'ils ne retrouveront peut-être jamais, ayant viré pour se former en ligne à l'autre bord, notre général profita de cette fausse manœuvre pour former sa ligne par ordre de vitesse, en faisant forcer de voiles à toute l'armée pour aller s'embosser dans le golfe de Fréjus, et soutenir le combat d'une manière moins inégale, s'il prenait fantaisie à l'ennemi de nous y venir attaquer.

» Une partie de cette bonne disposition fut cependant détruite par les vents qui calmaient à mesure que nous approchions la terre, tandis que les Anglais, ayant reviré au même bord que nous, en conservaient davantage, étant plus au large ; de sorte qu'à midi, les vents ayant passé à l'est petit frais, ils ne purent joindre que cinq à six vaisseaux de notre arrière-garde, avec lesquels ils engagèrent le combat sans pouvoir les dépasser.

» Le vaisseau *l'Alcide*, qui se trouvait serre-file, ayant été désemparé après une heure et demie de combat, le général (C.-A. Martin) fit signal à la frégate *la Justice*, de quarante canons de dix-huit, d'aller donner la remorque à ce vaisseau. Comme elle ne prenait probablement pas assez promptement les dispositions nécessaires à cette manœuvre, le général lui réitéra son ordre, et le moment d'après fit le même signal à la frégate *l'Alsceste*, de trente-deux canons de douze.

» Aussitôt je donnai vent devant, et, prolongeant l'armée aux autres amures, je fus passer à portée et demie de fusil sous le beaupré du vaisseau anglais, et, lui lâchant toute ma bordée, je m'approchai de *l'Alcide* pour lui donner la remorque, malgré le feu violent des deux vaisseaux à trois ponts et du soixante-quatorze qui me prolongeaient alors de l'avant à l'arrière, et qui tuèrent à mes côtés un de mes officiers, mon capitaine d'armes et deux matelots, et me couvrirent moi-même d'éclats.

» Malgré leur feu, je serais venu cependant à bout de mon opération, si l'incendie, qui se déclara à bord de *l'Alcide*, ne m'eût ôté tout espoir de le sauver. N'espérant plus lui-même, il amena, et je repris les amures à tribord pour rejoindre l'escadre française. Malgré le feu non interrompu de cinq vaisseaux dont deux à trois ponts, pendant cinq quarts d'heure, je parvins, quoique fort en désordre, à me mettre hors de leur portée.

» J'eus dans cette affaire dix-huit hommes tués et trente-trois grièvement blessés ; quarante-quatre boulets dans le corps de la frégate et sept au-dessous de l'eau ; le grand mât percé de trois boulets, le mât d'artimon de deux, plus de trois cents trous dans mes voiles, et mes manœuvres hachées au point d'être obligé de brasser les vergues avec des amures de bonnettes et des drisses de flammes.

» Le vaisseau *l'Alcide*, en sautant, ayant séparé l'avant-garde anglaise, l'escadre française fut mouiller à Fréjus;

mais comme il fallait serrer le vent pour y aller, et que cela m'était impossible, je fus de relâche à Nagais, à deux lieues de là, pour me réparer, et le général expédia une autre frégate pour m'y accompagner et me prêter secours. »

Continuons par le récit du désastreux combat d'Aboukir.

La France était maîtresse de la Méditerranée. L'amiral Brueys, avec six vaisseaux de ligne et plusieurs frégates, avait pris possession des îles Ioniennes et des navires vénitiens mouillés à Corfou. Les croiseurs anglais avaient disparu de ces parages, et l'escadre espagnole était bloquée dans Cadix. Mais le pavillon britannique pouvait à chaque instant reparaître dans cette mer, qu'il nous avait momentanément abandonnée.

De grands préparatifs maritimes avaient lieu dans les ports de la République, et le Directoire manifestait de nouvelles exigences. La cour de Naples n'était pas sans inquiétude : elle craignait d'être attaquée simultanément en Sicile et sur le continent. C'est pourquoi elle demandait à l'Angleterre l'envoi d'une flotte dans la Méditerranée. D'un autre côté, l'amiral Jervis était informé que le gouvernement français avait déjà rassemblé une flotte marchande dans les ports de Provence et d'Italie, sous l'escorte des vaisseaux dont on pressait l'armement, et que cette flotte pourrait bientôt porter quarante mille soldats en Sicile ou à Malte, peut-être même jusqu'en Egypte.

Le 2 mai 1798, l'amiral anglais crut devoir placer sous les ordres de Nelson trois vaisseaux, quatre frégates et une corvette, destinés à connaître le but de cet immense armement. Nelson mit à la voile, de Gibraltar, le 8 mai. Le même jour, Bonaparte arrivait à Toulon.

Le 19 au matin, la flotte française, composée de soixante-douze bâtiments de guerre, sous le commandement du vice-amiral Brueys, quittait la rade de Toulon. Le contre-amiral

Gantheaume était major général de l'escadre; trois autres contre-amiraux commandaient les divisions de la flotte : Blanquet-Duchayla dirigeait l'avant-garde; Villeneuve l'arrière-garde, et Decrès conduisait l'escadre légère. Cette flotte s'arrêta devant Gênes, pour y rallier une division de transport. Le 7 juin, l'armée française passait à portée de canon du port de Mazara, en Sicile; le 9, elle reconnaissait les îles de Goze et de Malte, et, deux jours après, le pavillon de la République française avait remplacé sur ces îles la bannière des chevaliers de Saint-Jean de Jérusalem.

Pendant que le général Bonaparte marchait ainsi à la conquête de l'Egypte, Nelson cherchait à connaître la destination de cette flotte, et la route qu'elle avait prise. Le 5 juin, il était à la hauteur de la Corse, quand le brick *la Mutine* lui annonça un renfort de onze vaisseaux que lui amenait le capitaine Troubridge, avec l'ordre de poursuivre l'armée française sur quelque point qu'elle se fût dirigée.

Se flattant d'atteindre notre flotte, Nelson partagea ses forces en trois colonnes d'attaque. Mais la rencontre espérée ne put avoir lieu : le secret de notre expédition en Egypte avait été soigneusement gardé. Le 17 juin, Nelson apprit, dans la baie de Naples, que notre armée s'était dirigée sur Malte. Ayant passé la place de Messine, il reçut, le 27, par un bâtiment ragusain, la nouvelle que la flotte française venait de quitter Malte, dont elle s'était emparée, et qu'elle avait fait route vent arrière, avec des vents de nord-ouest. L'amiral anglais ne douta plus que l'amiral Brueys ne se fût porté vers l'Egypte. Nelson se couvrit de voiles, gouverna directement sur Alexandrie, et se trouva devant cette ville le 28 juin. On n'y avait encore aperçu aucun vaisseau français. Dans son impatience, il retourna sur ses pas. Pendant que Nelson s'éloignait, notre escadre trouvait la rade d'Alexandrie sans défense, et, le 1ᵉʳ juillet, elle opérait le débarquement de ses troupes sur la plage abandonnée du Marabout.

Informée de l'apparition de Nelson sur la côte, notre escadre le croit parti pour ne plus revenir ; elle est mouillée, depuis le 4 juillet, à Aboukir, et se repose dans une funeste sécurité. Le 1ᵉʳ août, Nelson arrive dans la baie d'Alexandrie. Quelques heures après, il est devant Aboukir.

Notre escadre est mal préparée pour ce retour inattendu. Les chaloupes sont à terre avec une partie des équipages et des troupes, pour renouveler l'approvisionnement d'eau des vaisseaux, et Brueys n'a employé aucune de ses quatre frégates à croiser au large, pour lui signaler l'apparition de l'ennemi. Dans cette fâcheuse situation, on se décide à attendre l'escadre anglaise, et l'on rappelle les chaloupes ; mais l'état de la mer, l'éloignement de la côte et d'autres causes inexplicables, empêchèrent ces embarcations de se rallier à leurs navires. En même temps, l'amiral signale à ses frégates de faire passer une partie de leurs équipages à bord des vaisseaux, pour suppléer à l'absence d'un si grand nombre de combattants.

Il semble impossible que l'armée française ait à redouter un engagement immédiat. Cette incertitude contribue à jeter le trouble dans ses préparatifs de défense. Privés de leurs chaloupes, nos vaisseaux ne peuvent exécuter les ordres de l'amiral. Au milieu de cette confusion, l'escadre anglaise s'avance sous toutes voiles, favorisée par une belle brise de nord-ouest ; elle a bientôt doublé l'île d'Aboukir, et se trouve dans la baie.

En ce moment, Brueys signale à nos vaisseaux d'ouvrir le feu dès que l'ennemi sera à portée. De son côté, Nelson ordonne à ses vaisseaux de mouiller une ancre de l'arrière, et d'engager ainsi notre escadre bord à bord. Par cette disposition, les vaisseaux anglais doivent faire un meilleur usage de leur artillerie, et prendre aisément les batteries de nos bâtiments en écharpe. Nelson permet à ses vaisseaux de s'avancer de toute leur vitesse ; mais il leur signale de porter leurs efforts sur notre avant-garde.

Le Goliath, passant devant *le Guerrier*, vient mouiller à terre de ce vaisseau. Quatre autres vaisseaux anglais suivent *le Goliath*, et prennent poste successivement par le travers du *Guerrier*, du *Conquérant*, du *Spartiate*, de *l'Aquilon*, et du *Peuple souverain*. Nelson, avec son *Vanguard*, mouille le premier en-dehors de notre ligne d'embossage. Exposé au feu du *Spartiate*, il éprouve bientôt des pertes considérables, et lui-même est atteint d'un biscaïen à la tête. Deux vaisseaux anglais arrivent à propos pour soutenir *le Vanguard*.

Cinq vaisseaux français supportent en ce moment tout l'effort de huit vaisseaux anglais, tandis que le centre de notre ligne, où le trois-ponts *l'Orient*, monté par l'amiral Brueys, s'appuie sur deux vaisseaux de quatre-vingts ; le centre n'a point encore eu d'ennemis à combattre. C'est là le point fort de l'armée française.

Le premier vaisseau anglais qui s'aventure sous la volée de *l'Orient* a perdu, en moins d'une heure, deux de ses bas mâts, et a eu deux cents hommes mis hors de combat. Il coupe son câble, et va se réfugier vers le fond de la baie.

En ce moment, accablée par l'ennemi, notre avant-garde a ralenti son feu, et semble à moitié réduite. Cependant, l'avantage est encore de notre côté dans cette partie de la ligne où combattent avec acharnement *l'Orient*, *le Tonnant* et *le Franklin*. Les ténèbres de la nuit enveloppent les deux armées. *Le Cullöden* s'est jeté sur les hauts-fonds de l'île d'Aboukir. Brueys soutient sans s'émouvoir le terrible assaut de trois autres vaisseaux. Il est blessé et refuse de quitter le pont : « Laissez-moi ici, dit-il ; un amiral français doit mourir sur son banc de quart. » Mais un nouveau boulet le coupe presque en deux. En ce moment un terrible incendie se déclare à bord de *l'Orient*, et se propage avec une effrayante rapidité. A dix heures du soir, une explosion ébranle les navires environnants, et les couvre de débris enflammés : *l'Orient* vient de s'engloutir!

La canonnade, un moment suspendue, recommence alors avec plus d'énergie, et c'est *le Franklin* qui en donne le signal. Mais la chance s'est déclarée pour l'ennemi. L'arrière-garde pourrait seule sauver l'armée française; mais elle reste immobile!... Notre avant-garde succombe la première; le centre voit ses vaisseaux dispersés ou écrasés par l'ennemi. L'arrière-garde figure seule encore sur le champ de bataille. Le contre-amiral Villeneuve, qui la commande, sur *le Guillaume Tell,* appareille, à onze heures du matin, avec les débris de l'armée française. *L'Heureux* et *le Mercure* ont été amarinés par l'ennemi; *le Timoléon* est forcé de faire côte. *Le Guillaume Tell* et *le Généreux*, accompagnés des frégates *la Diane* et *la Justice*, parviennent seuls à échapper au désastre le plus complet qui ait jamais affligé notre marine.

Sur les treize vaisseaux et les quatre frégates que Nelson avait combattus dans la baie d'Aboukir, onze vaisseaux et deux frégates furent détruits ou capturés. Notre marine ne se releva jamais de ce coup terrible porté à sa considération et à sa puissance.

CHAPITRE II.

Pendant que, vainqueurs de la Prusse, de l'Autriche et de l'Angleterre, les Français poursuivaient leurs glorieux succès, préparés par la prise des villes d'Utrecht, de Gorcum, d'Amsterdam, de Rotterdam et de la Haye, la Hollande offrait le spectacle, jusqu'alors inconnu, d'une cavalerie européenne manœuvrant sur une mer glacée, et faisant capituler des vaisseaux de ligne.

Des obstacles qui auraient arrêté les armées les plus entreprenantes, venaient d'être franchis par les Français. La rigueur des saisons, l'insalubrité du climat, les fatigues et la misère, causées par une campagne prolongée pendant l'hiver le plus rigoureux, étaient, pour eux, autant de causes d'émulation; ils mettaient à vaincre les éléments autant d'obstination et de courage qu'ils en avaient montré contre les armées coalisées.

Etonnés du courage tranquille avec lequel les Français avaient combattu sur les glaces du Wahal, et de la promptitude qu'ils avaient mise à s'emparer de l'île de Bommel, les alliés s'étaient réfugiés derrière le Lech, où ils restaient plongés dans le découragement, dont le duc d'York lui-même donna le premier l'exemple.

Tous les efforts de ce prince, en effet, depuis qu'il était venu sur le continent prendre part à la grande querelle de la révolution, n'avaient abouti qu'à des défaites rarement rachetées par quelques actions d'éclat. Vaincu dès son début dans la carrière militaire, au siége de Dunkerque, il n'avait assisté aux campagnes de 1793 et 1794 que pour être témoin de la défaite des troupes assez maladroitement confiées à son commandement.

Les derniers avantages obtenus par l'armée du Nord persuadèrent sans doute au duc d'York qu'il ne serait pas plus heureux en Hollande qu'en Flandre. Pour ne pas être encore une fois spectateur impuissant des nouveaux triomphes des Français, il prit tout-à-coup le parti d'abandonner son armée, et se rembarqua pour la Grande-Bretagne, au moment où Pichegru se préparait à porter de nouveaux coups aux ennemis de la France. Ce général n'attendait plus, pour attaquer les alliés, que de voir le Wahal suffisamment gelé vers Nimègue, où son cours, beaucoup plus rapide, avait empêché le fleuve de prendre aussitôt que vers Bommel.

Enfin, l'époque tant désirée arrive, et le froid est si intense, que le Wahal, devenu solide par les effets d'une gelée continue, fournit aux Français un chemin praticable pour marcher à l'ennemi. Dans cette campagne mémorable, tout s'était fait par enchantement. L'espèce de prodige que nous allons rapporter fait naturellement partie de l'histoire de la marine.

Pichegru avait envoyé dans la Nord-Hollande des détachements de cavalerie et d'artillerie légère, avec ordre de traverser le Texel, de s'approcher de la flotte hollandaise, qu'il savait y être à l'ancre, et de s'en emparer. C'était la première fois qu'on parlait de prendre une flotte avec de la cavalerie. Cependant cette manœuvre réussit, comme toutes celles qui avaient été commandées. Les Français traversèrent au galop les plaines de glace, arrivèrent près des vaisseaux, les sommèrent de se rendre, et firent, sans combat et sans effusion de sang, l'armée navale prisonnière de guerre.

La guerre, quelle qu'en soit la cause, apparente ou cachée, est toujours une calamité; mais les discordes civiles sont le fléau le plus désastreux qui puisse désoler un Etat, surtout quand elles sont fomentées par l'étranger. On pressent que nous allons parler de Quiberon.

Confiants dans les promesses du ministère britannique, les émigrés quittent la terre d'exil, accourent au rendez-vous de toutes les parties de l'Europe, et, dans l'ivresse de leur joie, ne doutant plus d'un succès dont les Vendéens eux-mêmes ont désespéré, ils se représentent le drapeau blanc flottant sur toutes les côtes de la France.

L'armement préparé par l'Angleterre était un des plus considérables qu'on eût faits depuis longtemps. Outre les émigrés sur lesquels on pouvait compter, Pitt avait employé tous les genres de séduction pour engager à servir la cause royale, les Français que le sort des armes exposait à périr de faim et de misère sur les pontons. Réunis, ils forment un corps de dix mille hommes.

Leurs chefs sont d'Hervilly, Puysaie, Conflans, Dotherel, Levis, Contades, Broglie, Vauban, Dubois-Berthelot, Tinteniac et l'immortel Sombreuil, tous commissionnés par le comte d'Artois, que des affaires d'un intérêt sans doute très-grave retenaient en Angleterre, ainsi que les dix mille hommes des troupes qui, d'après les promesses du cabinet de Saint-James, devaient, sous les ordres de Moira, chercher à surprendre Saint-Malo.

D'abondantes munitions, des armes pour quatre-vingt mille hommes, des habits pour soixante mille, des pièces d'artillerie de tout calibre, d'immenses provisions de bouche, deux millions en or, plusieurs milliards de faux assignats fabriqués à Londres, enfermés dans des barriques, chargent plus de cent bâtiments de transport.

Warren escorte ce convoi avec deux vaisseaux de soixante-quatorze, quatre frégates, deux corvettes, deux cutters et quatre chaloupes canonnières; quinze vaisseaux de ligne croisent sur les côtes pour protéger le débarquement.

Maître de la mer et des côtes du Morbihan, Warren somme Belle-Ile de se rendre. Boncret, commandant de la citadelle, répond qu'il s'ensevelira sous les ruines de la place plutôt que de la remettre à des Anglais. Warren, instruit qu'on ne peut prendre la forteresse que par terre, juge plus qu'inutile de canonner des rochers à pic, et se retire sur la côte du Morbihan, qu'il sait être dégarnie de troupes.

Déjà d'Hervilly, à la tête de quinze cents hommes, a sauté dans les chaloupes, et, sans avoir trouvé d'obstacle, il s'est avancé en bon ordre sur la place de Carnac, entre Quiberon et le golfe du Morbihan. Cadoudal et Lemercier accourent à la tête des chouans pour recevoir les émigrés. D'Hervilly se joint à eux, et marche de suite sur Carnac, dont il massacre la garnison, trop faible pour résister. Les batteries sont enlevées, le drapeau blanc flotte dans la presqu'île, Auray est pris, et la possession de cette ville ouvre tout le pays aux royalistes.

Mais on le sait, tous ces succès n'aboutirent qu'à un écrasement complet. Quiberon est un nom qui ne rappellera jamais que des dévouements sublimes, vaincus par de lâches trahisons, sur lesquels l'histoire véritable n'a pas encore dit son dernier mot.

La honte de cette défaite ne doit retomber que sur le ministère britannique, et elle rappelle ces mots de Chatam : « S'il fallait que l'Angleterre fût juste envers la France, il y a longtemps que l'Angleterre n'existerait plus. »

Des murmures d'improbation, adressés à Pitt dans la chambre des communes, le forcent à se justifier, et il ose dire, en parlant de Quiberon : « Du moins le sang anglais n'y a pas coulé! — Non, réplique Sheridan, cédant à un mouvement d'indignation, le sang anglais n'y a pas coulé, mais l'honneur anglais y a coulé par tous ses pores! »

La situation des îles de France et de Bourbon était alors assez précaire. Lorsque la révolution française s'étendit au-delà des mers, et bouleversa la plupart de nos colonies, ces îles résistèrent seules au torrent dévastateur. La Convention ayant proclamé la liberté des noirs, les colons pensèrent que l'affranchissement de leurs nègres serait suivi des plus grandes calamités. Ils s'affermirent dans la résolution de résister au gouvernement de la mère-patrie, sans cependant cesser d'être Français. Le vertueux Malartic, nommé gouverneur des deux îles par Louis XVI, conserva pendant tout le temps de la révolution ce poste important. Deux envoyés du Directoire vinrent pour le destituer : ils furent obligés d'abandonner les îles, et Malartic, porté dans les bras des colons reconnaissants, fut conduit en triomphe à l'assemblée coloniale.

Chacune des colonies était gouvernée par une assemblée coloniale qui révisait les lois faites en France, et n'en permettait l'exécution qu'après examen. Les décrets des deux assemblées avaient force de loi après avoir reçu la sanction du gouverneur, qui avait toutes les attributions du pouvoir exécutif, et se trouvait seul chargé du commandement militaire, ainsi que de la police intérieure.

Les colons ayant fait acte de rébellion envers le gouvernement de la métropole, se virent réduits à le redouter et à craindre les ennemis de la patrie. Ils passèrent huit années dans cette position difficile. Il leur fallut des prodiges d'héroïsme pour repousser les Anglais, faire respecter le pavillon national dans les mers de l'Inde, et se suffire à eux-mêmes au milieu de l'abandon général.

Grâce à l'heureuse position de l'Ile-de-France, ses bâtiments de guerre, ses nombreux corsaires sortaient de son port, faisaient des irruptions dans les mers de l'Inde, et s'emparaient souvent des riches navires de la compagnie anglaise. Le gouverneur de l'Inde, résolu de faire cesser cette calamité, envoya, à la fin de 1794, les deux vaisseaux de ligne *le Centurion* et *le Diomède*, pour croiser sur les côtes de l'Ile-de-France. La position des colons devint alors critique. Les habitants ne craignaient pas que leur île fût prise par l'ennemi ; mais les subsistances commençaient à être rares : les bâtiments qui devaient approvisionner l'île étaient en retard. On résolut de tout faire pour tenter de débloquer l'île. A cet effet, les deux frégates *la Prudente* et *la Cybèle* et le brick *le Coureur* mettent à la voile. Leur but est d'attaquer l'ennemi, et de tâcher de le maltraiter au point de l'obliger de quitter le blocus pour aller se réparer; ce qui devait faciliter la rentrée des bâtiments chargés de vivres, des corsaires et de leurs prises.

Malgré l'effrayante disproportion entre nos forces navales et celles de l'ennemi, le brave Renaud, commandant la division française, reçoit avec joie l'ordre d'aller combattre. Les équipages partagent l'enthousiasme de leur chef. On appareille; bientôt on découvre l'ennemi au vent, à huit lieues de la côte. *La Prudente* se place par le travers du *Centurion*, *la Cybèle* par le travers du *Diomède*, Alors commence un combat terrible. Les canonniers français ne s'attachent qu'à frapper les mâts et les vergues des vaisseaux qu'ils ont en travers. Les Anglais sont obligés de quitter leur croisière pour se réparer, et les Français rentrent dans le port aux acclamations de toute la colonie; mais leur perte est énorme, et leur brave commandant est au nombre des blessés.

L'océan Indien était, à la même époque, le théâtre des opérations de l'escadre aux ordres du contre-amiral Sercey. Les frégates *la Preneuse* et *la Seine*, qui faisaient partie de cette escadre, se sont distinguées par de glorieux combats. Nous n'en donnerons pas ici le détail, faute d'espace suffisant.

A la même époque, Bonaparte était encore devant Saint-Jean-d'Acre. Il venait de recevoir des journaux et des papiers publics d'Europe, qui l'instruisaient de la situation de la France. Une lettre de son frère Joseph, confirmant la plus grande partie des détails contenus dans ces papiers, l'engageait à revenir, et l'assurait que sa présence était ardemment désirée par les amis de la patrie, qui tous se rallieraient à lui, s'il parvenait à mettre le pied sur le sol français.

La connaissance de tous ces détails exalte chez le général en chef cet instinct d'ambition qu'il a ressenti dès son début dans la carrière des armes. Une pensée lui sourit ; c'est celle de relever la gloire de la République humiliée, de repousser l'ennemi des frontières menacées, de ramener le calme et la paix, et de satisfaire aux vœux de tout un peuple disposé d'avance à le proclamer son libérateur. Il connaît, d'ailleurs, par les feuilles anglaises, que lui fait passer l'amiral Sidney Smith, le désastre de la Trebbia, suivi du désastre non moins cruel de Novi, la retraite de l'armée sur le territoire de Gênes, et la position critique de Masséna en Suisse.

Péniblement affecté de tout ce qu'il a lu, Bonaparte prend à l'instant son parti, et dans quelques jours il aura débarqué sur la côte de Provence. Il ordonne, en conséquence, à Ganteaume et à Dumanoir-Lepeley de mettre *le Muiron* et *la Carrère* en état d'appareiller au premier signal.

« Ne craignez rien, avait-il dit aux officiers qui l'accompagnaient, la fortune ne nous trahira point : nous arriverons en dépit des Anglais. »

On se rend un soir sur une plage sablonneuse et déserte ; les deux frégates sont mouillées au large : plusieurs canots attendaient sur la grève ; le général en chef y monta avec sa suite et quatre ou cinq cents grenadiers. La brise était fraîche et la nuit obscure ; on put cependant apercevoir à la lueur des étoiles une corvette qui semblait observer et suivre ce mystérieux embarquement. Le calme étant survenu, Ganteaume proposa de rentrer dans le port d'Alexandrie. Bonaparte s'y opposa : « Soyez sans crainte, dit-il à l'amiral, marchez, nous passerons. »

Bonaparte avait conservé sur la frégate l'autorité qu'il savait imposer partout. Le désir d'éviter tout bâtiment ennemi lui avait fait renoncer à parcourir les eaux fréquentées : « Je veux, avait-il dit à Ganteaume, que vous longiez autant que possible la côte d'Afrique, le long des rives de la Méditerranée. Vous suivrez cette route jusqu'au sud de la Sardaigne.

J'ai ici une poignée de braves, j'ai un peu d'artillerie. Si les Anglais se présentent, je m'échoue sur les sables ; je gagnerai par terre avec ma troupe Oran, Tunis ou un autre port et là je trouverai à me rembarquer. »

Les vingt premiers jours de mer furent constamment contrariés par les vents d'ouest, qui reportèrent les bâtiments vers l'Egypte. On parvint cependant à franchir les Syrtes ; ensuite, portées par un joli frais d'est, les frégates longèrent rapidement les côtes barbaresques, et on alla longer les côtes occidentales de Sardaigne.

La violence des vents d'est força Bonaparte à relâcher à Ajaccio. C'est là qu'il apprit la suite de nos revers et les mémorables victoires qui venaient de sauver la France. Dès que le vent le permit, il fit remettre à la voile, après avoir pris des précautions pour échapper aux vaisseaux anglais : une grande chaloupe avait été achetée à Ajaccio et attachée à la remorque du *Muiron*. En cas d'attaque par un ennemi supérieur, Bonaparte devait se jeter dans cette embarcation avec douze rameurs vigoureux et essayer de gagner la plage.

Cette précaution faillit ne pas être inutile. Le 7 octobre, au coucher du soleil, une escadre ennemie fut aperçue ; mais elle prit sans doute nos frégates pour un convoi d'approvisionnements, qui se rendait de Toulon à Gênes.

Ganteaume, à la vue de l'ennemi, voulait revirer sur la Corse : « Non, non, lui répondit avec autorité Bonaparte ; faites force de voiles ; tout le monde à son poste, et cinglons au nord-ouest. » Le lendemain les frégates avaient l'escadre anglaise à tribord et couraient sur la rade de Fréjus. Elles y jetèrent l'ancre sur les huit heures.

A peine avait-on appris que le général de l'armée d'Egypte était sur l'une des frégates, que les populations enthousiastes couvrirent la rade et envahirent les bâtiments.

Bonaparte, descendu à terre, monta dans une voiture qui l'emporta aussitôt vers Paris, où l'avait précédé le bruit des victoires des Pyramides, du Mont-Thabor et d'Aboukir.

Divisé en deux parties presque dès sa naissance, renouvelé à diverses reprises par des voies illégales, le Directoire ne pouvait plus invoquer en faveur de sa durée la volonté du pacte qu'il avait violé lui-même. Il ne se maintenait que par cette force d'inertie qui fait subsister souvent les plus mauvaises institutions. Toutefois, c'est dans le sein même de ce gouvernement que se trouvait l'homme destiné à préparer sa ruine.

Sieyès jette les yeux sur Bonaparte : c'est le seul qui puisse être choisi pour l'exécution du grand projet qu'on veut mener à fin ; sa gloire éclipse la gloire des autres généraux, et, de plus, il exerce une influence électrique non-seulement sur l'armée, mais encore sur tous les citoyens.

Une association d'intérêts réciproques s'établit donc entre les deux hommes les plus ambitieux de la République ; mais nous verrons bientôt comment le futur consul trompa l'ex-chanoine de Chartres qui, pour employer ses propres expressions, mit un clou là où il ne croyait placer qu'une cheville.

Tout est prêt, Gohier et Moulins seront sacrifiés ; Barras s'est décidé pour une lâche neutralité, et le conseil des Anciens, au nom et avec les formes de la Constitution qu'on allait abolir, a pris une résolution qui transférait le Corps législatif à Saint-Cloud, sous le prétexte qu'une grande conspiration compromettait la sûreté des deux conseils dans la capitale. Cette résolution mettait à la disposition de Bonaparte la garde du Corps législatif et toutes les troupes de la dix-septième division militaire, dont Paris était le chef-lieu.

Bonaparte a passé en revue, au Champ-de-Mars, les troupes, et les a réparties à Boulogne, à Sèvres et dans les villages environnants. Frappés de stupeur, Gohier et Moulins se sont humiliés devant l'homme auquel les conjurés venaient de conférer la dictature, et le secrétaire de Barras, envoyé près de Bonaparte pour traiter avec lui, n'en a rapporté que cette réponse foudroyante : « Qu'a fait le Directoire de cette France que je lui avais laissée si brillante? Je lui avais laissé la paix, j'ai retrouvé la guerre; je lui avais laissé des victoires, et j'ai trouvé des lois spoliatrices, la misère. Qu'a-t-il fait de cent mille Français, tous mes compagnons de gloire? Ils sont morts. »

Les deux conseils se sont rendus à Saint-Cloud, et Bonaparte, introduit dans celui des Anciens, accompagné de plusieurs généraux et de ses aides de camp, demande et obtient sur-le-champ la parole. « Représentants du peuple, dit-il, vous n'êtes point dans des circonstances ordinaires; vous êtes sur un volcan. » Puis il leur débite un discours justificatif. « On m'abreuve de calomnies, s'écrie Bonaparte; on parle de César, de Cromwell; on parle de gouvernement militaire... Je vous le jure, représentants du peuple, la patrie n'a pas de plus zélé défenseur que moi; mais c'est sur vous seuls que repose son salut. Il n'y a plus de gouvernement. Quatre des directeurs ont donné leur démission; le cinquième (Moulins) a été mis en surveillance pour sa sûreté; le conseil des Cinq-Cents est divisé; il ne reste que le conseil des Anciens. Qu'il prenne des mesures, qu'il parle, me voilà pour les exécuter. Sauvons la liberté, sauvons l'égalité! »

« Général, s'écria le républicain Lenglet, nous applaudissons à ce que vous dites; jurez donc avec nous obéissance à la constitution de l'an III, qui peut seule maintenir la République! » Bonaparte, surpris, hésita un instant, puis il s'écria : « La Constitution de l'an III! vous n'en avez plus; vous l'avez violée au 18 fructidor, vous l'avez violée au

22 floréal, vous l'avez violée au 30 prairial, la Constitution !... Il faut un autre pacte, de nouvelles garanties. » Le conseil se leva en signe d'approbation.

Bonaparte avait quitté le conseil des Anciens, où on l'avait souvent interrompu, en prononçant ces mots : « Vous trouverez toujours mon bras pour faire exécuter vos résolutions; » enhardi, il s'était rendu au conseil des Cinq-Cents, qui va, dans l'instant, nous offrir un spectacle bien autrement tumultueux.

Gaudin ouvre la séance par un discours étudié, et s'efforce de donner une tournure favorable aux changements prêts à s'opérer. Delbrel se lève et s'écrie : « La Constitution d'abord; la Constitution ou la mort !... Les baïonnettes ne nous effrayent pas; nous sommes libres ici !... » D'autres voix répondent à l'unisson : « Point de dictature! à bas le dictateur! » Pendant une heure le trouble et la confusion règnent dans la salle; tous les membres se précipitent à la tribune, tous veulent se faire entendre à la fois. Grandmaison a la parole, et propose « de faire tous, et par appel nominal, le serment de s'opposer au rétablissement de toute espèce de tyrannie. »

Ce serment est prêté, et l'on s'occupe de mesures réglementaires, lorsqu'une des portes de l'assemblée, s'ouvrant tout-à-coup, offre aux regards étonnés Bonaparte, la tête nue, et accompagné de quatre grenadiers. Il entre.

A cet aspect, l'assemblée entière, entraînée par un mouvement spontané, se trouve debout. Le tumulte est à son comble; c'est un bruit pareil à celui des tempêtes, et de nombreux députés s'écrient avec l'accent de la fureur : « Des sabres ici! des hommes armés !... A bas le dictateur! le Cromwell !... Hors la loi! hors la loi !... » Il semblait, dit une relation contemporaine, que César fût au milieu du Sénat qui devait l'égorger.

Une foule de membres se précipitent au milieu de la salle, s'avancent sur Bonaparte, l'entourent et le pressent. Aréna tire un poignard et veut l'en frapper. Le grenadier Thomé détourne l'arme, et reçoit dans le bras droit le coup destiné au général.

Averti de ce qui se passe, Lefebvre pénètre dans la salle à la tête d'un piquet de grenadiers, écarte, disperse la foule, et parvient à enlever Bonaparte des mains de ces législateurs, qui voulaient faire du vainqueur de l'Italie un nouveau Romulus.

Toutefois, l'absence du général ne rétablit point le calme dans le conseil, justement irrité d'avoir vu un citoyen violer en armes l'asile de la représentation nationale. C'est en vain que Lucien, président de l'assemblée, cherche à excuser la démarche de son frère, et l'attribue à un excès de zèle pour la patrie. Il est interrompu par les cris mille fois répétés de : « A bas le dictateur! le Cromwell! » Un membre ajoute que Bonaparte a terni en ce jour toute sa gloire ; un autre, qu'il s'est conduit en roi.

Désespérant de calmer l'exaspération des députés, Lucien dépose sur le bureau son costume de président, et sort de la salle en disant : « Puisque je n'ai pu me faire entendre dans cette enceinte, je dépose avec un sentiment profond de dignité outragée les marques de la magistrature populaire. »

Cependant les moments étaient précieux : quelques mesures vigoureuses de la part des Cinq-Cents pouvaient dessiller les yeux de la force armée, lui faire sentir l'inconvenance du rôle qu'on lui faisait jouer, et paralyser la révolution naissante. Bonaparte sentit le danger, et s'occupa rapidement des moyens de le prévenir.

Un second piquet de grenadiers, commandé par Murat, se présente l'arme au bras, s'établit au milieu de l'Assemblée :

« Au nom du général Bonaparte, dit-il, le Corps législatif est dissous ; que les bons citoyens se retirent ! Grenadiers, en avant ! » Le bruit du tambour couvre tous les cris d'indignation et inspire une telle terreur aux membres de l'opposition, qu'ils fuient tous par les portes, par les fenêtres, enfin par toutes les issues, pour se soustraire aux terribles baïonnettes.

Convaincus de la nécessité de s'arrêter enfin à un parti, les députés n'hésitèrent plus : ils prirent la résolution de se former en comité général. Le résultat de cette détermination fut l'accomplissement du projet médité depuis longtemps par Sieyès, et auquel Bonaparte venait, dans son intérêt personnel, de prêter l'appui de son bras. Le décret portait l'abolition du Directoire, l'expulsion de soixante membres du conseil des Cinq-Cents, la création provisoire d'une magistrature destinée à exercer le pouvoir exécutif jusqu'à la confection d'une nouvelle constitution, et la désignation, sous les noms de consuls de la République, de Sieyès, Roger Ducos et Bonaparte, qui prêtèrent serment en ces termes : « Je jure fidélité inviolable à la souveraineté du peuple, à la République française, une et indivisible, à l'égalité, à la liberté et au système représentatif. »

Un mois s'est écoulé, et Sieyès et Roger Ducos, obligés de donner leur démission, sont remplacés par Cambacérès et Lebrun. Sieyès, ainsi que son collègue, s'assied parmi les sénateurs, et semble se vouer désormais à l'obscurité.

CHAPITRE III

Malgré les difficultés sans nombre au milieu desquelles se trouve placé le consulat, en recueillant l'héritage de ruines que lui laissait l'administration qu'il venait de renverser,

Bonaparte ne laissa pas de relever, par quelques actes, l'importance que, dans sa pensée, il attribuait à la marine. C'est ainsi qu'il s'empressa de concilier à la France la sympathie des petits États neutres, en levant dans tous nos ports l'embargo dont avaient été frappés leurs bâtiments. C'est ainsi qu'il voulut faire prévaloir dans le droit maritime européen, des dispositions opposées aux prétentions de l'Angleterre.

Malgré les ressources immenses que versaient dans son trésor ses nombreuses colonies, malgré les développements que prirent les taxes et les impôts, les emprunts de l'Angleterre avaient monté, de 1793 à 1799, à la somme énorme de 158,237,736 livres sterling (3,955,943,400 francs.)

La création du consulat fit pressentir à Pitt la nécessité de nouveaux sacrifices; mais, favorisé par son système d'emprunt, certain d'ailleurs d'obtenir l'assentiment de son pays pour tout ce qui toucherait à une lutte devenue, par son succès, en quelque sorte nationale, il ne balança pas à se préparer à faire face aux nouvelles exigences qui, pour 1800, devaient coûter 1,252,600,200 francs à l'Angleterre.

D'un autre côté, la position financière d'un pays ne pouvait être plus critique que celle où Bonaparte avait pris la France. A peine si, après le 18 brumaire, le premier consul trouva 160,000 francs dans la caisse de la nation. Tout était à créer pour faire face au déficit et aux besoins, aux obligations du passé et aux charges de l'avenir

La position militaire de la France devait lui faire redouter une lutte dans laquelle le courage de ses soldats semblait devoir fléchir sous le choc d'une seconde coalition; à peine si ses quatre armées, celle de la Hollande, celle du Nord, celle de la Suisse et celle de l'Italie, offraient un effectif de cent quatre-vingt mille hommes, tandis que l'Autriche en comptait à elle seule cent vingt mille sur le Danube, indépendamment de ses corps d'Italie, forts de cent quarante mille combattants.

Mais Bonaparte, en reparaissant sur cette dernière contrée, berceau de sa gloire, ne tarda pas à faire pencher sous de nouveaux succès le plateau de la balance, que la cour de Vienne croyait emporter par le poids brutal de ses soldats. La journée de Marengo vint, dès l'ouverture de la campagne, donner l'autorité d'une victoire décisive aux propositions de paix que le premier consul avait faites à l'empereur d'Autriche, au nom de la République française.

Ces négociations vinrent de nouveau mettre au jour les sollicitudes que Bonaparte, dans son système de domination, avait vouées à la marine. La condition absolue qu'il mit à tout armistice, fut l'ouverture à la navigation française de tous les ports bloqués par les flottes d'Angleterre.

Les Français, renfermés à Malte dans la citadelle Lavalette, avaient depuis longtemps à lutter contre les nécessités terribles auxquelles un blocus prolongé réduit une place. Malgré le succès avec lequel ils avaient combattu les premières privations, ils commençaient à en ressentir les horreurs.

Vers le milieu de février 1800, les alliés, impatients des longueurs où se traînait le blocus, résolurent de finir ce siége par un nouvel assaut. Des détachements anglais et napolitains ayant été débarqués pour grossir les forces des révoltés maltais, une attaque générale fut tentée du côté de la mer. C'étaient des compagnies de marins qui défendaient cette partie des fortifications.

Après la bataille d'Aboukir, les amiraux Décrès et Villeneuve, ayant recueilli les débris de notre flotte, s'étaient réfugiés dans le port de Malte avec le vaisseau *le Guillaume Tell* et les deux frégates *la Diane* et *la Justice*. Ces bâtiments avaient été placés dans le port des galères, sous les ordres du contre-amiral Villeneuve; le contre-amiral Décrès, ayant enrégimenté une partie des équipages, avait pris possession des points que la faiblesse de la garnison française, décimée par les maladies et les assassinats, avait contraint le général Vaubois à le prier d'occuper et de défendre.

Nos marins, attentifs à leurs pièces, laissèrent la flottille s'avancer jusqu'aux pieds des remparts; mais à peine l'ennemi s'élançait-il de ses bateaux pour appliquer des échelles contre les murs des fortifications, qu'un feu de mitraille, tiré presqu'à bout portant, foudroya les embarcations, et couvrit en un instant la mer et le rivage de débris et de cadavres.

L'enthousiasme de cette victoire fut dissipé par une nouvelle d'autant plus terrible, qu'elle détruisait l'espoir des secours sur lesquels reposait l'avenir de la garnison française. Le contre-amiral Perrée avait quitté la rade de Toulon dans les premiers jours de février pour tenter de jeter des approvisionnements et des secours dans le port de Lavalette. Le convoi, formé de plusieurs transports chargés de munitions et de vivres, portant à leurs bords trois mille soldats, était protégé par trois corvettes et le vaisseau *le Généreux*, à bord duquel le contre-amiral français avait arboré son pavillon.

Lord Nelson, dont le pavillon de commandement flottait au grand mât du *Foudroyant*, beau vaisseau de notre ancienne marine, que les Anglais avaient pris en 93, dans le bassin de Toulon, croisait en ce moment au vent de l'île. Il s'empressa de rallier des forces supérieures à celles qui venaient de lui être signalées, et donna l'ordre de marche. A peine fut-il en vue de notre convoi, qu'il laissa pleinement arriver dessus.

Le commandant français, s'apercevant qu'il n'y avait plus d'espoir pour son expédition que celui d'une lutte glorieuse, voulut au moins, en se sacrifiant, donner aux bâtiments convoyés le temps d'échapper à la chasse de l'ennemi. Ses signaux transmirent promptement ses ordres à l'escadrille, pendant qu'à son bord s'exécutait le branle-bas du combat.

L'engagement prit dès le commencement un caractère d'acharnement qui se prolongea jusqu'à la fin du combat; *le Généreux* se jeta résolûment dans une lutte dont il n'enviait et ne pouvait espérer qu'une gloire, celle de donner assez d'avance à ses navires de convoi pour que l'ennemi ne pût les atteindre, et il répondit volée pour volée au feu des bâtiments ennemis.

Perrée venait de commander une manœuvre hardie pour aborder *le Foudroyant*, quand il fut renversé par un boulet qui lui enleva la cuisse droite. Ce brave officier expira quelques instants après.

C'est ainsi que Nelson, dont les bâtiments ne sortirent point de cette affaire sans de graves avaries, finit par s'emparer de ce vaisseau, qui lui avait échappé dans la désastreuse journée d'Aboukir.

Presque tous les navires du convoi atteignirent la côte de France; les trois corvettes elles-mêmes gagnèrent Toulon.

Cependant, au mois de juillet, la famine touchait à ses dernières horreurs. Vaubois, pour ménager ses ressources les plus extrêmes, fut encore obligé de diminuer les rations d'aliments, lorsque les chaleurs excessives vinrent, conjointement avec la misère, développer un fléau d'autant plus terrible que les hôpitaux commençaient à manquer de médicaments; le typhus éclata avec une intensité telle, qu'il moissonnait jusqu'à cent trente hommes par jour. Au mois de septembre, la ville ne présentait plus que l'image d'un vaste cimetière, lorsque le commandant, résigné à capituler, voulut au moins sauver pour la France, s'il était possible, les deux frégates *la Diane* et *la Justice*, qui se trouvaient encore dans le port.

La première de ces deux frégates, incapable de soutenir

une lutte avec son équipage aux deux tiers sur les cadres, fut obligée de se rendre après un engagement assez long; la seconde, plus heureuse, gagna les côtes de France.

Deux jours après, le général Vaubois et le contre-amiral Villeneuve consommèrent leur résistance héroïque par une capitulation honorable.

Le cabinet de Saint-James crut le moment arrivé d'écraser, par un coup vigoureux, les débris des troupes expéditionnaires, dont le blocus des côtes d'Egypte devait avoir épuisé les forces et les ressources.

L'amiral lord Keith reçut l'ordre de prendre sur son escadre les troupes de débarquement rassemblées dans les îles de Majorque et de Minorque, sous le commandement de sir Ralph Abercromby.

Huit jours après son appareillage, cette flotte, de plus de soixante voiles, trois vaisseaux de quatre-vingts, *le Foudroyant*, au grand mât duquel flottait le pavillon amiral; *le Tigre* et *l'Ajax*; trois vaisseaux de soixante-quatorze, *le Kent*, *le Northumberland* et *le Swiftshure*; huit vaisseaux armés en flûte; quatre frégates de première ligne, *l'Ulysse*, *la Pénélope*, *la Flore* et *la Florentine*; quarante autres frégates et bâtiments de transport, portant vingt-trois mille soldats à leur bord, ralliait l'escadre ottomane, composée du trois-ponts *le Sultan Sélim*, percé de cent vingt sabords, de cinq autres vaisseaux de soixante-quatorze, et de huit fortes corvettes, transportant six mille janissaires et Albanais.

Ces forces imposantes, après avoir longé quelques jours la plage du Delta, vinrent, le 7 ventôse (8 mars), s'embosser en ligne de débarquement dans la rade d'Aboukir.

La nouvelle de cette expédition, sous laquelle notre armée d'Orient devait infailliblement succomber, détermina le premier consul à tenter de lui fournir à tout prix les moyens de repousser ce choc terrible.

Plusieurs armements, faits en secret dans nos ports de l'Océan, furent poussés avec une activité dont notre marine offre peu d'exemples; le plus considérable était celui de Brest.

Sept vaisseaux de ligne, deux frégates et un aviso formaient cette escadre, au commandement de laquelle fut appelé l'amiral Ganteaume.

Dès que cette flotte, dont l'équipement avait été si secret et si rapide que les préparatifs en étaient encore ignorés même en France, fut en état de prendre et de tenir la mer, des ordres furent donnés à tous les bâtiments qui se trouvaient dans nos ports et sur nos rades atlantiques, d'inquiéter l'ennemi par de fausses sorties.

L'escadre appareilla cependant le 7 janvier, pour se porter sur la rade de Bertheaume. *L'Invincible*, *l'Indomptable*, *le Formidable*, tous les trois armés de quatre-vingts canons; les quatre vaisseaux de soixante-quatorze, *la Constitution*, *le Dix-Août*, *le Jean Bart* et *le Desaix*, formaient, au coucher du soleil, avec les deux frégates *la Bravoure* et *la Créole*, armées chacune de quarante pièces, et l'aviso *le Vautour*, une ligne d'embossage forte de six cent cinquante bouches à feu. Le lendemain, dès l'aube du jour, cette escadre mit à la voile par une jolie brise de nord-est.

Pendant que sir Robert Calder cherchait vainement Ganteaume dans les débouquements de la mer Caraïbe, celui-ci rejoignait tranquillement son escadre, qui, après avoir traversé sans obstacle la station de Trafalgar, dont l'amiral Warren fermait la Méditerranée, se trouva au complet, le 10 février, sous les hauteurs du cap Gata.

L'amiral français ayant appris que la flotte de lord Keith, s'étant combinée avec l'escadre ottomane, cinglait vers l'Égypte, dont l'escadre de Kickerton couvrait déjà les ports, crut ne pas devoir s'avancer davantage vers une destination où une expédition si heureusement commencée se fût nécessairement dénouée par une catastrophe. Abandonnant donc une entreprise dépouillée par les circonstances de tout espoir de réussite, il se dirigea vers Toulon, où Warren ne tarda point à le venir bloquer avec ses vaisseaux.

La nouvelle du résultat fatal de cette dernière expédition parvint à Bonaparte le jour même où la frégate *l'Africaine*, commandée par le capitaine Saulnier, s'étant trouvée séparée par un coup de vent du reste de son convoi, rencontra sur la côte d'Afrique la frégate anglaise *la Phébée*.

L'Egypte était menacée, il fallait donc la défendre. Nos soldats, abandonnés sur ces bords de sables, tournaient leurs regards vers la France : il fallait les secourir ; qu'importait, au milieu de tous ces hauts intérêts compromis, la capture de quelques bâtiments ? Les dépêches que l'aide de camp Gérard Lacuée vint apporter à Ganteaume lui enjoignaient de remettre à la voile sur-le-champ.

Le hasard vint une seconde fois favoriser la sortie de l'escadre française.

Cependant Ganteaume, après avoir serré les côtes de la Sicile, de la Morée et de l'Anatolie, gouvernait pour exécuter les nouvelles instructions qu'il avait reçues de son gouvernement. Ce n'était point seulement aux côtes d'Egypte qu'il devait atterrir ; ses notes lui ordonnaient, dans le cas où ces points offriraient une ligne de forces impossible à franchir ou à rompre, d'aborder la plage d'Afrique entre Tripoli et le cap Rozat, et d'y débarquer ses troupes avec assez d'approvisionnements pour qu'elles pussent gagner la frontière d'Egypte.

L'escadre française avait besoin de quelques jours de repos. Cette masse de troupes, entassées dans les entre-ponts avec les matelots, n'avait point permis de prendre tous les soins hygiéniques qui assurent aux équipages, dans les aménagements resserrés de la vie maritime, un état sanitaire favorable et permanent.

Les ravages de cette espèce d'épidémie furent si rapides, que l'amiral Ganteaume se vit contraint de renvoyer de Livourne à Toulon les trois vaisseaux *le Formidable*, *l'Indomptable* et *le Desaix*, ainsi que la frégate *la Créole*, faute d'équipages pour les monter et les gouverner.

La flotte, ainsi réduite, débouqua de la mer Adriatique le 25 mai, et prit, le 8 juin, connaissance de la terre d'Egypte.

Les trois flottes anglaises tour à tour à l'ancre ou en croisière, éclairaient de leurs bordées tous les points de cette mer.

Ganteaume, sans chercher à toucher les ports que bloquaient des forces aussi démesurément supérieures aux siennes, se dirigea sur la rive occidentale, pour chercher un lieu favorable au débarquement.

Après avoir suivi quelque temps le rivage brûlé des contrées barbaresques, les vaisseaux français se trouvant, par une matinée sereine, une belle mer, une jolie brise, à la hauteur de Bengazi, reçurent le signal de jeter l'ancre.

Mais le rivage et les mornes s'étant couverts d'Arabes armés à la vue des vaisseaux, et les vigies ayant signalé une division anglaise, Ganteaume fut encore obligé de renoncer à son entreprise. Ses signaux transmirent aussitôt l'ordre de couper les câbles et de mettre à la voile.

L'amiral Keith, à qui la supériorité de ses forces donnait l'assurance d'une victoire, fit le signal lui-même de forcer la marche pour joindre l'ennemi; mais, l'ayant perdu de vue après une longue chasse, il fit gouverner pour reprendre sa station, emmenant les deux *transports* que la pesanteur de leur marche avait fait tomber en son pouvoir.

La corvette *l'Héliopolis*, que Ganteaume avait expédiée en

éclaireur, avait profité de l'évolution des vaisseaux anglais pour se jeter dans le port d'Alexandrie.

L'amiral français, dans le mouvement rétrograde qui le reportait vers le golfe de Lyon, se dédommagea de l'insuccès de ses tentatives par les prises qu'il fit à l'ennemi.

Ce fut d'abord une corvette expédiée d'Angleterre, avec des dépêches pour lord Keith, qui tomba dans la division française. Le 23, un bâtiment de guerre ayant été signalé, deux de nos vaisseaux mirent aussitôt le cap dessus. Ce navire était *le Swiftshure*.

L'Anglais n'eut pas plus tôt reconnu les couleurs françaises, que, laissant arriver et déployant toute sa toile, il s'efforça vainement d'échapper aux deux chasseurs; gagné par ces bâtiments, il fut contraint de donner le travers et d'accepter le combat.

L'engagement fut long et rude; le commodore Hallowel se défendit avec une intrépidité pour laquelle les officiers vainqueurs lui témoignèrent leur admiration et leur estime. Son vaisseau, démâté, criblé de boulets, ouvert de tous côtés, allait couler bas lorsqu'il le remit aux commandants français.

L'amiral Ganteaume fit réparer cette prise avec une ardeur d'exécution dont l'imminence du danger auquel se trouvait, dans cette mer, exposée l'escadre, précipita la rapidité. Six jours après cette rencontre, la flotte donnait dans la rade de Toulon, où ne devait pas tarder à parvenir la capitulation de l'armée d'Egypte.

La reddition de l'Egypte mit fin aux tentatives désespérées que Bonaparte ne pouvait cesser de faire pour en secourir l'armée.

Ainsi s'accomplit la dernière conséquence de la catastrophe d'Aboukir. C'est que, sans forces maritimes, toute puissance est nécessairement incomplète, toute domination forcément bornée. Bonaparte le sentit si vivement alors, que ce fut vers l'empire de la mer que se porta presque exclusivement sa pensée.

Quatre vaisseaux furent offerts par le cabinet de Madrid à la France, dès que Bonaparte en eut témoigné le désir. Ces bâtiments, dont le commandement fut confié au contre-amiral Dumanoir, durent former, à Cadix, avec quelques autres vaisseaux armés pour l'Espagne, le noyau d'une flotte sous les ordres de l'amiral don Juan Moreno.

La nouvelle qu'une escadre ibéro-française se combinait dans la rade de Cadix répandit l'alarme dans le gouvernement anglais. Tout le système sur lequel Bonaparte se proposait de relever notre puissance maritime se révéla alors à l'amirauté, par l'activité qui, depuis le retour d'Egypte, se développait sur toute l'étendue de nos côtes ; les travaux immenses exécutés dans le lit de la Lianne et sur le littoral de Boulogne, les canonnières construites dans toutes nos baies, la flottille que commençaient à former par leur réunion les escadrilles de la Manche, se rattachaient trop naturellement aux armements de haut-bord, pour qu'ils ne fussent pas, les uns et les autres, la révélation d'une pensée unique.

Cependant, au milieu de tous ces préparatifs alarmants, les inquiétudes du cabinet de Saint-James s'arrêtèrent spécialement sur les armements de Cadix ; la station de la flotte française sur ce point avancé ne lui permit pas d'ajourner les mesures que réclamait le maintien de ses relations avec les trois escadres de la Méditerranée. L'amiral sir James Saumarez reçut ordre de se porter immédiatement sur le détroit avec une division de six vaisseaux.

Le contre-amiral Linois prenait la même direction, sortant des bassins de Toulon avec les trois vaisseaux que Gantéaume avait renvoyés de Livourne.

Ainsi s'ouvrait le même jour, pour les deux divisions ennemies, cette mémorable campagne qui, dans un mois de mer, devait donner à l'histoire de notre marine deux de ses pages les plus glorieuses.

Deux jours après, les vigies signalèrent les terres d'Espagne. Le temps et le vent étant favorables, l'ordre fut transmis de serrer la rive pour en prendre une connaissance plus exacte. Ce fut dans cette manœuvre que l'amiral Linois apprit, par une prise anglaise, l'arrivée d'une escadre britannique dans les parages de Cadix.

Le 4 juillet, son escadre, filant sous une bonne brise de nord-est, vint prendre position sous les remparts d'Algéziras.

L'arrivée de cette division ayant été signalée à sir James Saumarez, cet amiral s'empressa de rallier ses vaisseaux et de se porter au-devant des Français.

Le Formidable, au mât d'artimon duquel le contre-amiral avait hissé son pavillon de commandant, jeta l'ancre par un mouillage de douze brasses d'eau au nord du *Desaix*, de *l'Indomptable* et de *la Muiron;* le front développé par les vaisseaux formait ainsi une ligne d'embossage dont la droite s'appuyait, au sud, sur l'île Verte, tandis que la gauche allait au nord toucher les fortifications délabrées de la batterie de Saint-Jacques. Cette ligne empruntait une nouvelle force à son voisinage de la côte. L'amiral Linois, instruit par le funeste exemple d'Aboukir, avait rejeté les conseils du commandant de la marine et du capitaine du port, qui lui assignaient un mouillage par quinze ou dix-huit brasses d'eau. L'ancrage qu'il avait pris sur un fond de dix à douze brasses rendait très-dangereuses pour l'ennemi les tentatives qu'il pouvait hasarder pour doubler la position française.

L'escadre anglaise, couverte de toile, continua de s'avancer sur une seule ligne en longeant toujours le littoral: *le*

Vénérable, dont le capitaine connaissait tous les cailloux de cette baie, ouvrait la marche.

A peine la tête de la colonne ennemie eut-elle atteint le travers de l'île Verte, que les canonniers de ce fort engagèrent le combat; *le Vénérable* y répondit le premier par une volée de toutes ses batteries; l'escadre anglaise continua de filer devant nos vaisseaux, et dans un instant la ligne fut tout en feu.

Le signal fut fait aux vaisseaux d'avant-garde d'essayer de doubler la gauche de l'ennemi; *le Vénérable*, tenant le vent, laissa arriver entre *le Formidable* et le fort Saint-Jacques. Cette manœuvre eût eu pour résultat de placer les Français entre deux feux.

Le changement de direction de l'ennemi révéla à Linois ses intentions. Sa détermination fut aussitôt prise : au signal du contre-amiral, nos vaisseaux, coupant leurs câbles, se laissèrent dériver sur le plein.

La ligne française ainsi formée, le combat redevint plus terrible; *le Formidable*, dont le silence de la batterie espagnole ne tarda point à découvrir la gauche, se trouva assailli par trois vaisseaux ennemis; mais le nombre de ses adversaires ne jeta pas un seul instant d'hésitation dans sa défense : telle fut la vigueur et la justesse des bordées de nos quatre bâtiments, qu'après un combat de deux heures, livré à portée de mousquet, l'amiral anglais crut ne pouvoir réduire notre ligne sans se rendre maître de l'île Verte.

Cette batterie, servie par nos soldats, ouvrit aussitôt un feu vif et nourri sur les vaisseaux que foudroyait déjà *l'Indomptable*. L'issue du combat ne sembla plus, dès lors, douteuse sur ce point. *Le Pompée*, ayant touché sur les récifs dont est formée la ceinture de l'île, ne put opposer une longue résistance : tout troué de boulets et privé de mâture, il se vit contraint d'amener son pavillon, aux cris de triomphe des Français; plusieurs chaloupes venues de Gibraltar parvinrent cependant à l'arracher à une capture qui semblait certaine.

Pendant qu'au milieu des chances d'un combat acharné, l'*Indomptable*, dont le capitaine venait d'être tué glorieusement sur son banc de quart, fixait, de concert avec la batterie de l'île Verte, la victoire sur notre droite, la gauche n'achetait pas le succès par une moins énergique résistance.

Le combat, sur ce point comme sur l'autre extrémité de la ligne, avait été longtemps indécis. Au moment où nos vaisseaux coupaient la manœuvre de l'ennemi par leur échouage, sept chaloupes canonnières, s'étant détachées du fort d'Algéziras, étaient venues rattacher notre ligne au fort Saint-Jacques, en occupant l'espace que ce mouvement avait laissé ouvert.

Le feu, nourri par nos soldats, fut dirigé de nouveau sur l'escadre ennemie. Le combat prit des deux côtés un caractère d'acharnement qu'il n'avait pas eu auparavant; les deux divisions, enveloppées de tourbillons de fumée que parcouraient sans cesse de longues traînées de feu, formaient, par leurs volées successives et précipitées, un grondement sans intermittence. Les équipages français faisaient des prodiges; les vides qu'occasionnaient les boulets dans le service des pièces étaient aussitôt remplis par de nouveaux combattants : matelots et soldats rivalisaient d'activité et de courage.

Ce fut au milieu de cet entraînement général que l'intrépide Lalonde, qui, malgré une blessure reçue au commencement de l'action, veillait sur tout, activait et dirigeait tout, fut renversé mort sur son banc de quart.

L'engagement durait depuis sept heures; la flotte anglaise, presque désemparée, laissait languir son attaque sous les bordées continuelles de nos vaisseaux, lorsque l'amiral Saumarez donna le signal de la retraite. *L'Annibal*, échoué en avant du *Formidable*, resta au pouvoir de la division française, comme trophée de cette mémorable journée.

Ainsi se termina, par une victoire, cette action où notre escadre semblait devoir succomber sous la supériorité des forces qui venaient l'attaquer à son mouillage.

L'amiral Saumarez, avide d'effacer dans une prochaine rencontre la honte qu'avait jetée sur son escadre une défaite aussi imprévue, ne négligea rien pour profiter des ressources que lui assurait le voisinage d'un port anglais. Tout ce que Gibraltar renfermait d'ouvriers fut employé aux réparations de carène et de gréement, dont avaient besoin ses vaisseaux; et pendant que ces travaux s'exécutaient avec une merveilleuse activité, il s'occupa lui-même à suppléer, par des matelots de choix, aux pertes qu'avaient essuyées ses équipages.

Une ardeur égale régna d'abord sur l'autre rive. Les vaisseaux français et *l'Annibal*, dont la capture avait grossi la division, furent relevés et amarrés en ligne; les avaries de coque, occasionnées par l'échouage et le combat, furent promptement réparées; les trous de boulets disparurent, les bastingages furent presque complètement refaits; et les cinq bâtiments se trouvaient en état d'accueillir une seconde fois dignement l'ennemi.

Cependant l'amiral Linois était étonné de ne recevoir aucun secours; en vain sa longue-vue interrogeait-elle sans cesse les hauteurs du rivage où l'on avait posté des vigies, le temps s'écoulait sans qu'aucun bâtiment fût signalé. Il ne pouvait comprendre une semblable négligence; quelle considération pouvait retenir don Juan Moreno sur la rade de Cadix, dont le départ de sir James Saumarez lui avait ouvert la sortie?

Linois, perdant enfin toute patience, se plaignit avec aigreur de cette mollesse ou de cette inaction.

Ces remontrances amères, et les sollicitations énergiques du contre-amiral Dumanoir, déterminèrent enfin l'amiral espagnol à mettre à la voile. L'escadre, composée de neuf bâtiments, cinq vaisseaux, trois frégates et un brick, quitta la rade le 8 juillet, sur le soir. Elle arriva le 9 juillet sur la rade d'Algéziras.

Les lenteurs de don Moreno avaient eu les suites que Linois avait prévues et signalées : la flotte anglaise avait repris son poste d'observation et de croisière.

L'amiral anglais, profitant de quelques bouffées de l'est, vint se mettre en ordre de bataille au vent de la flotte combinée. Cette manœuvre donna lieu à un léger dissentiment entre les amiraux espagnol et français. Don Juan, ayant porté son pavillon du *Réal-Carlos* sur *la Sabine*, eut à vaincre une répugnance, fortement exprimée, pour déterminer le contre-amiral Linois à se rendre auprès de lui.

Au coucher du soleil, tous les vaisseaux de la flotte franco-espagnole avaient réussi à doubler le cap Carnero, en profitant habilement de toutes les variations de la brise. La première évolution fut, malgré l'obscurité naissante, exécutée dans le meilleur ordre ; mais l'ombre étant venue à s'épaissir, les bâtiments cessèrent de pouvoir s'observer les uns les autres. Les lignes ainsi mêlées, nul ne put conserver son poste.

L'amiral anglais, qui jusqu'à cet instant avait maintenu sa division au vent de la flotte ibéro-française, profita de cette confusion pour forcer de voiles et en joindre les derniers vaisseaux. Sir Saumarez ordonna à quelques-uns de ses bâtiments d'attaquer l'arrière-garde. Cette démonstration devait avoir un succès auquel était loin de s'attendre celui qui la commandait. *Le Superbe* laissa arriver entre le *Réal-Carlos* et *l'Herménégilde*, lâcha ses bordées dès qu'il se trouva par le travers de ces deux trois-ponts, et, continuant toujours sa marche, disparut dans la nuit.

Une confusion extrême suivit cette attaque subite à bord des deux vaisseaux espagnols, que les hasards d'une manœuvre de nuit avaient placés à la queue de la ligne. Ces bâtiments, n'ayant point eu connaissance du passage rapide du navire anglais, se prirent l'un l'autre pour vaisseau ennemi, et engagèrent entre eux un combat d'autant plus terrible que leur rapprochement rendait leur feu plus désastreux. Cette lutte fatale durait depuis longtemps avec un acharnement qui ne faisait que confirmer les combattants dans leur malheureuse erreur, lorsqu'un grain rapide, et dont l'approche n'avait pu être observée dans la confusion du combat, poussa les deux navires l'un vers l'autre. L'abordage, qui devait terminer pacifiquement cette affreuse méprise, la dénoua par un désastre.

Le feu, qui pendant l'engagement s'était déclaré à bord du *Réal-Carlos*, ayant éclaté avec violence, les flammes qui le dévoraient eurent en un instant gagné *l'Herménégilde*. Il devint impossible aux deux vaisseaux de se séparer.

Le bruit de ce combat, dont les deux flottes alors mêlées et confondues ignoraient les adversaires, avait répandu dans les équipages une alarme que vint augmenter l'aspect des deux vaisseaux embrasés. Tous les navires, redoutant un sort pareil, s'empressèrent de s'éloigner de ce foyer mobile.

Sur les deux mille quatre cents hommes qui composaient les équipages de ces vaisseaux, trente-cinq à peine échappèrent au désastre!

Le Saint-Antoine, démâté par *le César* et par *le Superbe*, amenait son pavillon après un long combat, lorsqu'eut lieu cette épouvantable catastrophe.

Le reste de la nuit ne fut plus marqué que par des canonnades, dont les fanaux de *la Sabine* furent constamment le point de mire. Le jour vint enfin éclairer l'amiral espagnol sur les pertes qu'avait essuyées sa flotte. *Le Formidable* n'était pas en vue. Comme le vent d'est apportait le bruit d'une action violente, don Juan Moreno ne douta point que ce vaisseau ne se trouvât engagé avec l'ennemi. Ralliant donc son escadre, et la formant rapidement en ordre de bataille, il fit route pour rejoindre le théâtre de l'action où se débattait le vaisseau français.

C'était en effet *le Formidable* qui combattait seul en ce moment contre quatre voiles de la division anglaise. Ce bâtiment, qui n'avait pour toute mâture que des tronçons de bas-mâts où pendaient quelques voiles de fortune, n'ayant pu, avec un équipage insuffisant, suivre la marche de l'escadre, n'avait point tardé à se trouver engagé dans la ligne ennemie. Une canonnade à boulets rouges fut aussitôt dirigée sur lui par cinq vaisseaux. Malgré l'obscurité, *le Formidable* allait avoir beaucoup à souffrir de ces nombreuses attaques, lorsque le capitaine Troude remarqua que les vaisseaux anglais portaient trois fanaux à la corne d'artimon, comme signe de reconnaissance ; il ordonna, au lieu de riposter, qu'on hissât les mêmes signaux. Cette ruse eut un plein succès : une heure après *le Formidable* avait perdu de vue les deux escadres.

Le commandant Troude fit gouverner pour rallier la terre. Vers quatre heures du matin, il se trouva par le travers de l'île Léon, où le lever du jour lui montra quatre bâtiments anglais qui manœuvrèrent aussitôt pour l'attaquer. Le brave Troude se disposa à maintenir la réputation du *Formidable*.

Le petit nombre de ses hommes le força à faire abandonner les postes les moins nécessaires pour l'occupation de ceux qui auraient le plus d'importance durant l'action.

Le silence le plus solennel régnait à bord du vaisseau

français, lorsque les premiers coups de canon partirent des batteries ennemies. La tactique de Troude fut celle qu'employa le dernier des Horaces pour triompher de ses trois ennemis : les isoler pour les combattre tour à tour.

Le commandant Troude, avec un vaisseau que l'insuffisance de son équipage et de sa mâture rendait à peine capable de tenir la mer, resta maître du champ de bataille. Trois vaisseaux et une frégate le lui avaient disputé. Ses cadres avaient été mis au complet par des matelots choisis dans la marine anglaise.

Le même jour, à deux heures après midi, *le Formidable* entrait dans le port de Cadix, au milieu des cris d'enthousiasme d'une population qui, du haut de ses remports et de la plage, avait été témoin du merveilleux combat, dont le succès lui semblait encore un prodige.

Le reste de l'escadre combinée vint y mouiller le soir même.

En même temps, toutes les dispositions furent faites à Boulogne pour réaliser le projet d'une descente en Angleterre, que le Directoire avait exhumé des cartons de l'époque conventionnelle.

Un bassin d'échouage fut creusé au nord-ouest de la ville; des estrades et des quais, s'élevant sur un terrain marécageux, formèrent un port dont les lignes offrirent aux bâtiments un accostement de trois mille cent trente-six mètres.

La construction d'une écluse ouvrit dans la rivière un arrière-port dont l'étendue indéfinie pouvait contenir, par des eaux assez profondes pour qu'elle ne cessât point d'y être à flot, une flottille aussi considérable que celle qui pouvait trouver asile dans le port. Deux années suffirent pour ces prodigieux travaux.

Par un décret du 12 juillet, Bonaparte organisait neuf divisions de bâtiments légers, et désignait un pareil nombre de bataillons tirés de l'armée du Nord, pour faire, avec des détachements d'artillerie, le service de cette flottille. Aussitôt la crainte d'une invasion avait jeté la consternation et l'effroi sur toute l'étendue du sol britannique.

Tandis que les ambassades s'agitaient dans toutes les cours de l'Europe pour susciter à la France de nouveaux ennemis, l'amirauté anglaise multipliait les ordres et les mesures de défense qu'elle prenait sur le littoral sud des deux grandes îles.

Des bâtiments de toute espèce couvrirent les côtes anglaises; un grand nombre de canonnières et de bombardes furent construites et placées à l'entrée de tous ses ports, à l'ouverture de toutes ses rivières; les hommes des comtés de Kent et de Sussex devaient se lever en masse et courir aux armes dès le premier appel. Lord Nelson fut investi du commandement de toutes les forces britanniques qui croisaient ou stationnaient dans ces mers du Nord.

Tous les ports de la Hollande et de la Manche, du Nord et du Midi, envoyaient ou préparaient leur contingent de barques légères. C'est ainsi que le 22 messidor une division de vingt-six voiles, canonnières et bateaux plats, venant de Niewport et d'Ostende, entrait dans le port de Boulogne, où elle ne précédait que de quelques jours l'escadrille de Cherbourg et du Havre.

L'amiral Latouche-Tréville, à qui les dépêches du gouvernement faisaient redouter chaque jour quelque agression contre la flottille placée sous ses ordres, envoya son adjudant, le capitaine de frégate Miratès, avec ordre de prendre le commandement de la cinquième division, bloquée dans le port de Calais, et de tout tenter pour opérer sa jonction.

La manœuvre qu'exécuta toute la croisière anglaise ne permit point de douter qu'elle ne gouvernât pour joindre la division française à la hauteur du cap Grinez, certaine de l'enlever ou de la forcer de se jeter à la côte. L'ennemi laissa arriver en toute confiance sur nos bâtiments.

Il ne se trouvait plus qu'à une portée de canon des navires français, lorsque le feu, qu'ouvrit sur lui à boulets rouges la forte batterie dont il ignorait l'existence, l'obligea de prendre le large.

L'arrivée de ces forces fut d'autant plus opportune que le mouvement des ports anglais devenant plus menaçant, il était urgent de prendre des mesures de défense pour protéger le noyau de la flotte légère que l'ennemi eût alors pu facilement brûler dans l'embouchure de la Lianne. Toutes les communications que l'amiral recevait du premier consul lui présentaient une attaque comme plus immédiate chaque jour.

Il s'empressa donc d'établir devant le port de Boulogne une ligne d'embossage. Sept canonnières et dix-huit bateaux plats s'y déployèrent, le 12 thermidor, sur un front qui présenta au large une batterie de trente-neuf pièces de gros calibre.

Les préparatifs d'une expédition sérieuse étaient poussés avec activité et mystère dans les chantiers et sur la rade de Scherness et de Nore. Six bombardes et quelques brûlots ayant été rapidement équipés ou construits, plusieurs navires de la Compagnie des Indes ayant été requis et armés. tous les bâtiments destinés à cette expédition reçurent l'ordre de se porter sur l'ancrage que protégent les créneaux du château de Deal.

Trois vaisseaux : *le Leyden, le Ruyter* et *l'Iris;* les frégates *le Siend, la Méduse, le Brillant;* les bombardes *l'Hécla, la Volcano, le Zébra, le Sulphur, le Discovery;* trente barques canonnières, pinasses ou cutters s'y trouvaient réunis, lorsque Nelson vint en prendre le commandement. Ce fut à la tête de cette escadre qu'il cingla vers Boulogne, où étaient restés en observation quelques croiseurs.

L'arrivée de l'escadre ennemie ne fit rien changer aux dispositions de défense qu'avait prises l'amiral français. La ligne d'embossage resta ferme sur ses ancres.

Le 15 messidor, une partie de la station anglaise s'étant ébranlée, fit voile vers notre mouillage L'attaque s'engagea même du côté de l'ouest; mais ce ne fut qu'une escarmouche : l'ennemi, après avoir lancé quelques bombes, vira de bord, et regagna ses premières positions.

L'amiral Latouche-Tréville ne se méprit pourtant pas sur la valeur de cette manœuvre, en voyant dans ce tir l'annonce d'une action prochaine; c'était, en effet, pour le lendemain que Nelson avait arrêté le combat.

La nuit régnait encore dans toute son obscurité, lorsque l'amiral anglais descendit avec quelques officiers dans une barque d'une voilure légère, pour aller vérifier si aucune mesure n'avait troublé dans la nuit les renseignements qu'on lui avait donnés et les relèvements qu'il avait pris lui-même.

Dès que Nelson eut rejoint *la Méduse*, au mât de laquelle flottait son pavillon d'amiral, il donna le signal de se préparer au combat. A cinq heures et demie, l'escadre avait jeté l'ancre au poste d'attaque que lui avait fixé son commandant. Sa première ligne était composée de bombardes. Elles ouvrirent le feu, tandis que les autres bâtiments de la flotte, mouillés derrière elles, se tenaient prêts à les défendre.

Nelson fut trompé dans les prévisions qu'il avait fondées sur ce mode d'attaque : notre division, loin de fléchir sous cet engagement insolite, y répondit avec vigueur. Cette résistance inattendue déjouant ses projets, il crut, en prenant une offensive plus énergique, pouvoir obtenir les résultats qu'il s'était promis.

Vers neuf heures, la marée s'étant complètement faite, son escadre, à laquelle ses signaux transmirent de nouveaux ordres de combat, se forma en ligne de bataille, et, laissant arriver sur notre division, vint lui lâcher ses bordées de bâbord. Cet instant devint le plus terrible de la journée. Les bâtiments anglais s'étaient à peine approchés à portée de canon, que la côte, s'embrasant comme un volcan du feu de ses onze batteries, joignit ses boulets à ceux de notre flottille, et força l'ennemi de reprendre ses positions.

Nelson jugea prudent de quitter une position qu'un changement de vent ne laissait point alors sans péril, et donna ordre à ses navires de reprendre leur premier ancrage.

Le lendemain, de l'escadre nombreuse dont les évolutions et le feu animaient cette mer, il ne restait plus que quelques croiseurs chargés d'éclairer les mouvements de la flottille. Les autres navires avaient regagné les eaux de Margate et de Deal.

Pensant qu'il importait à sa réputation d'effacer cette défaite par un triomphe, Nelson avait résolu de tenter une nouvelle attaque. Tous les galets, petites barques à rames dont se servent les smogleurs, qui se trouvaient sur cette côte, furent réunis en flottille, et reçurent quatre mille soldats de marine à leur bord. Nelson reparut le 15 août devant Boulogne. Les nombreuses péniches qui l'accompagnaient ne purent échapper aux regards de Latouche-Tréville; aussi fit-il donner ordre à toutes les batteries de se tenir prêtes pour un engagement général.

Il pouvait être minuit lorsqu'un bruit de rames et des cris d'alarme rompirent le silence; c'étaient les chaloupes d'avant-poste qui, ayant aperçu une multitude de petits navires, se reployaient sur la ligne en signalant l'ennemi.

Il ne tarda point à paraître. Ces embarcations, voyant leur approche découverte, firent force de rames pour joindre notre division, qu'ils atteignirent à travers une tempête de mitraille et de balles.

La canonnière *l'Etna* fut enveloppée la première. L'attaque et la défense rivalisèrent d'impétuosité et d'acharnement. Les chaloupes canonnières *le Volcan* et *la Surprise* se défendaient avec une valeur égale contre des forces supérieures; cette dernière, assaillie par sept péniches, parvint pourtant, dans un combat si inégal, à en couler quatre et à amariner les trois autres.

L'attaque s'était engagée sur toute l'étendue de la ligne, et partout nos matelots et nos soldats rivalisaient de calme et de valeur. Les Anglais s'accrochaient aux filets, y restaient suspendus, et s'y trouvaient percés de balles, de baïonnettes, de piques et de crocs, qui les renversaient dans la mer; d'autres se cramponnaient aux bords des bâtiments et avaient aussitôt les poignets coupés, la tête écrasée par les boulets jetés à la main, ou la poitrine enfoncée à coups de leviers; d'autres enfin, parvenus à s'introduire dans les bâtiments, les métamorphosaient en champ de bataille, où les Français occupaient la poupe et les Anglais la proue, selon que l'on s'était rallié d'un côté ou de l'autre. L'acharnement était extrême; ce n'était plus qu'un massacre; les hommes s'attaquaient corps à corps, se perçaient de coups de lance, de sabre et de poignard; enfin l'ennemi, battu de toutes parts, fut obligé de se retirer, et cessa cet horrible combat, qui dura néanmoins jusqu'à quatre heures du matin.

Les Anglais perdirent un grand nombre d'embarcations, prises ou coulées, et cinq cents de leurs hommes les plus braves, parmi lesquels on compta quarante-trois officiers. La perte, du côté des Français, ne s'éleva qu'à trente-sept hommes.

Quelques jours après, ce rivage présentait la dernière scène de cette action sanglante. Le 13 fructidor, tous les habitants de Boulogne et des contrées voisines se pressaient sur la plage. L'amiral Latouche-Tréville avait convoqué les braves marins et les soldats de la petite armée navale française. Ils s'étaient rendus en grande tenue et en armes, lorsqu'un char de triomphe, paré de drapeaux et de guirlandes, y transporta, au milieu des acclamations, ceux qui avaient été blessés dans ces glorieuses affaires.

L'amiral, au nom de la nation française, remit douze haches d'armes, six fusils et quatre grenades d'honneur aux combattants qui s'étaient le plus distingués par des actions éclatantes; puis une députation de vieillards et de jeunes femmes vint, au nom de la ville de Boulogne, leur présenter des couronnes civiques, et les remercier d'avoir éloigné, par leur intrépidité, les désastres dont un bombardement eût désolé cette ville.

L'insuccès de cette attaque nouvelle souleva contre lord Nelson les accusations les plus violentes. L'inquiétude qu'avaient causée les préparatifs d'une descente s'augmenta encore, dans l'opinion publique comme dans le cabinet anglais, de la force inattendue qu'avait opposée la division de bateaux plats destinés à les protéger.

La flottille, pourtant, ne discontinua point de se grossir avec une rapidité qui fit de Boulogne le point de mire de toutes les pensées comme de toute l'activité du peuple et du gouvernement anglais.

Un mouvement analogue à celui qui régnait à Boulogne éclatait dans tous les autres ports français de la Manche et de l'Océan, quand l'annonce des préliminaires de paix signés à Londres, le 9 vendémaire an X (1er octobre 1801), vint suspendre les hostilités. La France allait donc se reposer pour la première fois dans cette grande lutte que lui avait ouverte son indépendance.

Les îles de France et de la Réunion avaient vu s'obscurcir

leur fortune. Presque oubliées, abandonnées du moins, par la métropole, elles se consumaient dans cet isolement que le système colonial rend mortel pour toutes ces terres éloignées. *La Preneuse* seule continuait à montrer sur l'océan Indien les couleurs de la République. Les deux riches vaisseaux de Compagnie enlevés par le brave Lhermite sur la rade de Talichini, étaient encore là pour prouver que les courses de cette frégate n'avaient pas cessé d'être redoutables pour le commerce britannique.

La surveillance active de la station anglaise ne put empêcher Lhermite de prendre la mer au commencement de 1800. Dès que *la Preneuse* eut gagné le large de nos îles africaines, son commandant fit attaquer la pointe méridionale de Madagascar.

Huit jours après, les vigies signalèrent la plage de la baie de Saint-François, vers laquelle elle avait dirigé sa route. Lorsque les rayons du soleil torride vinrent dissiper la vapeur du matin, Lhermite put découvrir cinq bâtiments à l'ancre à quelques encâblures de la terre. Il ne tarda point à les reconnaître pour trois navires baleiniers, un vaisseau de Compagnie et une forte corvette. La présence de forces aussi considérables surprit le commandant français, sans pourtant le faire renoncer complètement à son projet de détruire ce comptoir. La batterie halée en-dedans, ses sabords fermés, un large pavillon suédois déployé à la corne, *la Preneuse* continua son sillage, ainsi déguisée en navire marchand.

Vers sept heures du soir, elle jetait l'ancre sur le mouillage. Dès onze heures, la canonnade grondait avec force. A minuit, le vaisseau de Compagnie avait déjà amené deux fois, et deux fois il avait rehissé son pavillon.

Bientôt, emportée par ses rafales à travers une mer d'écume et sous un ciel de feu, *la Preneuse* courut vers la pleine mer, où elle devait fixer sa croisière. Dix-sept jours s'étaient écoulés depuis le combat qui avait jeté cent de ses matelots sur les cadres, lorsqu'un soir on reconnut sous le vent un vaisseau de ligne. *La Preneuse* se mit en chasse devant lui. Le vaisseau commença l'attaque; peu confiant dans l'efficacité de ses canons de chasse pour arrêter la frégate française, il prit le vent arrière afin de lui lancer sa bordée. *La Preneuse*, imitant sa manœuvre, laissa arriver, et, après lui avoir riposté, reprit chasse. Cette fuite ne pouvant point la soustraire à un combat, Lhermite se détermina à le tenter d'une manière hardie. Les matelots, armés jusqu'aux dents, garnissent les agrès et toutes les parties saillantes de chaque navire. *La Preneuse* est encore une fois trahie par sa marche; son beaupré s'élance sur le couronnement de l'ennemi. *Le Jupiter* dépasse de l'avant. « Envoyez la volée en poupe, canonniers; » hèle, aux chefs de pièces, le commandant français.

Toute la volée de tribord, chargée à trois projectiles et tirée à bout portant, en feu de file, fracasse la poupe du *Jupiter*.

Malgré les pertes que ces deux combats meurtriers avaient fait essuyer à son équipage, Lhermite n'en résolut pas moins de continuer sa croisière. Ce ne fut qu'après une longue et pénible navigation qu'il fit voile pour l'Ile-de-France. Attaquée par deux vaisseaux, dont elle soutint le feu, *la Preneuse* fut brûlée par l'ennemi.

Le nègre Toussaint Louverture, dans son élévation progressive, prépara avec patience et habileté le complet affranchissement de Saint-Domingue, sa nouvelle patrie.

Nommé lieutenant général par le gouverneur Lavaux, qui avait remarqué l'influence qu'il avait parmi les noirs; puis général en chef par Santhonax, il parvint à éloigner honorablement ces deux chefs, dont la présence arrêtait les développements de sa puissance, en les faisant choisir pour députés de la colonie.

La révolution du 18 brumaire s'était accomplie. Bonaparte, ayant lu avec attention le rapport qui lui fut soumis, voulut profiter de l'influence que Toussaint exerçait sur ses compatriotes pour rattacher par lui Saint-Domingue à la France. Il le confirma donc dans son grade de général en chef. Toussaint n'eut dès lors plus d'ennemis à combattre.

Saint-Domingue sembla sortir de la désolation où l'avait plongé la guerre civile. Deux mesures annoncèrent, dès les premiers actes de son pouvoir, tout ce que ce pays pouvait attendre.

La première fut l'affermage aux armées des nombreuses habitations restées sans maîtres; la seconde fut la rapide conquête que, malgré l'opposition de l'agent français, Toussaint fit de la partie espagnole de cette île, dont, par le traité de Bâle, le cabinet de Madrid avait fait la cession à la République française.

Après ces grands résultats, qui assuraient à cette île toutes les conditions d'une prospérité matérielle, Toussaint songea à constituer une patrie politique à ses noirs. Une assemblée centrale s'étant réunie sur sa convocation, il lui fit part de ses projets. Une constitution, basée sur l'égalité sociale, fut adoptée avec enthousiasme par ces populations.

Ce furent ces événements, où le premier consul vit les desseins du chef noir, nommé par cette constitution président à vie, qui motivèrent l'expédition commandée par le général Leclerc, beau-frère de Bonaparte. L'armée fit d'abord des prodiges, mais la fièvre jaune exerça de terribles ravages. Leclerc ne put y résister, et ses troupes, cruellement décimées par la maladie, s'estimèrent heureuses de revoir la France, diminuées des trois quarts.

Les armements de notre flotte militaire ne formaient pas

la seule activité navale que la rupture de la paix avait excitée dans nos ports. Les succès antérieurement obtenus par les croiseurs de notre marine commerçante n'avaient fait que communiquer une activité nouvelle aux armements dont les courses avaient jeté autant de prospérité dans nos ports marchands, que de distinction sur cette navigation légère.

Dunkerque avait joint *la Bellone*, *le Contre-Amiral-Magon* et *le Poisson-Volant;* Cherbourg, *la Dorade;* Granville, *la Vengeance;* et Saint-Malo, *le Héros*, aux nombreux coursiers qui n'avaient cessé de sillonner la Manche.

Le premier de ces bâtiments captura à lui seul neuf navires : *le Stopes-Mercase*, *le Jean*, *le Lively*, *la Providence*, *la Susannah*, *le Thames*, *le Thomas*, *Betzy*, *le Georges*, et *Lady-Hormont*, dont les cargaisons étaient estimées plus de soixante mille livres sterling.

La Dorade, cherchant autant des succès de gloire que des succès d'argent, enleva, de concert avec *le Vendangeur*, un cutter anglais de quatorze canons.

Tandis que la goëlette *les Trois-Sœurs* et le brick *le Dolphin-de-Pool*, pris par *le Héros*, et chargés l'un et l'autre d'une cargaison de morues, entraient, le premier à Lorient, le second sur le mouillage de Bréhat, ce corsaire escortait vers Brest deux nouvelles captures : *la Grâce*, navire de cent quatre-vingts tonneaux chargé d'armes, et un grand sloop rempli d'approvisionnements.

Le port de Boulogne avait cependant conservé le premier rang, moins encore par le nombre de ses corsaires, que par la hardiesse et le succès de leurs efforts.

Tandis que *le Boulonnais* et *la Victoire* éclairaient la Manche, d'autres corsaires plus audacieux choisissaient les eaux du littoral britannique, et jusqu'aux rades des ports anglais, pour théâtre de leurs audacieux exploits.

Le corsaire *l'Adolphe*, commandé par le brave Formentin,

après avoir capturé, à une demi-lieue de la plage de Beresiers, le trois-mâts *le Poisson-Volant*, chargé de gomme, cire et bois de teinture, enlève, sur la rade même de Falmouth, le brick anglais *la Marguerite* en relâche sur ce mouillage.

Le Vengeur amarine, sous le feu d'une batterie anglaise, un grand sloop chargé de cuir et de tapis, et va s'emparer, jusque dans les récifs de la côte britannique, du dogre *la Marguerite*, dont la cargaison de serge rouge et de papiers offre une valeur de huit mille guinées.

Le commandant du corsaire *le Hasard*, le citoyen Beauvais, et Lefebvre, capitaine *du Voltigeur*, produisirent leurs noms par des exploits qui méritent de sortir de l'oubli où les a laissés la partialité de l'histoire.

Le premier fait d'armes s'accomplit dans la nuit du 3 au 4 nivôse an XII (du 24 au 25 décembre).

Le Hasard rangeait à courte distance la plage britannique enveloppé dans l'ombre dont le crépuscule voilait la mer, lorsqu'il eut connaissance de quatre bâtiments tranquillement à l'ancre sous la pointe des Perrés.

Une observation attentive lui révéla la nature de ces navires. Les deux plus forts étaient des frégates, dans l'ombre desquelles se tenait un grand brick. Sur leur droite, à portée de fusil, était mouillé un des cutters de quatorze canons, si communs à cette époque sur les atterrages et surtout dans le canal de l'Angleterre.

Le capitaine Beauvais résolut de se rendre maître de ce bâtiment sous les batteries mêmes de ses formidables protecteurs. Tout fut préparé à son bord pour ce coup de main audacieux; la première partie de la nuit s'était écoulée lorsqu'il se dirigea vers son ennemi. L'ombre épaisse et mate confondait presque dans la même obscurité la mer, la côte, les navires et le ciel; favorisé par ces ténèbres et par un frais assez vif, *le Hasard* accosta presque le cutter sans avoir été découvert. Avant que son équipage, éveillé par les cris des hommes de quart et par quelques explosions de pistolets et de fusils, eût pu s'élancer sur le pont, les Français, dont une partie s'étaient emparés des panneaux, avaient coupé le câble et mis le cutter sous voile; les marins des frégates et du brick, éveillés par le bruit de cette brusque attaque, purent à peine distinguer le corsaire et la prise s'évanouissant dans l'ombre.

Quelque temps après, un bâtiment de cent quarante tonneaux, chassé par le corsaire de Boulogne *le Voltigeur*, se réfugia sous plusieurs forts anglais où deux autres navires étaient déjà embossés.

Le capitaine Lefebvre, tout en reconnaissant les dangers que lui présentait l'accès de cette position, ne voulut pas laisser échapper cette proie sans essayer de la saisir. Il s'avança vers le bâtiment, qu'il poursuivit depuis plusieurs heures à travers les boulets qui battaient la mer autour de lui, s'empara de l'embarcation ennemie, et s'éloigna de la côte avec sa capture, sans que toutes les volées dirigées sur lui eussent causé beaucoup de ravages à son bord.

Nous terminerons le récit des exploits qu'offrit sur la fin du consulat la course boulonnaise par celui des croisières de l'un de ses corsaires les plus célèbres.

Le Prosper, aux ordres du capitaine Broquant, cinglait par le travers de Shoream, lorsque ses marins de vigies lui signalèrent un trois-mâts dans le sud-sud-ouest de son horizon.

C'était une lettre de marque armée de sept canons, qui, après avoir parcouru pendant deux ans entiers les parages méridionaux de l'océan Pacifique et visité les baies de la plage américaine pour y piquer des baleines, opérait son retour avec plus de huit cents tonnes d'huile. *Le Prosper* en fut maître après un léger engagement. Le combat qu'il livra quinze jours après ce premier succès dans la baie de Bouru, fut plus long et plus meurtrier.

Un beau trois-mâts chargé de sacs de café, de deux cent cinquante boucauts de sucre, et de deux cent cinquante-huit balles de coton, avait, de retour de Saint-Vincent, mouillé sur cet ancrage. Le capitaine Broquant en prit connaissance : la richesse de cette proie fut un puissant stimulant pour son audace. Son petit lougre était armé de six canons de deux livres de balles, et son adversaire présentant en batterie vingt-quatre pièces de neuf, ne put triompher de son ardeur; une matinée brumeuse vint favoriser son projet, que la soudaineté et l'énergie de son attaque couronnèrent d'un plein succès.

Le 15 pluviôse, le lougre et *la Preneuse*, lettre de marque, entrèrent dans le port de Dieppe.

La course sur l'Océan n'avait pas plus perdu de son mouvement que celle dont nous venons de rapporter les faits principaux. Nantes avait joint *la Psyché*; la Rochelle, *l'Oncle-Thomas*; Bordeaux, *la Proserpine*, aux corsaires de l'Océan, dont les croisières s'étendaient des Bermudes jusqu'au débouquement des Antilles. Le premier de ces navires s'était surtout signalé par l'importance et le nombre de ses succès : *l'Amiral-Louisa*, armé de dix-huit pièces d'artillerie, tomba en son pouvoir après une affaire très-vive; *l'Amazone*, de douze bouches à feu; *l'Active*, portant huit canons, amenèrent successivement pour lui leurs pavillons ; *l'Aurora*, expédiée de Lisbonne pour Fernambouc, et quatre grands navires partis d'Angleterre pour les Indes, furent les trophées et les fruits de ses courses.

Ainsi continua sur l'Océan, prospère et glorieuse, cette guerre navale de partisans à laquelle *la Minerve*, *le Grand-Décidé* et tant d'autres corsaires déjà célèbres, ne manquèrent point à fournir leur contingent de combats et de succès.

L'Angleterre n'avait pu voir sans jalousie la prépondérance que la République française devait à ses victoires. L'inexécution de quelques clauses du traité d'Amiens, et les difficultés d'intérêt qui s'élevèrent au sujet des principautés d'Allemagne, firent percer les intentions haineuses du gouvernement britannique. La rupture de la paix devint, dès lors, chaque jour plus imminente. Une vive inquiétude se répandit sur toutes nos côtes.

Ce ne fut donc pas la déclaration de guerre, faite par l'Angleterre le 26 floréal de l'an XI (16 mai 1803), qui surprit nos populations maritimes ; ce qui étonna et dut indigner la France entière, ce fut l'odieux pillage des propriétés particulières, dont cette déclaration fut brusquement suivie.

A peine la nouvelle de la reprise des hostilités fut-elle rendue publique, que tous les navires français que l'Angleterre put arrêter dans ses ports comme sur les mers où les avait appelés la sécurité de la paix, furent violemment saisis; les petites embarcations qui se livrent annuellement à l'exploitation de nos eaux territoriales devinrent elles-mêmes les proies de ce brigandage. Les pêcheurs du raz de Calais, dont les bâtiments, dans le cours des guerres antérieures, avaient été constamment protégés et par leur pauvreté et par leur caractère inoffensif, devinrent les victimes de ces agressions barbares. Nous n'en citerons qu'un exemple :

Le 8 messidor, une flottille de chasse-marées et de besquines, sortie du port de Boulogne, se livrait, sur notre côte, à la pêche du maquereau, lorsque plusieurs voiles surgirent dans leur horizon.

Quatorze barques furent enlevées, tandis que les autres gagnaient à toutes voiles les ports les plus voisins, ou se jetaient sous la défense des batteries de la plage.

De nombreuses divisions navales ne tardèrent point à sortir des ports de tous les comtés méridionaux, et à venir bombarder les villes de notre littoral nord-ouest, sans autre but que la destruction et l'incendie.

Tous les corps de l'Etat, toutes les villes, beaucoup même de communes rurales, voulurent concourir à donner à notre marine les moyens de pouvoir lutter contre les flottes anglaises. Le Sénat vota la construction d'un vaisseau de ligne de cent vingt canons; le commerce de Paris offrit au gouvernement un armement semblable; les autres villes, électrisées par cet exemple, les imitèrent par des sacrifices en rapport avec leurs ressources.

Le premier consul dirigea habilement ce mouvement des esprits; aussi avait-il songé depuis longtemps à déposer une armée sur la plage britannique. L'escadre légère rassemblée l'année précédente sous Boulogne n'avait pas d'autre but.

Dès les premiers jours de messidor, il s'était rendu sur les côtes de nos départements du Nord pour étudier les ressources que, sur cette plage, la nature offrait à ses projets.

Il entra à Boulogne le 10 messidor (29 juin 1803), salué par les acclamations de l'enthousiasme des populations. Arrivé sur le quai de la Citadelle, il sauta à bord d'un caïque dont les marins dormaient encore, les éveilla lui-même, se fit expliquer les détails de leur armement, et donna des ordres pour l'emploi des ouvriers.

Montant alors à cheval, il parcourut les environs de la ville, donna la plus grande attention aux plateaux où il devait asseoir les camps de son armée, inspecta les forts de la Crèche et de Chatillon, essaya la portée de leur artillerie. « Boulogne, dit-il aux autorités de cette ville, est destinée à devenir le théâtre de grands événements! »

Le lendemain il quitta cette place pour étudier le littoral de l'Est-Ambleteuse jusqu'à Calais.

Les travaux nécessités par cette détermination furent

poussés avec énergie. Des bateaux légers s'élançaient de tous les chantiers, des navires du commerce, commissionnés par le gouvernement, se joignaient à leurs divisions ; Bayonne, Nantes, le Havre envoyaient leurs baleiniers ; Saint-Malo et Granville fournissaient leurs grands pêcheurs.

L'amiral Bruix s'était rendu à Boulogne dès le 20 thermidor pour prendre le commandement de la flotte. Les canonnières *l'Enigme*, *la Surprise*, *l'Insolente* et *l'Incommode*, venues de Dunkerque, formèrent le noyau.

Les efforts et les combats journaliers de la station anglaise, continuellement renforcée par de nouveaux croiseurs, ne purent empêcher l'arrivée des escadrilles, dont chaque jour se grossissait la flottille.

De nouvelles constructions surgirent de tous côtés : la promenade des Tuileries se couvrit de magasins à fourrages. Tout, dès le premier aspect offrait, l'appareil terrible de la guerre ; c'était, sur la plaine, l'immense matériel d'une armée de cent soixante mille soldats et neuf mille six cents chevaux ; dans les ports, deux mille trois cent soixante navires, montés par dix-sept mille marins.

Le premier consul ne tarda point à venir inspecter en personne ces préparatifs formidables.

Rien n'échappa à son regard investigateur dans l'inspection qu'il passa de la flottille. Les bâtiments de guerre et de transport, leurs ressources respectives, leurs qualités nautiques, leurs moyens d'attaque et de défense, les emménagements des bateaux destinés à recevoir la cavalerie, tout fut l'objet de ses judicieuses remarques.

L'avant-garde de l'armée navale reçut ordre, le 13 brumaire (5 novembre 1803), de sortir et de se former en ligne d'embossage devant le chenal du port. Les cent bateaux qui **la composaient** défilèrent avec un ensemble parfait, et furent prendre avec rapidité la position où devait se déployer leur front.

Cette manœuvre n'était pas encore entièrement exécutée, que la station anglaise essaya de refouler cette division dans le port. Un vaisseau de soixante-quatorze, un vaisseau rasé, une frégate et cinq corvettes se mettant sous voiles, gouvernèrent en effet pour venir l'attaquer.

Un instant après, la canonnade la plus vive était engagée entre notre ligne et l'escadre ennemie. Aucun de nos bateaux ne s'ébranla ni ne fléchit; les bâtiments anglais, gravement maltraités par nos boulets, ne tardèrent point à regagner leur position, où le capitaine de vaisseau Morac les poursuivit en les harcelant avec sa division de caïques.

Cette ligne d'embossage, établie dans l'origine uniquement pour protéger le port contre une attaque, ne tarda point à présenter d'autres avantages à l'armée; les soldats embarqués sur les navires s'habituèrent, par les évolutions auxquelles elle se livrait sur la rade, aux détails de la navigation.

Le 15 (7 novembre), le ciel était grisâtre; l'agitation pesante de la mer faisait redouter aux anciens marins quelque crise atmosphérique. L'amiral Bruix donna ordre à la ligne d'embossage de profiter du flot pour reployer et se réfugier dans le port.

La mer se trouvait malheureusement basse en cet instant : la tourmente se leva avec tant de brusquerie et de violence, que les prescriptions de l'amiral commandant ne purent être exécutées. Une catastrophe fut dès lors inévitable. L'approche de la nuit la rendit plus immédiate et plus terrible. Les bâtiments qui se trouvaient sous le vent du port appareillèrent, malgré le danger, pour s'élever de la côte, où les lames les eussent infailliblement brisés. Plusieurs périrent dans cette manœuvre dangereuse, mais nécessaire. Les plus heureux atteignirent les ports d'Étaples, de Saint-Valery-sur-Somme et de Dieppe. Les bateaux mouillés au vent du port jetèrent à la mer toutes leurs ancres, pour étaler la violence de cette bourrasque, jusqu'à ce que la marée leur permît de donner dans la Lianne. Les canonnières n'éprouvèrent que des avaries facilement réparables; mais des bateaux canonniers et surtout des péniches et des caïques présentant leurs flancs ouverts aux lames, eurent beaucoup à souffrir : plusieurs sombrèrent remplies d'eau, d'autres furent jetées à la côte et brisées contre les rochers.

Bonaparte était lui-même, dès le commencement de l'ouragan, accouru sur la grève. Sa présence, autant que sa voix, donna l'exemple que l'intrépidité de tous rendait cependant inutile.

Le 17 brumaire (9 novembre), au moment même où le premier consul quittait inopinément Boulogne pour se rendre à Saint-Cloud, une flotte de quarante bateaux de première, de deuxième et de troisième classes, commandée par le capitaine de vaisseau le Ray, entrait sur la rade. Ce convoi ne précédait que de quelques jours la division du capitaine Peyter-Montcabrié, forte de soixante voiles, et de deux autres, composées de cinquante-six bâtiments.

Le premier équipage des matelots de la garde consulaire arrivait également en ce temps, sous la conduite de son commandant, le capitaine de vaisseau Vattier.

L'organisation ne se poursuivait point avec une activité moins grande; le préfet maritime Bonnefoux donnait à l'administration une régularité qui eût semblé incompatible avec l'étendue et la multiplicité de ses soins. Des places spéciales étaient assignées à chaque bâtiment, qui se trouvait classé aussitôt après son arrivée; les ouvriers étaient enrégimentés; d'immenses travaux étaient exécutés par les troupes.

La création du port d'Etaples ne fut pas moins étonnante; le premier consul en vint visiter et précipiter encore les travaux le 8 nivôse (30 décembre). Le nouveau séjour que Bonaparte fit à Boulogne ne fut marqué, pour la marine, que par l'inspection qu'il passa de la flotte et de la ligne d'embossage.

La station anglaise, bien que composée de deux vaisseaux de ligne, quatre frégates et plusieurs corvettes, avait cessé d'inquiéter notre flottille. Cependant, quelques combats survenaient de temps à autre; une multitude de spectateurs, accourus sur les dunes ou sur les falaises, saluaient, par des acclamations, la valeur et l'habileté que déployaient nos marins dans ces luttes glorieuses.

Mais ces combats partiels devaient être les derniers exploits de notre marine républicaine. Le canon des côtes venait à peine de saluer ces triomphes, que le canon de la flottille de Boulogne annonçait à notre marine que l'Empire succédait à la République.

CHAPITRE IV.

Le premier consul est proclamé empereur des Français par le Sénat, sous le nom de Napoléon Ier. La dignité de maréchal de France est rétablie, et l'ordre de la Légion d'honneur solennellement inauguré. Comme on l'a vu, au chapitre précédent, d'immenses préparatifs étaient faits sur tout le littoral de l'empire, depuis Anvers jusqu'à Bayonne, pour effectuer le projet de descente en Angleterre.

L'amiral Bruix est investi du commandement général de la flottille. Le contre-amiral Lacrosse est chargé de le seconder. Il imprime une nouvelle activité à toutes les opérations.

Lord Keith, avec une flotte de cinquante-deux bâtiments,

tente d'incendier la flottille au moyen de brûlots, nommés *catamarans*. Le contre-amiral Lacrosse, qui commande la ligne d'embossage, manœuvre de manière à laisser passer ces brûlots, qui vont éclater sur la plage, et il se met en mesure de repousser l'ennemi.

La division du contre-amiral Linois soutient avec honneur un combat contre une flotte composée de seize vaisseaux de la Compagnie des Indes, armés en guerre, venant de la Chine avec un convoi. Le vaisseau *le Marengo*, portant le pavillon de cet officier général, suivi de deux frégates, combat le vaisseau anglais, *le Centurion*, et un vaisseau de Compagnie, dont il s'empare.

Depuis la mort de l'amiral Bruix, la flottille est commandée par le contre-amiral Lacrosse. Elle se compose de deux mille trois cent quarante-trois bâtiments, répartis en escadrilles, commandées chacune par un capitaine de vaisseau. Ces escadrilles sont formées de deux divisions de chaloupes canonnières, de deux divisions de bateaux canonniers, et de deux divisions de péniches, plus d'un certain nombre de transports. Chaque division se subdivise en deux sections et six escouades. Cette immense flottille est armée de onze cent cinquante bouches à feu et porte quinze mille deux cent cinquante hommes d'équipage. En outre, des escadres sont prêtes à prendre la mer dans les principaux ports de Hollande, de France et d'Espagne.

L'escadre de Rochefort, aux ordres du contre-amiral Missiessy, part, avec trois mille cinq cents hommes de débarquement, pour la Martinique. Après avoir fait, dans la mer des Antilles, un mal considérable au commerce ennemi, elle rentre dans la Charente.

L'armée navale de Toulon, commandée par le vice-amiral Villeneuve, part aussi avec un corps de débarquement et opère sa jonction à Cadix avec la flotte d'Espagne, sous les ordres de l'amiral Gravina. L'armée combinée se montre aux Antilles, pour y attirer les escadres ennemies, puis elle regagne les mers de l'Europe. A la hauteur du cap Finistère, elle combat une armée anglaise, commandée par l'amiral Calder. Deux vaisseaux espagnols tombent au pouvoir de l'ennemi.

L'armée combinée est ensuite rentrée au Ferrol, où elle s'est renforcée de quinze vaisseaux. Du Ferrol elle s'est rendue à Cadix, pour aller rallier l'escadre de Brest, commandée par le vice-amiral Ganteaume. Mais le 20 octobre, à la hauteur du cap Trafalgar, l'armée combinée rencontre les forces réunies des amiraux Nelson et Calder.

Les deux flottes se trouvent en présence pour la première fois. Une activité générale parcourut aussitôt leurs rangs. Les vaisseaux français et espagnols s'empressent de rectifier la ligne de bataille qu'ils ont formée à la hâte pendant la nuit; les vaisseaux anglais se couvrent de voiles, et, leurs bonnettes établies des deux bords, laissent arriver sur l'ennemi. A huit heures, l'amiral Villeneuve reconnaît qu'un engagement général est inévitable. Il s'y prépare sans faiblesse, et, d'un coup d'œil exercé, choisit son terrain pour combattre, et la flotte combinée attend la flotte anglaise.

Une légère brise d'ouest-nord-ouest gonflait à peine les plus hautes voiles des vaisseaux. Portée sur les longues ondulations de la houle, symptôme infaillible d'une tempête imminente, la flotte de Nelson et de Collingwood s'avançait cependant avec une vitesse d'une lieue à l'heure. Elle s'était partagée en deux escadres, suivant le plan arrêté par Nelson. *Le Victory* conduisait la première escadre; il avait derrière lui deux vaisseaux de quatre-vingt-dix-huit, *le Téméraire* et *le Neptune*, masse imposante, destinée à ouvrir la première trouée dans la ligne ennemie. *Le Conqueror* et *le Leviathan*, de soixante-quatorze, venaient après *le Neptune* et précédaient *le Britannia*, vaisseau de cent canons, qui portait le pavillon du contre-amiral comte de Northesk. Séparé par un assez long intervalle de ce premier groupe, le vaisseau chéri de Nelson, que commandait alors l'ancien capitaine du *Vanguard*, sir Edward Berry, *l'Agamemnon*, guidait dans les eaux du *Britannia* quatre vaisseaux de soixante-quatorze, *l'Ajax*, *l'Orion*, *le Minotaur* et *le Spartiate*. *L'Africa*, vaisseau de soixante-quatre, qui s'était laissé sousventer pendant la nuit, faisait force de voiles pour reprendre son poste.

Le Royal-Sovereign, de cent canons comme *le Victory*, était monté par le vice-amiral Collingwood, et marchait en tête de la seconde escadre. Sorti récemment du bassin, cet excellent vaisseau avait retrouvé toutes ses qualités et semblait voler sur l'eau comme une frégate. *Le Belleisle* et *le Mars* le suivaient avec peine, *le Tonnant* et *le Bellerophon* serraient de plus près le vaisseau *le Mars*; *le Colossus*, *l'Achilles* et *le Polyphemus*, se pressaient sur les pas du *Bellerophon*. Plus à droite, *le Revenge* amenait à sa suite *le Swiftsure*, *le Defiance*, *le Thunderer* et *le Defence*. *Le Dreadnought* et *le Prince*, de quatre-vingt-dix-huit, mauvais voiliers tous deux, naviguaient entre les deux colonnes, mais faisaient également partie de l'escadre de Collingwood. Unies par une pensée commune, bien que destinées pendant le combat à une complète indépendance, ces deux divisions d'une même armée, la première de douze vaisseaux, la seconde de quinze, partageaient la noble émulation de leurs chefs et montraient une égale ardeur à se rapprocher de notre escadre.

Composée de dix-huit vaisseaux français, vaisseaux de quatre-vingts et de soixante-quatorze, et de quinze vaisseaux espagnols, parmi lesquels figuraient quatre vaisseaux à trois ponts, la flotte combinée comptait six vaisseaux de plus, mais trois vaisseaux à trois ponts de moins que la flotte anglaise. Six officiers généraux commandaient les divisions de cette armée. Le pavillon de l'amiral Villeneuve était arboré à bord du *Bucentaure;* celui de l'amiral Gravina, à bord du *Prince-des-Asturies*, vaisseau de cent douze canons, armé au Ferrol. Le contre-amiral Dumanoir montait *le Formidable;* le contre-amiral Magon, *l'Algésiras*, et deux magnifiques trois-ponts espagnols, *la Santissima-Trinidad*, de cent trente canons, et *la Santa-Anna*, de cent douze, faisaient flotter, au milieu de cette forêt de mâts, le premier le pavillon du contre-amiral Cisneros, le second le pavillon du vice-amiral Alava.

Gênée dans son évolution par le calme et la houle, cette flotte immense, qui se développait alors sur une étendue de cinq ou six milles, présentait à l'ennemi un front irrégulier. Dix vaisseaux tombés sous le vent n'étaient point à leur poste et formaient comme un second rang de vaisseaux en arrière de la ligne de bataille; *le Neptune, le Scipion, l'Intrépide, le Rayo, le Formidable, le Duguay-Trouin, le Mont-Blanc, le San-Francisco-d'Asis, le San-Augustino* et *le Heros* composaient l'avant-garde et obéissaient aux signaux du contre-amiral Dumanoir. Les trois premiers vaisseaux du corps de bataille étaient groupés autour du *Bucentaure, la Santissima-Trinidad* en avant de l'amiral, *le Redoutable* dans ses eaux, *le Neptune* sous le vent de la ligne, entre *le Redoutable* et *le Bucentaure*. En arrière de ce groupe, un large intervalle qu'auraient dû occuper trois vaisseaux souventés, *le San-Leandro, le San-Justo* et *l'Indomptable*, brèche ouverte déjà dans cette muraille vivante, semblait, à l'instar de l'attaque, avoir partagé la défense, laissant quatorze vaisseaux du côté de Villeneuve, dix-neuf vaisseaux du côté de Gravina. *La Santa-Anna* occupait la tête de cette seconde division. Derrière ce vaisseau à trois ponts se trouvait l'élite de l'armée française : *le Fougueux*, séparé par un vaisseau espagnol, *le Monarca*, du *Pluton* et de *l'Algésiras; l'Aigle, le Swiftsure* et *l'Argonaute*, séparés de *l'Algésiras* par *le Bahama*. Après ces neuf vaisseaux, un dernier peloton comprenait encore deux vaisseaux français et cinq vaisseaux espagnols; *le Montanez* et *l'Argonauta*, tombés sous le vent; *le Berwick*, suivi du *San-Juan-Nepomuceno*; *l'Achille*, doublant *le San-Ildefonso*, et *le Prince-des-Asturies*, destiné par Villeneuve à guider l'avant-garde, mais devenu ce jour-là, par l'effet des circonstances qui avaient rangé la flotte dans un ordre renversé, le serre-file de l'armée combinée.

Nous ne croyons pouvoir mieux faire que d'emprunter le récit de ce combat mémorable à un ouvrage récemment publié par M. le capitaine Jurien de la Gravière, et qui a réuni tous les suffrages des hommes spéciaux :

Il était midi. Les Anglais arborèrent le pavillon de Saint-George, le yacht à queue blanche; et, aux cris sept fois répétés de *vive l'empereur!* l'étendard tricolore s'éleva sur la poupe de chaque vaisseau français. Déployant en même temps la bannière des deux Castilles, les Espagnols suspendirent une longue croix de bois au-dessous de leur pavillon. Villeneuve, en ce moment, donna le signal du combat. Un coup de canon, dirigé contre *le Royal-Sovereign*, partit immédiatement du vaisseau *le Fougueux*. Il fut suivi bientôt d'un feu roulant auquel le vaisseau anglais n'essaya point de répondre. *Le Royal-Sovereign* se trouvait alors à près d'un mille en avant du *Belleisle*, à deux milles environ et presque par le travers du *Victory*. Encore intact au milieu de ce feu mal dirigé, il s'avançait vers *la Santa-Anna* sans dévier de sa route, silencieux, impassible, et comme protégé par un charme secret. L'équipage, étendu à plat pont et couché dans les batteries, n'offrait aucune prise au petit nombre de boulets qui frappaient la coque du vaisseau, et les projectiles qui passaient en grondant à travers la mâture n'avaient encore atteint que quelques cordages sans importance. « Rotheram, dit Collingwood à son capitaine de pavillon, au moment où, après avoir essuyé pendant dix minutes le feu de l'armée combinée, il allait plonger enfin dans les rangs de notre arrière-garde, que ne donnerait pas Nelson pour être à notre place! » — « Voyez, s'écriait en même temps Nelson, comme ce noble Collingwood conduit bravement son escadre au feu! » Collingwood, en effet, a montré le chemin à la flotte anglaise, et cueilli les prémices de la journée.

Le Fougueux essaye vainement de l'arrêter. Du triple étage de canons qui garnissent les flancs du *Royal-Sovereign* s'élancent des torrents de fumée et de fer. Chaque pièce, chargée à doubles projectiles, est dirigée dans la poupe de *la Santa-Anna*. Cent cinquante boulets ont sillonné de l'arrière à l'étrave les batteries de ce vaisseau, et laissé sur leur passage quatre cents hommes hors de combat. *Le Royal-Sovereign* se range alors au vent, et engage vergue à vergue le vice-amiral espagnol; mais il a bientôt d'autres ennemis à combattre : *le San-Leandro*, *le San-Justo* et *l'Indomptable* accourent pour l'entourer, *le Fougueux* dirige sur lui un feu d'écharpe. Ses voiles sont bientôt en lambeaux. Cependant, au milieu de ce tourbillon de boulets qu'*on vit se heurter dans l'air*, le *Royal-Sovereign* ne presse pas moins vivement l'adversaire qu'il a choisi. Le feu du vaisseau espagnol s'est ralenti, et, au-dessus du nuage de fumée qui enveloppe ce groupe héroïque, l'œil inquiet de Nelson peut distinguer encore le pavillon de Collingwood.

Le vent, cependant, a déjà trahi l'armée anglaise. Filant à peine un nœud et demi, *le Victory* se traîne péniblement vers *la Santissima-Trinidad* et *le Bucentaure*, pendant que Collingwood, seul au milieu de l'armée combinée, tient en respect les vaisseaux qui l'assiègent. A midi vingt minutes, *le Victory* est enfin à portée de canon de notre escadre. Un premier boulet, tiré par *le Bucentaure*, n'arrive point jusqu'à lui; un second vient tomber le long du bord; un troisième passe au-dessus de ses bastingages; un boulet plus heureux traverse le grand perroquet. Nelson appelle le capitaine Blackwood. « Retournez à bord de votre frégate, lui dit-il, et rappelez à tous nos vaisseaux que je compte sur leur concours. Si, en se conformant à l'ordre de marche que je leur ai signalé, ils devaient rester trop longtemps hors du feu, qu'ils n'hésitent point à en adopter un autre. Le meilleur sera celui qui les conduira le plus promptement possible à bord d'un vaisseau ennemi. » En parlant ainsi, il reconduit jusqu'au bord de la dunette le capitaine de *l'Euryalus*. Blackwood saisit la main de l'amiral, et, d'une voix émue, lui exprime l'espoir de le revoir bientôt en possession de vingt vaisseaux français et espagnols. Dieu vous bénisse, Blackwood! lui répond Nelson; mais je ne dois plus vous revoir en ce monde! »

Une ou deux minutes d'un morne silence ont suivi le dernier coup de canon du *Bucentaure*. Les canonniers vérifient leur pointage, et, comme à un signal donné, les six ou sept vaisseaux qui entourent Villeneuve ouvrent tous à la fois leur feu sur *le Victory*. La houle, qui, prenant nos vaisseaux en travers, leur imprime un balancement irrégulier, ajoute encore à l'incertitude de leur tir. Ceux de nos projectiles qui ne tombent point en-deçà du *Victory* le dépassent ou vont s'égarer dans sa mâture. Ce vaisseau est déjà arrivé à cinq cents mètres du *Bucentaure* sans avoir éprouvé d'avaries. Un boulet plus heureux vient alors couper son mât de perroquet de fougue; un autre boulet met sa roue de gouvernail en pièces; un boulet ramé renverse sur la dunette huit soldats de marine, car Nelson, moins prévoyant que Collingwood, a souffert que son équipage demeurât debout et aligné, au lieu de le faire coucher à plat pont. Un nouveau projectile passe entre Nelson et le capitaine Hardy. « L'affaire est chaude, dit Nelson avec un sourire; trop chaude pour durer longtemps. » Depuis *quarante minutes, le Victory* supporte le feu d'une escadre entière, et ce vaisseau, que rien au monde n'eût pu sauver d'une destruction complète, si nous eussions eu de meilleurs canonniers, ne compte encore que cinquante hommes hors de combat. Deux cents bouches à feu, tonnant contre lui, n'ont pu l'arrêter. Porté majestueusement sur les lames qui le soulèvent et le poussent vers nos rangs, il se dirige lentement sur le vaisseau de Villeneuve; mais la ligne, à son approche, s'est serrée comme un faisceau de dards. *Le Redoutable* a touché plusieurs fois de son beaupré le couronnement du *Bucentaure; la Santissima-Trinidad* est en panne sur l'avant de ce dernier vaisseau; *le Neptune* la serre de près sous le vent. Un abordage semble inévitable. Villeneuve, en ce moment, saisit l'aigle de son vaisseau, et la montre aux matelots qui l'entourent. « Mes amis, leur dit-il, je vais la jeter à bord du vaisseau anglais. Nous irons la reprendre ou mourir. » Nos marins répondent à ces nobles paroles par leurs acclamations. Plein d'espoir dans l'issue d'un combat corps à corps, Villeneuve, avant que la fumée dérobe *le Bucentaure* à la vue de l'escadre, adresse un dernier signal à ses vaisseaux. « Tout vaisseau, leur dit-il, qui ne combat point, n'est pas à son poste, et doit prendre une position quelconque qui le porte le plus promptement possible au feu. » Son rôle d'amiral est terminé : il ne lui reste plus qu'à se montrer le plus brave des capitaines de l'armée.

Hardy, cependant, vient de reconnaître l'impossibilité de couper la ligne sans aborder un de nos vaisseaux. Il en prévient Nelson. « Nous n'y pouvons rien, lui répond l'amiral. Abordez le vaisseau que vous voudrez; je vous en laisse le choix. » Hardy cherche dans ce groupe impénétrable le moins formidable adversaire. L'apparence chétive du *Redoutable*, mauvais vaisseau de soixante-quatorze récemment radoubé au Ferrol, lui vaut l'honneur qu'ambitionnent *la Santissima-Trinidad* et *le Bucentaure*. C'est vers lui que le capitaine Hardy porte *le Victory*. A une heure, le vieux vaisseau de Keppel et de Jervis, le vaisseau de Nelson, passe derrière *le Bucentaure* à portée de pistolet. Une caronade de soixante-huit, placée sur son gaillard d'avant, vomit la première, à travers les fenêtres de poupe du vaisseau français, un boulet rond et cinq cents balles de fusil. De nouveaux coups se succèdent à intervalles réguliers; cinquante pièces, chargées à doubles et triples projectiles, ébranlent et fracassent l'arrière du *Bucentaure*, démontent vingt de ses canons, et remplissent ses batteries de morts et de blessés. *Le Victory* traverse lentement la ligne qu'il vient de rompre, et reçoit le feu meurtrier du *Neptune* sans y répondre. Après avoir porté cette atteinte mortelle au *Bucentaure*, c'est au *Redoutable* que ses canons s'adressent. Au milieu de la fumée, Hardy vient brusquement sur tribord, et, sans continuer sa route vers *le Neptune*, qui, virant de bord, va se joindre à l'arrière-garde, il se jette sur *le Redoutable*, qu'il avait déjà dépassé. Accrochés bord à bord, les deux vaisseaux dérivent hors de la ligne. L'équipage du *Redoutable* soutient sans pâlir cet inégal assaut. Des hunes, des batteries de ce vaisseau on répond au feu du vaisseau anglais, et dans ce combat singulier, combat de mousqueterie bien plus que d'artillerie, nos marins ont repris l'avantage. En peu d'instants, les passavants et les gaillards du *Victory* sont jonchés de cadavres. Des cent dix hommes qui se trouvaient sur le pont de ce vaisseau avant le commencement de l'action, vingt à peine peuvent combattre encore. L'entrepont est encombré des blessés et des mourants qu'on y transporte sans cesse.

A la vue de tant de victimes, les chirurgiens anglais, qui leur prodiguent d'insuffisants secours, croient déjà la journée compromise. Le chapelain du *Victory*, éperdu, égaré par son émotion, veut fuir ce lieu d'horreur, *cet étal de boucher*, comme il appelait encore, après de longues années, cet obscur espace privé d'air et inondé de sang. Il s'élance sur le pont. Au milieu du tumulte, à travers la fumée, il reconnaît Nelson et le capitaine Hardy se promenant sur le gaillard d'arrière. Non loin d'eux, quelques hommes échangeaient une vive fusillade avec les hunes du vaisseau français. Tout-à-coup l'amiral chancelle et tombe la face contre terre. Une balle, partie du mât d'artimon du *Redoutable*, l'avait frappé sur l'épaule gauche, avait traversé l'épaulette, et, après avoir labouré la poitrine, s'était logée dans l'épine dorsale. Le chapelain accourt; mais, avant lui, un sergent et deux matelots timonniers sont près de l'amiral. Il le relève tout souillé du sang dont le pont est couvert. Hardy, qui n'a point entendu le bruit de sa chute, se retourne alors, et, plus pâle, plus ému que Nelson lui-même : « J'espère, milord, s'écrie-t-il, que vous n'êtes pas dangereusement blessé. — C'est fait de moi, Hardy, répond l'amiral, *ils y ont enfin réussi. J'ai l'épine du dos brisée.* » Les matelots qui l'ont relevé l'emportent dans leurs bras et le déposent dans l'entre-pont, au milieu de la foule des blessés.

La brise, presque éteinte par la canonnade, n'avait encore amené, à une heure un quart, au moment où fut frappé Nelson, que cinq vaisseaux anglais sur le champ de bataille. A l'arrière-garde, *le Royal-Sovereign* avait combattu seul pendant quinze minutes. Le premier après lui, *le Belleisle*, avait coupé la ligne, à midi et demi, en arrière de *la Santa-Anna;* mais déjà mutilé par les bordées d'enfilade qu'il venait de recevoir, démâté de son mât d'artimon par *le Fougueux*, *le Belleisle* s'était trouvé enfermé lui-même dans un cercle de vaisseaux ennemis.

Bientôt, cependant, les vaisseaux anglais arrivent en foule de ce côté : *le Mars* s'attaque au *Pluton*, *le Tonnant* à *l'Al-*

gésiras; le Bellerophon, le Colossus, l'Achilles, traversent la ligne; *le Dreadnought,* de quatre-vingt-dix-huit; *le Polyphemus,* de soixante-quatre, les suivent de loin sous toutes voiles; *le Revenge, le Swiftsure, le Defiance, le Thunderer* et *le Defence* se détachent vers la droite pour doubler l'arrière-garde et la mettre entre deux feux. C'est déjà dans cette partie de la ligne un combat général : c'est encore un engagement particulier à l'avant-garde et au corps de bataille. Là, en effet, Dumanoir, avec ses dix vaisseaux, forme une réserve que les vaisseaux anglais ne songent point à attaquer. *Le Bucentaure* et *la Santissima-Trinidad* canonnent de loin *le Téméraire, le Neptune* et *le Leviathan,* qui se dirigent sur eux vent arrière; *le Redoutable,* seul aux prises avec *le Victory,* le presse avec une nouvelle vigueur.

Le pont de ce dernier vaisseau est devenu désert : de la hune d'artimon du *Redoutable,* on en prévient le capitaine Lucas. Il appelle à l'instant ses divisions d'abordage. En moins d'une minute, les gaillards du vaisseau français sont couverts d'hommes armés qui se précipitent sur la dunette, sur les bastingages et dans les haubans. Les canonniers du *Victory* abandonnent leurs pièces pour repousser ce nouveau danger. Accueillis par une pluie de grenades et un feu nourri de mousqueterie, ils se replient bientôt en désordre dans la première batterie; mais la masse du *Victory* le protége encore, et les matelots du *Redoutable* font de vains efforts pour escalader ses murailles. Le capitaine Lucas ordonne de couper les suspentes de la grande vergue, et veut la jeter comme un pont-levis en travers des deux vaisseaux. En ce moment, l'aspirant Yon et quatre matelots, s'aidant de l'ancre suspendue dans les porte-haubans du *Victory,* sont parvenus à gagner le pont du vaisseau anglais. Ils montrent ce chemin à leurs compagnons; les colonnes d'abordage se reforment à la hâte: le second du *Redoutable,* le lieutenant de vaisseau Dupotet, se jette à leur tête et leur fait partager sa bouillante ardeur : quelques minutes encore, et *le Victory* est à nous! C'est alors qu'une effroyable volée de boulets et de mitraille balaye le pont du *Redoutable*. **Le Téméraire,** après avoir franchi la ligne, est venu se jeter sous le beaupré de ce vaisseau. Deux cents hommes ont été renversés par sa première bordée : *le Téméraire* retombe en travers du vaisseau français et le foudroie de nouveau de son artillerie. Serré entre deux vaisseaux à trois ponts, *le Redoutable* se débat quelque temps dans cette double étreinte. Ses canons démontés, sa poupe déchirée et pendante, son grand mât abattu, ses porte-haubans en feu, n'ont point encore appris au capitaine Lucas la nécessité de se rendre; mais *le Neptune* et *le Leviathan* ont coupé la ligne à leur tour, et toute résistance devient désormais inutile. A une heure cinquante-cinq minutes, le capitaine Lucas livre à l'ennemi un vaisseau criblé de boulets, et les débris d'un équipage qui compte en ce moment cinq cent vingt-deux hommes hors de combat. « Jamais l'intrépide Nelson ne pouvait succomber en combattant des ennemis plus dignes de son courage. »

Unis par leurs mâts abattus, qui sont tombés d'un vaisseau sur l'autre, *le Victory*, *le Redoutable* et *le Téméraire* dérivent ensemble vers l'arrière-garde. Arrivés à cent mètres du *Fougueux*, *le Téméraire* dirige vers ce vaisseau ses canons de tribord. Malgré le double combat qu'il vient de soutenir contre *le Royal-Sovereign* et *le Belleisle*, *le Fougueux*, digne émule du *Redoutable*, n'hésite point à aborder *le Téméraire*. Mortellement blessé, l'intrépide capitaine Baudouin, héros simple et modeste, dont la France a laissé périr le nom, et auquel l'Angleterre eût donné une tombe à Westminster, Baudouin, de la dunette où il est tombé, anime encore son équipage; mais il retient en vain, par un suprême effort, la vie qui lui échappe. Il expire, trop heureux d'expirer avant d'avoir vu son vaisseau au pouvoir de l'ennemi! Cette nouvelle lutte est trop inégale; le second du *Fougueux*, le capitaine de frégate Bazin, est blessé; quatre cents hommes sont hors de combat; les Anglais s'élancent dans les grands haubans du *Fougueux*, se rendent maîtres du pont et amènent eux-mêmes le pavillon du vaisseau français.

Au moment où *le Fougueux* et *le Redoutable* succombaient sous l'effort des trois ponts anglais, *la Santa-Anna*, démâtée de tous mâts depuis près d'une demi-heure, se rendait au vaisseau de Collingwood. Ce fut la première victoire remportée à l'arrière-garde. Les Anglais avaient rencontré dans cette partie de la ligne une résistance inattendue. Isolé au milieu des vaisseaux français, *le Belleisle*, après avoir repoussé *le Fougueux*, supportait depuis une heure le feu de *l'Achille*, de *l'Aigle*, et du *Neptune*. Démâté de ses trois bas-mâts, et comme enseveli sous cet amas de voiles et de cordages, ce vaisseau anglais garde encore ses couleurs au tronçon de son mât d'artimon. Il essuie nos volées sans pouvoir y répondre; mais bientôt les secours lui arrivent de toutes parts. *Le Polyphemus* vient s'interposer entre lui et *le Neptune*, *le Defiance* l'abrite du feu de *l'Aigle*; *le Swiftsure* le salue de trois acclamations et se précipite vers *l'Achille*.

Au vent de ces vaisseaux, une lutte terrible s'est déjà engagée entre *le Mars* et *le Pluton*, entre *le Tonnant* et *l'Algésiras*. *Le Mars* voit son commandant emporté par un boulet; *le Pluton*, qui porte le guidon de l'intrépide capitaine Cosmao, se dispose à tenter l'abordage, quand un nouveau peloton de vaisseaux anglais l'oblige à se retirer.

L'Algésiras, abordé par *le Tonnant*, se montre également digne de sa haute réputation; mais la position qu'occupe *le Tonnant* donne au vaisseau anglais un trop grand avantage. Le beaupré engagé dans les haubans du *Tonnant*, *l'Algésiras* ne peut se servir de son artillerie et reçoit un feu roulant d'enfilade. Le contre-amiral Magon, jaloux de guider ses marins à bord du vaisseau anglais, les rallie sous ce feu meurtrier et combat avec eux au premier rang. Atteint déjà au bras et à la cuisse, il refuse de quitter le pont; il cède cependant aux instances de ses officiers. Deux matelots l'entraînent; un biscaïen vient alors le frapper à la poitrine. Il tombe au moment où le mât de misaine est déjà abattu. Presque au même instant, le feu se déclare dans la fosse aux lions; le grand mât et le mât d'artimon couvrent le pont de leurs débris. Le capitaine de pavillon Letourneur, le lieutenant de vaisseau Plassan, ont été grièvement blessés. Un jeune officier que la mort a respecté, et auquel l'avenir réserve de plus heureux combats, M. Botherel de la Bretonnière, prolonge encore quelques instants cette défense héroïque; mais les matelots anglais ont envahi le pont de *l'Algésiras*. Au milieu de la confusion qu'a produite la chute des trois bas-mâts, ils prennent possession d'un vaisseau entièrement désemparé.

Non loin de *l'Algésiras*, quatre vaisseaux français, *l'Aigle*, *le Swiftsure*, *le Berwick* et *l'Achille*, soutiennent avec le même courage un combat acharné. Après avoir engagé *le Bellerophon* vergue à vergue pendant près d'une heure, *l'Aigle*, séparé malgré lui d'un ennemi qu'il avait à demi réduit par le feu de sa mousqueterie, s'est porté contre *le Belleisle*. Privé de son commandant, le brave capitaine Gourrège, il succombe à trois heures et demie sous les coups réunis du *Revenge* et du *Defiance*.

Le Swiftsure a perdu deux cent cinquante hommes : l'intrépide et brillant officier qui commande la manœuvre sous les ordres du capitaine Villemadrin, le lieutenant de vaisseau Aune, est renversé de son banc de quart. C'est le troisième officier qu'ait atteint le feu de l'ennemi. *Le Swiftsure* est enfin accablé par *le Bellerophon* et *le Colossus*.

Le Berwick, sous les ordres du capitaine Camas, du *vaillant capitaine Camas*, comme l'appelle à bon droit un historien anglais, combat successivement *le Defence* et *l'Achilles*. Malgré la chute de ses mâts, il se défend avec la même ardeur. Cinquante et un cadavres jonchent déjà ses batteries; deux cents blessés encombrent son entrepont. Le capitaine Camas reçoit le coup mortel; son second, le lieutenant de vaisseau Guichard, lui survit à peine quelques minutes. *Le Berwick* tombe alors au pouvoir des Anglais.

L'Achilles a des premiers assailli *le Belleisle;* il se trouve bientôt enveloppé à son tour. *Le Polyphemus*, dégagé du *Neptune*, qui se porte à l'extrême arrière-garde, *le Swiftsure*, *le Prince*, de quatre-vingt-dix-huit, l'écrasent du feu roulant de leurs batteries. Le commandant Deniéport, déjà blessé à la cuisse, est tué à son poste qu'il n'a pas voulu abandonner. Le mât de misaine, à demi dévoré par l'incendie qui vient d'éclater dans la hune, est bientôt abattu par les boulets ennemis; il tombe sur le pont, qu'il couvre de sa masse embrasée. *L'Achilles*, en proie aux flammes, ne voit plus un vaisseau allié autour de lui; la plupart de ses officiers ont été tués ou blessés, et c'est un enseigne de vaisseau qui occupe la place du brave capitaine Deniéport. L'intrépide Cauchard, seul débris d'un état-major de héros, combat sans espoir, mais combat encore. La crainte d'une effroyable explosion éloigne enfin les vaisseaux anglais. *L'Achilles* n'a plus à combattre que l'incendie, il s'agite en vain dans cette agonie douloureuse. Vers cinq heures et demie, ce glorieux vaisseau, dont le pavillon n'a pas été amené, saute en l'air avec une portion de son équipage.

Longtemps avant cet épouvantable accident, le désordre le plus complet régnait à l'arrière-garde. Coupée sur tous les points, cette partie de la ligne ne présentait plus qu'un amas confus de vaisseaux entourés et près de s'affaisser sous le nombre. Le *Monarca*, d'abord canonné par *le Tonnant*, cède au feu du *Bellerophon*; le *Bahama* se rend au *Colossus*; l'*Argonauta*, écrasé par les premières volées de l'*Achilles*, est contraint d'amener son pavillon devant les nouveaux ennemis qui le pressent : *le San-Juan Nepomuceno* est amariné par *le Dreadnought*. Sept vaisseaux français et cinq vaisseaux espagnols ont déjà succombé; mais dix vaisseaux anglais ont acheté chèrement ces premiers avantages : *le Victory* compte cent cinquante-neuf hommes hors de combat, *le Royal-Sovereign* cent quarante et un, *le Téméraire* cent vingt-trois, *le Mars* et *le Colossus* ont éprouvé des pertes non moins considérables. Le premier de ces vaisseaux, dans son engagement avec *le Pluton*, a eu quatre-vingt-dix-huit hommes tués ou blessés; le second deux cents, pendant qu'il combattait successivement l'*Argonaute*, commandé par le capitaine Epron, le *Bahama* et *Swiftsure*. La prise de l'*Algésiras* a coûté soixante-seize hommes au *Tonnant*; le *Bellerophon*, dans son abordage avec l'*Aigle*, a perdu cent cinquante hommes et son capitaine, atteint d'une blessure mortelle. Le *Belleisle*, bien que complètement démâté, a moins souffert que *le Bellerophon* et *le Colossus*. Le nombre des morts et des blessés s'élève, à bord de ce vaisseau, à cent vingt-six, à soixante-douze à bord de l'*Achilles*, à soixante-dix à bord du *Defiance*, à soixante-dix-neuf à bord du *Revenge*. Tels sont les vaisseaux anglais qui ont supporté tout le poids de l'action; la plupart flottent désemparés au milieu des vaincus, masses inertes et haletantes, incapables d'engager un nouveau combat; mais une imposante réserve parcourt en ce moment le champ de bataille et recueille les fruits de leur victoire. Dans la seule colonne de Collingwood, colonne plus sérieusement engagée cependant que celle de Nelson, cette réserve se compose encore de six vaisseaux presque intacts : deux vaisseaux à trois ponts, *le Dreadnought*, qui n'eut que trente-trois hommes atteints par notre feu ; *le Prince,* qui n'en eut pas un seul ; trois vaisseaux de soixante-quatorze, un vaisseau de soixante-quatre, comptant à peine à la fin de a journée, *le Defence* trente-six hommes tués ou blessés, *le Thunderer* seize, *le Swiftsure* dix-sept, *le Polyphemus* six. Ces vaisseaux, arrivés sur le lieu de l'action trois heures après *le Royal Sovereign* et *le Belleisle,* portent sur tous les points de l'arrière-garde un irrésistible effort.

Un dernier groupe de vaisseaux français et espagnols s'est rassemblé autour de l'amiral Gravina. Appuyé du *San-Ildefonso, le Prince-des-Asturies* a déjà combattu *le Defiance* et *le Revenge. Le Dreadnought, le Polyphemus* et *le Thunderer* accourent pour l'accabler ; *le Pluton* et *le Neptune* accourent pour le défendre. Gravina est blessé ; son chef d'état-major, le contre-amiral Escagno, est atteint à ses côtés. *Le San-Ildefonso* amène sous la volée du *Defence; le Prince-des-Asturies* sort alors de la ligne, et arbore au grand mât le signal de ralliement. La frégate *la Thémis,* commandée par le brave capitaine Jugan, vient l'enlever sous le feu de l'ennemi et l'entraîne vers Cadix. A regret, *le Pluton* et *le Neptune* se rangent sous son pavillon, et vont rejoindre *l'Argonaute* et *l'Indomptable,* qui, avec *le San-Leandro, le San-Justo* et *le Montanez,* s'éloignent lentement du champ de bataille.

La colonne de Collingwood a rempli sa tâche. Des vingt vaisseaux qu'elle a combattus, dix lui ont opposé une résistance sérieuse ; quelques-uns l'on canonnée de trop loin, d'autres ont plié trop tôt ; huit seulement échappent à sa poursuite. L'aile gauche de l'armée combinée est dispersée ou détruite, mais à l'aile droite on peut combattre encore. Là, Dumanoir, comme nous l'avons dit, possède dix vaisseaux intacts, et, à un mille à peine de cette puissante réserve, *le Bucentaure* et *la Santissima-Trinidad* partagent glorieusement les mêmes dangers et repoussent les mêmes attaques. Le *Neptune*, de quatre-vingt-dix-huit; *le Leviathan* et *le Conqueror*, de soixante-quatorze; *l'Africa*, de soixante-quatre, entourent ces deux vaisseaux. Calme et résigné au milieu de l'affreux désastre qu'il a prévu, Villeneuve s'étonne cependant que Dumanoir hésite aussi longtemps à voler à son secours. Depuis le commencement de l'action, l'avant-garde n'a eu d'autre ennemi à repousser qu'un chétif vaisseau de soixante-quatre, *l'Africa*, qui, séparé pendant la nuit de l'armée anglaise, a dû, pour arriver jusqu'au vaisseau du contre-amiral Cisneros, prolonger, à portée de canon, la division du contre-amiral Dumanoir. Villeneuve, pendant qu'il lui reste un mât encore pour y faire flotter ses signaux, ordonne à l'avant-garde de virer lof pour lof tout à la fois; Dumanoir répète ce signal. Moins longtemps différée, cette manœuvre eût pu rétablir le combat; mais le temps a marché, et le feu du *Bucentaure* et de *la Santissima-Trinidad* s'affaiblit déjà. On voit bientôt, comme les arbres d'un bois séculaire, leurs mâts, coupés au pied, chanceler et s'abattre. Déplorable résultat d'un instant d'hésitation! Dumanoir, forcé d'assister aux suprêmes convulsions de ces nobles navires, compte avec anxiété les instants qui leur restent à vivre. L'avant-garde, il n'en peut plus douter, arrivera trop tard. Il est près de trois heures avant que la faiblesse de la brise lui ait permis d'achever son évolution. Les dix vaisseaux dont cette avant-garde se compose se partagent alors en deux pelotons égaux. Le *Scipion*, le *Duguay-Trouin*, le *Mont-Blanc* et le *Neptune* se rangent dans les eaux du *Formidable* et manœuvrent pour passer au vent de la ligne; le *San-Francisco-d'Asis*, le *San-Augustino*, le *Rayo*, de cent canons, le *Héros* et *l'Intrépide* gouvernent directement sur *le Bucentaure*.

Ces cinq vaisseaux ont cherché pour se rendre au feu un

chemin plus court que celui que leur indique *le Formidable;* mais tous ne persévèrent pas dans cette voie généreuse : sur le champ de bataille, au lieu de combattants épuisés, ils trouvent des vaisseaux frais pour les recevoir. *Le Britannia,* de cent canons; *l'Ajax* et *l'Orion,* de soixante-quatorze; *l'Agamemnon,* de soixante-quatre, ont eu le temps d'accourir. A cette vue, *le Rayo* et *le San-Francisco,* après avoir essuyé pendant quelque temps le feu du *Britannia,* se hâtent d'opérer leur retraite et vont se réunir à la division de l'amiral Gravina. *Le Héros,* qui les précédait, continue sa route.

Une lutte inégale s'engage; le brave capitaine Poulain a été tué dès le commencement de l'action; son vaisseau, qu'il n'anime plus de sa présence et qui a déjà perdu trente-quatre hommes, se soustrait, non sans peine, à une capture devenue imminente. *Le San-Augustino,* canonné par plusieurs vaisseaux anglais, est enlevé à l'abordage par *le Leviathan.* En ce moment, *le Bucentaure* et *la Santissima-Trinidad,* complètement démâtés, sont à la merci de l'ennemi. Villeneuve cherche un canot qui puisse le transporter sur un autre vaisseau. « *Le Bucentaure,* dit-il, a rempli sa tâche; la mienne n'est pas encore terminée; » mais les boulets qui l'ont épargné ne lui ont pas laissé le moyen d'obéir à ces dernières inspirations de son courage. Il n'est pas un endroit du *Bucentaure* qui n'ait été criblé par les projectiles de l'ennemi, pas une embarcation qui n'ait été mise en pièces. Les canons sont démontés ou masqués par les débris de la mâture; deux cent neuf hommes, morts, blessés et mourants, gisent étendus dans les batteries et dans l'entrepont, Villeneuve cède à la fatalité et se rend au vaisseau *le Conqueror.* Un canot de ce vaisseau, monté par quatre hommes, se fait jour à travers les débris qui entourent *le Bucentaure,* et, sous la pluie de projectiles qui se croisent encore en tous sens sur le champ de bataille (foudres impuissants des vaisseaux qui succombent, ou derniers traits de mort lancés par les vainqueurs), le capitaine Atcherley, commandant les soldats de marine du *Conqueror,* parvient à conduire à bord du vaisseau *le Mars* le commandant en chef de l'armée franco-espagnole.

De son lit de douleur, Nelson entend les acclamations dont l'équipage du *Victory* salue la capture du *Bucentaure.* Il demande avec instance qu'on appelle le capitaine Hardy. « Eh bien! Hardy, lui dit-il en l'interrogeant du regard, où en est le combat? La journée est-elle à nous? — Sans aucun doute, milord, répond le capitaine Hardy : douze ou quatorze vaisseaux ennemis sont déjà en notre pouvoir, mais cinq vaisseaux de l'avant-garde viennent de virer de bord et paraissent disposés à se porter sur *le Victory.* J'ai appelé autour de nous deux ou trois de nos vaisseaux encore intacts, et nous leur préparons un rude accueil. — J'espère, Hardy, ajoute l'amiral, qu'aucun de nos vaisseaux *à nous* n'a amené son pavillon? » Hardy s'empresse de le rassurer. « Soyez tranquille, milord, lui dit-il; il n'y a rien à craindre de ce côté-là. » Nelson attire alors vers lui le capitaine du *Victory.* « Hardy, murmure-t-il à son oreille, je suis un homme mort. Je sens la vie qui m'échappe... Encore quelques minutes, et ce sera fini... Approchez-vous davantage... Ecoutez, Hardy; quand je ne serai plus, coupez mes cheveux pour les donner à ma chère lady Hamilton... et ne jetez pas mon pauvre corps à la mer! » Hardy serre avec émotion la main de l'amiral et se hâte de remonter sur le pont.

Dumanoir est enfin arrivé par le travers du *Victory.* Il trouve *le Bucentaure* amariné, *la Santissima-Trinidad* réduite et toute une escadre ennemie groupée autour de ces vaisseaux : *le Spartiate* et *le Minotaur,* qui n'ont point encore tiré un coup de canon, *l'Agamemnon, le Britannia, l'Orion l'Ajax* et *le Conqueror*, qui ont à peine combattu. A l'arrière-garde, six autres vaisseaux anglais se sont formés en ligne pour couvrir leurs prises; *le Victory* et *le Téméraire*, ranimés par cet instant critique, se sont débarrassés du *Fougueux* et du *Redoutable*, et sont parvenus à démasquer leurs batteries. « Arriver dans ce moment sur l'ennemi, comme l'écrivait quelques jours plus tard l'amiral Dumanoir au ministre, eût été un coup de désespoir qui n'eût abouti qu'à augmenter le nombre de nos pertes, » mais qui eût sauvé, il faut bien l'ajouter, la mémoire du commandant de l'avant-garde. Cette avant-garde n'opère point cependant sa retraite sans combattre. *Le Formidable* a son gréement haché, ses voiles entièrement criblées, soixante-cinq hommes tués ou blessés, et près de quatre pieds d'eau dans la cale. *Le Duguay-Trouin*, *le Mont-Blanc* et *le Scipion* sont presque également maltraités par le feu de l'escadre anglaise. *Le Neptuno*, demeuré en arrière, est coupé par *le Spartiate* et *le Minotaur*. Le capitaine Valdès, qui commande *le Neptuno*, se défend pendant plus d'une heure et ne rend son vaisseau qu'entièrement démâté. Intrépides alliés, généreux martyrs plutôt qu'utiles soutiens d'une cause étrangère, la plupart des officiers espagnols rachetèrent noblement en ce jour quelques actes isolés de faiblesse. Plût à Dieu que la vigueur de leur bras eût répondu à leur courage, et que les vaisseaux de Charles IV eussent valu leurs capitaines! Sous le vent de la ligne, un vaisseau français, *l'Intrépide*, occupe quelque temps encore les vaisseaux anglais. Sur cette arène désolée où ne flotte plus un pavillon ami, le brave capitaine Infernet oublie qu'il prolonge seul une résistance désormais stérile. Il repousse *le Leviathan* et *l'Africa*, reçoit le feu de *l'Agamemnon* et de *l'Ajax*, combat *l'Orion* bord à bord, et, complètement démâté, comptant trois cent six hommes hors de combat, n'amène que sous la volée du *Conqueror*.

La victoire de la flotte anglaise est alors complète. Hardy, délivré de toute inquiétude, veut en donner lui-même l'assurance à l'amiral. Il pénètre une seconde fois à travers la foule sanglante des blessés et des morts jusqu'au lit de Nelson. Au milieu de cette atmosphère chaude et méphitique, le héros s'agitait dans une suprême angoisse. Le front baigné d'une sueur froide, les membres inférieurs déjà glacés, il semblait n'arrêter un dernier souffle de vie errant sur ses lèvres que pour emporter dans la tombe la douceur d'un nouveau triomphe. En lui apprenant la glorieuse issue de ce grand combat, Hardy met un terme à d'atroces souffrances, et délie doucement cette âme énergique. Nelson lui donne encore quelques ordres, murmure quelques mots entrecoupés d'une voix affaiblie; puis, se soulevant à demi par un soudain effort : « Dieu soit béni! dit-il; j'ai fait mon devoir! » Il retombe sur sa couche, et un quart d'heure après, sans trouble, sans secousses, sans une convulsion, rend son âme à Dieu.

Cette nouvelle est portée à Collingwood, et, même au milieu de l'ivresse de la victoire, le pénètre de la plus poignante douleur; mais la gravité des circonstances lui interdit de donner un libre cours à ses regrets. Des trente-trois vaisseaux français et espagnols qui, le matin même, offraient si fièrement le combat à la flotte anglaise, onze se retiraient alors vers Cadix, quatre suivaient au large le contre-amiral Dumanoir; dix-huit avaient succombé, criblés de boulets et couverts de gloire. Des vaisseaux ainsi défendus étaient sans doute une importante conquête, mais une conquête qui pouvait s'abîmer d'un instant à l'autre sous les pieds des vainqueurs. Le gouffre avait déjà dévoré *l'Achilles; le Redoutable* flottait à peine. Huit vaisseaux n'avaient pas un seul mât qui ne fût abattu, huit autres étaient en partie démâtés. Dans l'escadre anglaise, *le Royal-Sovereign, le Téméraire, le*

Belleisle, le *Tonnant*, le *Colossus*, le *Bellerophon*, le *Mars* et l'*Africa*, également maltraités, pouvaient se mouvoir à peine; six autres vaisseaux avaient perdu ou leurs vergues ou leurs mâts de hune; la plupart avaient leurs voiles en lambeaux. Le cap Trafalgar, qui devait donner son nom à cette grande journée, était à huit ou neuf milles sous le vent de la flotte; les dangers de la côte d'Andalousie n'en étaient plus qu'à quatre ou cinq, et la houle plus encore que le vent portait vers la terre les vaisseaux désemparés. Le *Royal-Sovereign*, que Collingwood avait quitté pour transporter son pavillon sur la frégate l'*Euryalus*, venait de sonder par treize brasses d'eau. Il fallait (c'était la nouvelle victoire que devait remporter Collingwood) que quatorze vaisseaux et quatre frégates, encore en état de manœuvrer, arrachassent aux périls de cette situation dix-sept ou dix-huit vaisseaux incapables de s'en tirer sans leur secours.

Nelson, prévoyant cet inévitable résultat d'une affaire décisive, avait annoncé, avant le combat, l'intention d'essuyer au mouillage le coup de vent qui se préparait : sur son lit de mort, il avait une dernière fois rappelé au capitaine Hardy la nécessité de jeter l'ancre dès que l'action serait terminée; mais jeter l'ancre en ce moment, c'eût été abandonner chaque vaisseau à ses propres ressources, et les vaisseaux qui avaient été sérieusement engagés, ceux précisément qui se trouvaient hors d'état de faire voile, se trouvaient également hors d'état de mouiller. Les boulets n'avaient rien respecté : ils avaient coupé les câbles dans les batteries, fracassé ou désemparé les ancres suspendues aux bossoirs ou dans les porte-haubans des vaisseaux, comme ils avaient renversé les mâts et brisé les vergues. Le *Swiftsure*, le *San-Juan*, le *San-Ildefonso* et le *Bahama*, trouvèrent seuls le moyen de mouiller sous le cap Trafalgar. Ce furent aussi les seuls trophées que les Anglais parvinront à conduire à Gibraltar.

A minuit, la tempête éclata dans toute sa violence. Si le vent n'eût passé alors de l'ouest au sud-sud-ouest et n'eût, par ce changement inespéré, éloigné l'escadre de la côte, toute l'habileté de Collingwood n'eût point sauvé d'une destruction complète un seul de ces vaisseaux en ruine. Collingwood saisit ce moment pour virer de bord; mais, malgré cette chance heureuse, il n'en fallut pas moins de prodigieux efforts, tels qu'on en pouvait à peine attendre même de ces vieux croiseurs formés à l'école de Jervis et de Nelson, pour entraîner au large cette flotte mutilée, plus nombreuse que la flotte qui s'empressait autour d'elle. Vingt-quatre heures après sa victoire, l'armée anglaise avait déjà perdu cinq des vaisseaux qu'elle avait capturés : *le Redoutable* coulait bas sous la poupe du *Swiftsure*, qui le remorquait; *le Fougueux* se brisait à la côte près de Santi-Petri; *l'Aigle*, abandonné par les vaisseaux qui l'escortaient, *le Bucentaure*, et *l'Algésiras*, repris sur les Anglais par les débris de leurs équipages héroïques, essayaient de gagner Calix.

La tempête se calmait à peine, que Collingwood eut à craindre un nouveau danger. Le 23 octobre, par un trait d'audace qui montrait toute la fermeté de son âme, le capitaine Cosmao, sous l'impression sinistre d'un si grand désastre, osa reprendre la mer et braver encore une fois l'escadre anglaise. Suivi de deux autres vaisseaux français, deux vaisseaux espagnols, cinq frégates et deux bricks, *le Pluton*, faisant trois pieds d'eau à l'heure, avec un équipage réduit à quatre cents hommes et neuf canons démontés, se porta à la rencontre des vaisseaux anglais qui remorquaient *le Neptuno* et *la Santa-Anna*, et les contraignit à lâcher prise. Les frégates françaises ramenèrent ces deux vaisseaux espagnols au port. Redoutant de nouvelles attaques, Collingwood se décida à brûler *l'Intrépide* et *le San-Augustino*, à couler *la Santissima-Trinidad* et *l'Argonauta*. *Le Monarca* et *le Berwick*, qu'il espérait sauver, se perdirent près de San-Lucar.

Cependant la tempête, en ravissant à l'armée anglaise ces précieux gages de son triomphe, ne porta pas un coup moins sensible aux débris de notre armée. *Le Bucentaure*, au moment d'entrer dans Cadix, se creva sur le banc de roche appelé les *Puercos*; *l'Aigle* s'échoua devant Puerto-Real; *l'Indomptable* qui, mouillé devant Cadix, avait reçu l'équipage du *Bucentaure*, se jeta à son tour sur la chaîne de récifs qui borde la ville de Rota; *San-Francisco d'Asis* se perdit sur les rochers du fort de Sainte-Catherine, *le Rayo* à l'embouchure du Guadalquivir; et, comme si la fatalité qui poursuivait la malheureuse armée de Villeneuve et de Gravina n'était point épuisée encore, les quatre vaisseaux de Dumanoir, rencontrés par les quatre vaisseaux et les quatre frégates de sir Richard Strachan, succombaient, le 5 novembre, sous le cap Ortegal, après la plus magnifique résistance.

Le 25 octobre, le vice-amiral Rosily arriva de Madrid à Cadix. Des trente-trois vaisseaux qu'il venait commander, il ne trouva plus que cinq vaisseaux français et trois vaisseaux espagnols. Il aborda son pavillon à bord du *Héros*, mais il ne changea point la fortune de l'escadre. Aucun des vaisseaux qui avaient suivi le pavillon de Villeneuve ne devait revoir les ports de France. *Le Héros, le Neptune, l'Algésiras, l'Argonaute* et *le Pluton*, faibles restes de cette puissante flotte, constamment bloqués dans Cadix par une escadre anglaise, tombèrent, en 1808, entre les mains des insurgés espagnols.

Telles furent les conséquences de cette fatale campagne, ouverte sous de plus heureux auspices. Ces deux événements, Trafalgar et Aboukir, s'expliquent cependant l'un par l'autre; ils s'enchaînent et se complètent : ce sont deux épisodes de la vie d'un même homme, deux périodes presque inévitables de la vie d'une même marine. Puisqu'une première épreuve ne nous avait rien appris, les mêmes témérités pouvaient réussir encore : l'ennemi n'avait rien à changer dans sa tactique, puisque nous n'avions rien changé dans nos moyens de défense.

C'est à Schœnbrunn, dans le vieux palais des empereurs d'Allemagne, au milieu des triomphes militaires les plus éclatants, que Napoléon reçut la nouvelle de ce désastre qui détruisait les espérances navales de l'empire.

L'indignation et la colère de Napoléon se manifestaient avec une violence sans égale. Cette Angleterre, cette ennemie implacable échappait encore, et pour toujours peut-être, aux projets d'abaissement et de ruine qu'il avait nourris contre elle. Dans sa douleur, il veut, comme le Sénat de Carthage, imposer, par la terreur, la victoire à ses généraux. La défaite de Trafalgar veut un Byng…

Avant de quitter Boulogne, l'empereur avait fait prendre toutes les mesures de conservation et de défense qu'exigeait l'immense armement naval, inutile pour le moment, mais qui pouvait, un jour, concourir à la réalisation de l'expédition pour laquelle on l'avait créé.

La flottille fut presque entièrement désarmée. Les vastes camps qui avaient abrité, à gauche et à droite de la ville, les régiments aujourd'hui répandus en Allemagne, furent habités par nos marins. Ceux-ci, par leur éducation militaire, firent plus tard d'excellents soldats.

Bien que la conduite de l'amiral Villeneuve eût frappé les mouvements de nos escadres, elle n'avait point empêché la valeur de nos marins de se produire dans plusieurs circonstances, avec autant de gloire que de bonheur. Le capitaine de frégate Bodin quittait la Martinique avec une division légère dont la traversée devait s'illustrer par plusieurs combats.

Le pavillon du commandant était hissé sur *la Topaze*. Le *Département-des-Landes* et *la Torche*, corvettes assez lourdes voilières, naviguaient sous ses ordres et de conserve avec elle. Le brick *le Faune* complétait cette division volante.

Le 19 juillet, elle se trouvait à la hauteur de la Barbade. Vers onze heures du matin, un grand navire fut aperçu dans le nord-est. Les signaux du commandant ordonnèrent à la division de suivre le mouvement de *la Topaze*. Cette frégate se fut bientôt portée, grâce à sa marche rapide, dans les eaux du bâtiment ennemi. C'était la frégate anglaise *la Blanche*.

Deux coups de canon saluèrent et assurèrent presque au même instant les couleurs nationales que les deux frégates arborèrent à la fois. Un moment après *la Topaze*, arrivée par la hanche tribord de l'anglaise, lui lâchait toute sa bordée. La fumée de cette explosion enveloppait encore le bâtiment assaillant, que *la Blanche*, lui prêtant le travers, répondait à son attaque par une volée de mitraille et de boulets. Les deux frégates se foudroyèrent avec une vigueur égale pendant une demi-heure. Le capitaine Mudge, voyant son entrepont et ses gaillards couverts de sang et de débris, apercevant d'ailleurs que le voisinage des corvettes allait bientôt leur permettre de prendre part au combat, voulut tenter de clore cet engagement par l'habileté de la manœuvre : selon ses ordres, son lieutenant fait force de voiles ; *la Blanche* essaye de couper *la Topaze* sur l'avant, pour lui lancer une bordée à triple boulet. Pivotant sur elle-même, elle est lancée sur l'arrière de *la Blanche*, dont elle écrase la poupe, et balaye la batterie de toute sa volée.

L'arrivée des deux corvettes sur le théâtre du combat la décide enfin à amener son pavillon.

L'équipage anglais fut immédiatement réparti sur les bâtiments de la division. Elle ne se trouvait plus qu'à deux cents lieues environ de Rochefort, lorsque, le 16 août, elle eut connaissance d'une escadre de vaisseaux anglais, et se vit forcée de prendre aire devant ces forces supérieures. *La Topaze* gouverna cependant tout le jour de manière à ne point se séparer de ses corvettes. La nuit tombée, Bodin songea à profiter de l'obscurité pour échapper à l'ennemi. Ordre fut donné aux trois bâtiments de se disperser.

Cette retraite faillit faire tomber *la Topaze* au pouvoir de l'ennemi. La frégate française, malgré sa légèreté, ne put éviter le combat. Elle se prépara donc à repousser l'attaque de *l'Agamemnon* : c'était le vaisseau alors dans son sillage. A neuf heures ses pièces de chasse échangeaient des boulets avec les canons que *la Topaze* tirait en retraite. Une demi-heure après *l'Agamemnon* avait la frégate française sous son bossoir, et le combat était engagé à petite portée. *La Topaze* continua ainsi, pendant plus d'une heure, de porter dans la hanche le feu de l'ennemi dont chaque volée lui lançait six cents livres de fer de plus qu'elle n'en pouvait riposter. L'espoir du commandant Bodin était que quelque avarie empêcherait le vaisseau de poursuivre sa frégate, et, dans le cas contraire, de l'aborder, de succomber ou de l'enlever. *L'Agamemnon* s'efforce d'éteindre le feu qui éclate à son bord. *La Topaze* gagne le vent, profite de la brise. Sa marche assure dès lors son salut. Quelques heures suffisent, elle s'enfonce et disparaît dans l'horizon nuageux du vaisseau anglais.

Le commandant Allemand sillonnait, à la même époque, l'océan Atlantique. Plusieurs escadres anglaises battaient vainement la mer à sa recherche. Cet habile officier, nommé en remplacement de Missiessy, démissionnaire par suite du refus d'un brevet de vice-amiral, au retour de sa belle expédition des Antilles, avait vainement attendu sur les côtes du Morbihan la présence de l'escadre de Villeneuve. Ayant eu connaissance de l'entrée de cet amiral dans le port de Cadix, il n'avait pas voulu se replier dans le bassin de Rochefort. Avant de chercher un refuge dans un port français, il tenait à épuiser ses munitions et ses vivres dans une croisière contre la marine anglaise. Les ravages qu'il promena sur l'Océan eurent bientôt jeté la terreur dans tous les ports marchands de l'Angleterre. L'amirauté envoya vainement plusieurs escadres pour s'opposer aux succès de cette croisière; l'habileté que le commandant français déployait, parvint à tromper si constamment ceux qui le poursuivaient, que la division Allemand reçut le surnom d'*Escadre invisible*. Elle avait détruit le sloop *le Ranger* et un grand nombre de bâtiments de commerce. Ce commandant, ayant enfin épuisé ses vivres, se détermina à ramener à Rochefort sa division grossie du *Calcutta*, vaisseau de cinquante-huit canons, et déposa à terre mille prisonniers. Cette course avait coûté plus de huit millions au commerce anglais. Le grade de contre-amiral fut le prix dont l'empereur récompensa, dans son chef, le succès de cette croisière.

Le contre-amiral Linois se trouva, le 11 juillet 1803, avec le vaisseau *le Marengo* et la frégate *la Belle-Poule*, en présence de trois vaisseaux anglais. Malgré l'infériorité de ses forces, il soutint un combat vigoureux et s'empara du vaisseau de Compagnie *le Brunswick*.

Une coalition contre la France se forma le 6 octobre 1806 : l'Angleterre, la Russie, la Prusse et la Saxe avaient signé le traité.

L'escadre du contre-amiral Leissègue débarque des troupes à Santo-Domingo; surprise par une division aux ordres de sir John Duckworth, elle est attaquée et détruite.

En même temps, l'escadre de l'amiral Willaumez parcourt les parages du cap de Bonne-Espérance, du Brésil, la mer des Antilles, sans avoir l'occasion de combattre.

Le contre-amiral Linois, ayant rencontré l'escadre de sir John Barlase-Warren dans l'Océan, est défait par l'ennemi.

Le 24 février 1809, les frégates *l'Italienne*, *la Calypso* et *la Cybèle*, parties de Lorient, allaient rejoindre l'escadre du contre-amiral Willaumez. Elles sont attaquées dans la rade des Sables-d'Olonne par l'escadre du contre-amiral Stopford. Après deux heures de combat, les frégates françaises obligent l'ennemi à se retirer, quoiqu'il ait des forces supérieures.

Nous empruntons à un rapport de l'enseigne de vaisseau Clément le récit d'un combat qui a eu lieu dans la même année :

La frégate *la Junon*, de quarante-quatre, montée de trois cent dix hommes d'équipage, commandée par le capitaine de frégate Rousseau, avait à son bord une cargaison de sucre et de café. Elle appareilla de la rade des Saintes (Guadeloupe), le 7 février 1809, à huit heures du soir, en présence d'une division anglaise qui la tenait bloquée depuis six semaines.

Le 9, elle était parvenue jusqu'aux débouquements, entre Sombrire et Anégade, à la vue de deux bricks de guerre qui n'avaient cessé de l'observer depuis la veille.

Le 10 au matin, ayant éprouvé calme plat toute la nuit, elle se trouvait à peu de distance de ces deux bâtiments, qui faisaient la même route qu'elle. La vigie en aperçut un troisième, *la Latona*, sous le vent, et à la distance de cinq lieues.

Le même jour, à onze heures et demie, étant sous toutes voiles au plus près tribord, les vents de la partie de l'est bonne brise, *la Junon* aperçut un bâtiment par le bossoir de bâbord qui paraissait courir sud, bientôt on le reconnut pour la frégate *Horatio*. Il était midi. Tout aussitôt, le capitaine Rousseau ordonna d'arriver et de gréer les bonnettes à tribord, la frégate anglaise, ayant aussi arrivé, approcha *la Junon* considérablement, elle fit aussi plusieurs signaux aux bricks, qui lui répondirent et imitèrent sa manœuvre : l'un des deux était fort loin.

Le capitaine Rousseau, voyant l'impossibilité d'éviter le combat, fit prendre à la frégate sa première allure et en ordonna toutes les dispositions. A midi et demi chacun fut mis à son poste. L'équipage, encouragé par ses officiers et aspirants, était animé du meilleur esprit, et chacun semblait attendre avec impatience l'occasion de prouver son courage et de soutenir l'honneur du pavillon français.

A midi trois quarts, la frégate *l'Horatio*, étant par le travers de *la Junon* et courant grand largue, afin de la passer à poupe, arbora son pavillon. *La Junon* en fit autant, et immédiatement après lui envoya toute sa bordée de tribord à une portée de fusil : cette première bordée lui cribla toutes ses voiles et hacha une partie de son gréement. *L'Horatio* répondit aussitôt, mais imparfaitement. Ayant persisté dans l'intention qu'elle avait de passer *la Junon* à poupe, celle-ci fut obligée de venir sur bâbord, afin de lui prêter côté; et dans cette nouvelle position, comme dans la précédente, *la Junon* eut l'avantage d'envoyer à son ennemie toute sa bordée, tandis que celle-ci ne put riposter que par une partie de la sienne.

A une heure et un quart, *l'Horatio*, dit M. Clément, revint sur tribord en laissant courir de l'avant, dans le dessein probablement de se tenir dans notre hanche de tribord, mais ayant prévu son intention, nous revînmes de suite au vent sur le même bord qu'elle : de manière que par cette manœuvre, nous nous trouvâmes, au contraire, par son côté de bâbord un peu de l'arrière et à portée de pistolet. C'est alors que le combat devint terrible, de part et d'autre, pendant près de deux heures : la batterie, les gaillards, la mousqueterie, tout faisait feu avec un acharnement qui n'a point d'exemple. *L'Horatio* fut démâtée dès la première heure de combat, de son petit perroquet et du perroquet de fougue; alors les cris de : *Vive l'empereur! vive l'état-major!* retentirent dans toutes les parties du bâtiment. Chacun voulait rivaliser de courage. Le capitaine Rousseau, qui avait combattu pendant plus d'une heure avec sang-froid et bravoure, fut traversé par un biscaïen ; tous les gaillards furent criblés, l'itague du petit hunier coupée, et le feu mis sur le beaupré, par les valets de l'ennemi.

A deux heures et un quart, le capitaine Rousseau fut forcé de quitter son poste; le lieutenant Emeric le remplaça dans le commandement. Le brave équipage de *la Junon* ayant perdu son capitaine, n'en combattit pas moins avec toute l'intrépidité française ; et si *la Junon* n'avait eu affaire qu'à *l'Horatio*, elle ne pouvait manquer de remporter sur cette dernière une victoire décidée, que l'avantage de sa position et la supériorité de son feu lui avaient acquis : car après une heure et demie d'action, la frégate anglaise fut démâtée de son grand mât, ainsi que du perroquet de fougue.

A deux heures et demie, le brick *Superior*, qui nous avait toujours conservé en poupe, voyant *l'Horatio* hors de combat et dans l'impossibilité de nous suivre, s'approcha de notre arrière à bâbord et nous canonna vigoureusement. Il était alors soutenu par la corvette *Drivers*, qui venait du vent sous toutes voiles, et qui manœuvrait d'une manière ostensible. La frégate *Latona*, qui s'était tenue à trois lieues sous le vent au commencement de l'action, avait serré le vent : elle se trouvait alors presque ralliée, et nous étions prêts à commencer un second combat.

C'est à cette époque remarquable que le brave équipage de *la Junon* demanda l'abordage; mais notre gréement, entièrement haché, et tous nos bras coupés, nous empêchaient de manœuvrer. Nous ne pûmes, au grand regret de tous les officiers, tirer parti de si belles dispositions ; nous fûmes au contraire forcés de laisser courir largue, pour ne pas compromettre notre mâture chancelante

A deux heures trois quarts, la corvette *Drivers* commença son feu par notre arrière à tribord ; immédiatement après, *la*

Latona en fit autant par notre travers à bâbord, et très-près. Aussitôt la batterie fut gréée de ce côté, et fit un feu nourri pendant plus d'une demi-heure; en même temps, les deux canons de retraite tiraient sur les corvettes qui étaient toutes les deux dans notre arrière, *l'Horatio* étant trop loin pour prendre part à cette seconde affaire.

L'action commençait à être vive avec *la Latona*, et nous nous flattions de remporter sur elle le même avantage que nous venions d'obtenir sur *l'Horatio;* déjà son petit perroquet était tombé et son bout-dehors coupé. Mais ayant été forcés de serrer le vent, afin de prêter côté à cette frégate, qui nous foudroyait d'une manière terrible, en se trouvant dans le moment par notre avant, notre mâture, qui n'était soutenue par aucun étai, vint à bas; les mâts tombèrent à bâbord et engagèrent tellement ce côté, qu'il nous était alors impossible de tirer un seul coup de canon de la batterie, sans nous exposer à mettre le feu partout. Pendant ce temps, *la Latona* nous combattait toujours à portée de pistolet, ainsi que les corvettes qui étaient en poupe. L'ennemi détruisait le reste de nos braves.

A quatre heures, nous étions démâtés de tous mâts; toutes les pièces des gaillards étaient démontées, quatre autres de la batterie avaient éprouvé le même sort, enfin, cette batterie était dans un état pitoyable, par la quantité de tués et blessés qui s'y trouvaient : nous étions donc dans l'impossibilité de continuer une lutte aussi inégale, et nous fûmes obligés de rendre la frégate à l'ennemi, en amenant pour *la Latona*, après avoir fait tous nos efforts, pendant quatre heures, pour la défendre contre des forces qui nous étaient trois fois supérieures.

Nous avons eu, ajoute cet officier, le malheur de perdre notre brave capitaine, après trente-six heures de souffrances inouïes; il avait la poitrine traversée par un biscaïen.

Ce fut M. Clément qui, étant resté le dernier à bord de *la Junon*, lui fit rendre les derniers honneurs par les soldats anglais.

Parmi l'état-major, trois officiers ont été grièvement blessés. Le chef de timonerie, ainsi que trois pilotes, ont été tués à la barre. Le maître d'équipage et le maître canonnier ont aussi tous les deux été blessés grièvement. Le nombre des blessés était de soixante, celui des tués de vingt-cinq.

L'Angleterre, qui ne pouvait nous vaincre par les armes, avait conçu un projet infâme. La rade de l'île d'Aix fut choisie par l'ennemi pour être le théâtre d'une action qui déshonore à jamais le règne de Georges III. Nous empruntons encore à l'*Histoire de Rochefort* le récit de cet événement, partout ailleurs inexact ou incomplet.

Une escadre sortie de Brest, sous les ordres du contre-amiral Willaumez, avait une mission lointaine : elle devait, avant de prendre le large, se recruter des navires dont l'armement avait été ordonné à Lorient et à Rochefort. Des circonstances qui ne se rencontrent que trop fréquemment en marine, firent échouer cette expédition, et les désastres des brûlots eurent lieu.

Arrivée en rade des Basques, l'escadre de Brest fit le signal d'appareillage aux quatre vaisseaux qui composaient la division de Rochefort : *la Ville-de-Varsovie, le Patriote, le Jemmapes* et *le Calcutta*, sous le commandement du capitaine Bergeret. Mais ces vaisseaux n'étaient point prêts à prendre la mer ; ils n'avaient guère que la moitié de leurs équipages et ils étaient généralement mal espalmés. L'amiral se vit donc forcé de stationner sur la rade, et son séjour y fut assez prolongé pour que les Anglais, constamment en vue, eussent le temps de se présenter en nombre suffisant pour contraindre M. Willaumez à venir jeter l'ancre en rade de l'île d'Aix.

A la suite de différends fâcheux, survenus entre l'amiral et le capitaine Bergeret, ces deux officiers abandonnèrent successivement leurs commandements, et toute l'escadre, composée alors de onze vaisseaux et de quatre frégates, restée sous les ordres du contre-amiral Gourdon, passa, le 16 mars 1809, sous le pavillon du vice-amiral Allemand, nouvellement promu au grade de vice-amiral, et dont l'étoile heureuse jusqu'à ce moment avait fait la fortune militaire.

En arborant le pavillon de commandement, l'amiral trouva l'escadre anglaise mouillée dans la rade des Basques : cette escadre comptait aussi onze vaisseaux, parmi lesquels plusieurs trois-ponts ; déjà supérieure en artillerie à la nôtre, elle s'accrut successivement de plusieurs bâtiments ; aussi crut-on d'abord à une attaque de vive force. Préoccupé sans doute de cette pensée, M. Allemand jugea prudent de se mettre en mesure d'opposer à l'ennemi la plus forte résistance possible. A cet effet, il plaça les vaisseaux sur deux lignes parallèles : la première fut formée de cinq vaisseaux, la seconde de six ; ils étaient embossés sud-quart-sud-est et est-quart-nord-ouest et endentés de manière à présenter un rempart formidable de canons. Les vaisseaux de tête avaient été mouillés assez près de l'île d'Aix pour que l'ennemi ne pût passer entre la terre et l'escadre. Une des frégates, *l'Indienne*, avait été placée entre les deux pointes de tête des lignes d'embossage, et les trois autres, *l'Hortense*, *la Pallas* et *l'Elbe*, en avant-garde. Toutes quatre eurent ordre, en cas d'attaque, de se replier en arrière sur la deuxième ligne.

Ces dispositions étaient jusqu'ici, comme on le voit, parfaitement combinées.

M Allemand ayant eu connaissance que des voiles arrivaient en grand nombre se ranger sous les ordres de l'amiral Gambier, et que ces navires présentaient l'aspect de brûlots, eut la pensée d'établir une estacade en avant des lignes de son escadre. Les ressources du port que l'amiral Martin mit à sa disposition, et celles de l'armée furent employées à cet usage, et l'on confia la direction de ce travail important au capitaine de frégate Pesron, chef d'état-major de l'amiral, qui s'en acquitta avec autant de zèle que d'intelligence.

On se crut alors à l'abri de toute attaque, et l'on organisa ensuite des rondes de nuit, afin de protéger l'estacade contre les tentatives probables des embarcations anglaises qui auraient voulu la briser.

Cependant les forces de l'ennemi devenaient de plus en plus considérables. On y voyait des bâtiments d'une forme inusitée dans une escadre de guerre, et l'on fut dès lors convaincu que loin de penser à une attaque franche, l'Angleterre ordonnait à ses braves marins de descendre au rôle infâme d'incendiaires et d'assassins. Et cela au dix-neuvième siècle! Quel sujet de réflexions tristes et amères! Gardons-nous de les produire : le silence des peuples est la leçon des rois!

Vers la fin du mois de mars, l'escadre de l'amiral Gambier comptait soixante-seize navires, répartis de la manière suivante : douze vaisseaux, sept frégates, sept corvettes, quatre cutters et quarante-six brûlots, transports et bâtiments légers.

Depuis les premiers jours d'avril, on avait pu distinguer que l'ennemi étudiait la direction des courants; il était certain pour tout le monde que sous peu de temps les Anglais tenteraient d'incendier nos vaisseaux. Par quelle fatalité alors n'a-t-on pas adopté un des deux partis qui s'offraient naturellement à l'esprit? ou de profiter d'une fin de jusant pour appareiller au milieu de la nuit, attaquer au point du jour l'ennemi avec résolution : quelle qu'eût été l'issue du combat, Français et Anglais, tous venaient, avec le flot et le vent de nord-ouest, s'engouffrer sous l'île d'Aix et tomber au pouvoir de la France; ou bien, si l'on tenait à ne pas courir les chances d'un combat inégal, pourquoi ne pas rentrer en rivière et prendre les dispositions nécessaires pour être prêt à tout événement? Mais il devait en être autrement : le destin avait prononcé son arrêt!

Poursuivons le récit de ce terrible drame, dans lequel l'escadre de la France eût été complètement anéantie, sans la précipitation de l'ennemi qui, au lieu d'enchaîner ses brûlots afin d'enceindre notre armée d'une muraille de feu, partout dévorante, les laissa aller à vau-l'eau. L'amiral anglais, craignant bien à tort la rentrée en rivière de nos vaisseaux, hâta l'exécution de ses projets.

Le 11 avril 1809, le vent soufflait grand frais de la partie du nord-ouest; le ciel était couvert, le temps à grains, la mer grosse. Les longues-vues braquées sur l'armée anglaise y faisaient découvrir un mouvement inaccoutumé, dont on ne soupçonna pas immédiatement l'intention. Mais dans la soirée on vit un grand nombre de navires se détacher de l'escadre et venir prendre position à peu près à égale distance des deux divisions, hors de la portée des batteries. Puis trois frégates, dirigées par lord Cochrane, celui qui, plus tard, vendit ses services au Brésil et en Grèce, vinrent mouiller près du banc de Boyard, par le travers du haut-fond, nommé le Pointeau. Derrière ces trois frégates se rangèrent des chasse-marées n'ayant que le mât de misaine. Les forts de l'île d'Aix et ceux des Saumonards essayèrent vainement de les atteindre.

L'amiral Allemand ne douta plus qu'il ne dût être prochainement attaqué. Il donna, en conséquence de cette idée qui le dominait, ses ordres aux commandants des vaisseaux de l'escadre, et envoya prévenir le général Cassagne, récemment arrivé à l'île d'Aix, que l'ennemi allait tenter un *coup de main*. Celui-ci, officier brave et déterminé, élevé à l'école de Napoléon, qui l'avait distingué, fit répondre qu'il était prêt, et l'on pouvait compter sur lui.

Cependant, la veille de ce jour néfaste, on avait vu des barils de goudron enflammé, abandonnés sur l'eau pour indiquer à l'ennemi, d'une manière certaine, la direction des courants de flot, et l'on avait aperçu des matelots installant sur les vergues des bâtiments de commerce des bombes, des obus et des grappins d'abordage. Etaient-ce donc là des indices d'une attaque loyale à force ouverte? Non, sans doute. Pourtant l'amiral Allemand persiste dans son fatal aveuglement, et, au lieu de donner l'ordre de se disposer à rentrer en rivière, il signale aux trois frégates d'avant-garde, préposées à la défense de l'estacade, liberté de manœuvre, en s'en référant à leurs instructions antérieures, qui consistaient, ainsi que nous l'avons dit, à se replier en arrière de la seconde ligne de vaisseaux.

Le sacrifice allait donc se consommer! A huit heures du soir, deux coups de canon, partis d'un des bâtiments ennemis, furent le signal que tout était préparé, et cinq feux suspendus aux grands mâts des frégates anglaises démontrèrent que ces navires, ainsi jalonnés, étaient autant de points de repère pour la direction que devaient suivre les brûlots chargés de détruire l'escadre française.

Le vent soufflait avec plus de violence, la nuit était noire, la blanche écume de la mer tranchait seule sur cette obscurité profonde. On entendait, par intervalles, la voix des hommes de la flottille de garde luttant vainement contre le vent et la marée, afin de se rendre à l'estacade.

Tout-à-coup, vers le centre de cette unique barrière défensive, paraît une lueur rougeâtre, immédiatement suivie d'une effroyable détonation. L'air est en feu, la mer bouillonne; on croirait que le cratère d'un volcan vient de s'ouvrir. Dans toutes les directions des matières incandescentes sont vomies, des nuées de projectiles sont lancées de toutes parts. C'est un catamaran, destiné à la rupture de l'estacade, qui vient de faire explosion. Sur ses traces arrive une masse de bâtiments qui s'enflamment, se poussent, se pressent contre l'insuffisant rempart qui protége l'armée française : arrêtés là, ils se heurtent avec violence; les plus faibles s'abîment, les autres font tête contre l'estacade; et à la lueur de cet horrible incendie on en voit encore un nombre considérable courant à pleines voiles, favorisés par le vent et la marée. Parmi ces derniers, on distingue un vaisseau à deux batteries et une frégate, portant dans leurs flancs, sur leurs ponts, sur leurs vergues, tous les éléments de destruction contre nous. La flamme s'ajoute à la flamme, les détonations succèdent aux détonations. Rien ne peut désormais résister. L'estacade est rompue, et bientôt l'escadre est à la merci de l'œuvre infernale sortie de la tête du colonel Congrève, récemment arrivé tout exprès pour l'ordonner et la diriger.

Dans ce terrible moment, les frégates d'avant-garde coupent leurs câbles et mettent à la voile : elles se trouvent entre deux feux, et cependant elles s'échappent miraculeusement de cette horrible mêlée. Les brûlots entraient alors de toutes parts, dans toutes les directions, malgré le feu de notre escadre, se ruant sur nos vaisseaux dont la perte semblait inévitable.

Qui pourrait peindre les angoisses éprouvées alors, les traits de courage, de dévouement sublime de nos pauvres marins?

Les vaisseaux *le Régulus* et *l'Océan* furent seuls accrochés par les brûlots, mais ils parvinrent à s'en débarrasser, et dans ce mouvement, *l'Océan* perdit plusieurs hommes qui tombèrent dans les flammes. Parmi les autres vaisseaux, les uns en coupant un câble et lançant sur l'autre, évitèrent les masses enflammées qui les menaçaient; d'autres, filant toutes leurs retenues, s'abandonnèrent au vent et au courant, qui les portèrent sur divers points de la côte.

C'est de neuf à onze heures du soir que se passa le déplorable événement que nous venons de décrire si rapidement. Pendant le reste de la nuit, les trente-trois brûlots qui flottent encore sont détournés des bâtiments français par nos embarcations, et vont s'échouer et brûler au loin sur les Palles, sur les côtes d'Oleron, sur celles de Fouras : un seul arrive jusqu'à l'embouchure du fleuve, un autre reste échoué sur l'île d'Aix, sans avoir éclaté; c'est le brick *l'Enéas*, qui fut depuis armé. On a supposé que ce brick était un piége tendu par les Anglais, et c'en était un en effet : si un seul homme fût monté à bord sans de minutieuses précautions, il mettait inévitablement le pied sur une détente artistement cachée et destinée à faire sauter cette machine infernale.

Que cette nuit fut longue et terrible! Qu'on juge des émotions éprouvées à bord des bâtiments de l'escadre! N'est-il pas miraculeux que dans un pareil chaos, où les éléments étaient réunis à tous les moyens de destruction que le génie du mal a pu inventer, n'est-il pas incompréhensible que pas un navire n'ait été la proie des flammes?

Le jour paraît enfin. On se cherche, on se compte. Tous les bâtiments répondent à l'appel. C'est un bonheur, une joie indicible; mais à cette émotion, hélas! va bientôt succéder un deuil profond. N'anticipons pas sur les événements, et traçons le tableau que présentait l'escadre le 12 au matin : *Le Cassard* et *le Foudroyant* portant le pavillon du contre-amiral Gourdon, étaient restés à leur poste, enseignes déployées, *l'Océan*, vaisseau amiral, et *le Jemmapes* étaient échoués à peu près dans le chenal qui conduit à l'embouchure de la Charente; *le Régulus* flottait; *la Ville-de-Varsovie*, *l'Aquilon*, *le Calcutta*, *le Tonnerre* apparaissaient sur les Palles, touchés de manière à présenter l'arrière au nord-ouest, dans une position fatigante et surtout très-défavorable en cas d'attaque. Un peu plus en-dedans, en se rapprochant de l'île Madame, on voyait *le Tourville, l'Hortense* et *la Pallas*; plus près de l'embouchure, *l'Elbe*, ensuite *le Patriote*, parvenu à mouiller en rivière. De l'autre côté, sur les roches de la pointe de l'Aiguille, *l'Indienne*.

Certes, rien encore n'était désespéré; et si, à la marée suivante, plusieurs vaisseaux et frégates eussent été se mettre en ligne avec les deux vaisseaux qui avaient conservé leur mouillage, l'ennemi n'eût pas osé tenter immédiatement son audacieuse attaque. Des secours seraient arrivés du port où l'amiral Martin, quoi qu'on en eût dit dans le temps, déployait la plus louable activité. Alors la gloire était pour la France, la honte à l'Angleterre. Il n'en devait pas être ainsi : les principaux chefs semblèrent avoir l'esprit frappé de vertige. **Le *Foudroyant*** et le *Cassard*, dans la crainte d'être attaqués par l'ennemi que l'on voyait se disposer à appareiller, demandent et obtiennent la permission de rentrer ; et dans ce moment, *l'Océan, le Patriote, le Jemmapes, le Tourville, le Régulus* et trois frégates étaient à flot. Le désordre régnait à bord, il est vrai, après une nuit aussi affreuse.

On ne fit rien pour imposer à l'ennemi, gagner du temps, quand il fallait revenir en rade et mourir en combattant! N'avait-on pas d'ailleurs la protection des forts, et surtout celle de l'île d'Aix.

Vers onze heures, l'escadre anglaise avait mis à la voile, le cap sur l'île d'Aix. A midi, plusieurs de nos vaisseaux avaient appareillé : *le Régulus, l'Océan, le Foudroyant* se jetaient sur la côte de Fouras. A une heure, la rade était déserte. A deux, seize bâtiments anglais s'approchaient des Palles, en longeant l'enrochement de Boyard, évitant ainsi le feu de l'île d'Aix, et venaient se placer de manière à enfiler de l'arrière à l'avant *la Ville-de-Varsovie, l'Aquilon* et *le*

Calcutta, qui, couchés sur le côté, ne pouvaient se défendre qu'à l'aide de quelques canons de chasse. Pendant ce temps, *le Régulus,* au lieu de mouiller une ancre de retenue, commettait la faute grave de s'alléger, ce qui le montait de plus en plus sur la côte, et lui enlevait complètement l'espoir de se remettre à flot.

Un feu roulant continuait entre la ligne anglaise et les vaisseaux touchés sur les Palles. Vers quatre heures, *le Calcutta,* ainsi que le beau vaisseau *la Ville-de-Varsovie,* à peine sorti des chantiers de Rochefort, amenèrent leurs couleurs et devinrent la proie de l'ennemi. *L'Aquilon* subit le même sort, et son digne commandant, en se mettant à la place d'honneur dans le canot du capitaine anglais, eut la tête emportée par un boulet parti de son propre vaisseau. *Le Tonnerre* avait son grand mât coupé, il faisait eau de toutes parts. Son commandant, n'espérant plus de se relever ou de se défendre, se fait autoriser à abandonner son vaisseau en y mettant le feu : l'équipage, épuisé, débarque sur l'île Madame, et le commandant se réfugie à bord de la frégate *l'Hortense.* Eh! le croirait-on, l'unique pensée d'un chef qui venait de sacrifier un magnifique vaisseau, fut celle de sa propre conservation : en mettant le pied sur l'escalier de commandement de la frégate, il sauta de joie, frappa dans ses mains en s'écriant : « Je suis sauvé. » Et pourtant cet homme était brave! Que l'on juge dès lors de l'état moral de certains individus dans ce fatal moment.

Nous voilà au milieu de la nuit. Le ciel est sombre, le vent mugit avec violence, les vagues déferlent avec furie. Les deux vaisseaux *l'Aquilon* et *la Ville-de-Varsovie* sont en feu. *Le Tonnerre* est aussi la proie des flammes, et ses poudres ne sont pas complètement noyées. Une épouvantable détonation se fait entendre, et aussitôt une immense gerbe de feu monte vers les nues, les inonde de clarté et atteint la frégate *l'Hortense*, dont toutes les pompes, jouant à la fois, peuvent à peine la préserver des ravages de l'incendie.

Par une de ces hallucinations d'un esprit frappé de terreur, M. Lacaille, capitaine du *Tourville*, croit voir des brûlots qui le menacent, sans qu'il lui soit possible de leur échapper. Il donne l'ordre d'évacuer le vaisseau; et, dans sa précipitation à s'en éloigner, il laisse à bord quelques hommes, dont un, plus tard, doit causer sa perte et son déshonneur. Mais il reconnaît bientôt sa faute, et, au point du jour, il reprend son bâtiment et le sauve. Fatale erreur qui lui coûtera, sinon la vie, au moins la perte d'une réputation acquise par de longs services!

Le 14 et le 15, l'ennemi attaque avec neuf canonnières et quatre bombardes les vaisseaux qui sont échoués sur la côte de Fouras. *L'Océan*, le plus au large, présente la poupe, armée de six canons de retraite : il est vivement canonné, vaillamment défendu jusqu'à cinq heures du soir. Les Anglais l'abandonnent en ce moment et vont mouiller derrière l'île Madame. Dans ce mouvement, un de leurs vaisseaux, *Defiance*, en louvoyant en rade de l'île d'Aix, toucha sur l'extrémité ouest des Palles, et faillit y rester. Il trouva son salut en jetant ses batteries à la mer.

Au même instant des canonnières portant du trente-six, postées entre l'île d'Aix et l'île d'Enet (non armée à cette époque), font un feu soutenu contre la frégate *l'Indienne*, touchée sous le fort de l'Aiguille.

Profitant du répit amené par la marée, *l'Océan*, *le Cassard* et *le Tourville* parviennent, avec leurs ressources et celles que leur avait fournies le port, à se mettre à flot et se halent plus en-dedans. *Le Foudroyant*, *le Jemmapes* et *le Régulus* ne peuvent encore se tirer de leur fâcheuse situation, le dernier surtout, qui, ainsi que nous en avons fait la remarque, est monté sur les vases beaucoup plus haut que les autres; et d'ailleurs le plus grand désordre règne à bord ; trois bombes y sont tombées, l'une a éclaté dans la cale et les deux autres dans les batteries.

Pendant les jours suivants, les Anglais se tiennent dans leurs positions, sans profiter des avantages qu'elles leur offraient. Grâce à ce défaut de résolution, *le Foudroyant* et *le Jemmapes*, qui remonta dans la même marée jusqu'au Vergeroa, leur échappent de nouveau. *L'Indienne*, après de longs et vains efforts pour se relever, est abandonnée et brûlée par son capitaine, malgré les conseils du commandant Halgan, homme d'un sang-froid et d'un jugement remarquables. *Le Régulus* reste donc seul exposé désormais à tous les efforts de l'ennemi. Ici encore se présente une de ces anomalies de l'esprit humain digne de remarque. Le commandant de ce vaisseau, le capitaine Lucas, un des héros de Trafalgar, fit une tache à son blason militaire, en voulant absolument abandonner son vaisseau. Sans la volonté ferme de l'amiral Allemand, le sacrifice eût été consommé.

Ces journées tristement mémorables, dans lesquelles le courage et le sang-froid de plusieurs officiers préservèrent l'escadre française d'une ruine totale, coûtèrent à l'Etat quatre vaisseaux et une frégate, et de plus des pertes énormes en munitions, en matériel, en artillerie. Des hommes furent tués, blessés; un nombre considérable de marins furent faits prisonniers.

On est étonné que l'Angleterre, à laquelle l'affaire des brûlots a occasionné une dépense de seize millions, n'eût pas tiré un autre parti de sa lâche combinaison. S'il y eût eu plus de résolution parmi les assaillants, l'escadre de l'île d'Aix eût été certainement détruite tout entière, et le port de Rochefort fût devenu le prix du vainqueur, qui eût pu le brûler. Le gouvernement de la Grande-Bretagne le comprit si bien, qu'il eut la pensée de frapper l'amiral Gambier comme il avait frappé l'infortuné Byng. Mais il se borna à le mettre en disgrâce.

De notre côté, avons-nous fait tout ce que nous devions faire? Non, sans aucun doute, et l'histoire doit déverser un blâme sévère sur l'amiral Allemand.

La catastrophe de l'île d'Aix porta le dernier coup à la marine impériale, et malgré les efforts de Napoléon pour la relever, il ne put y parvenir. Tout le littoral de la Manche et de l'Océan était observé par de nombreuses escadres ennemies. L'embouchure de nos fleuves était bloquée par des divisions qui ne nous permettaient de faire aucun mouvement.

Sept des vaisseaux de l'escadre de l'amiral Allemand : *le Patriote*, *le Jemmapes*, *l'Océan*, *le Foudroyant*, *le Cassard*, *le Régulus* et *le Tourville*, avaient remonté jusque dans le port pour y être réparés. Les deux derniers furent chargés avec *le Triomphant* de la défense de la rivière. Les autres furent mis en commission de port. Les frégates *l'Elbe*, *la Pallas* et *l'Hortense* furent mouillées, les deux premières à l'embouchure de la Charente, et l'autre un peu en arrière. Le brick *le Pluvier*, cinq bateaux canonniers, des goëlettes et lougres étaient chargés de faciliter par mer l'approvisionnement du port de Rochefort, d'entretenir des communications avec les îles, et de protéger les chasse-marées et autres petits navires qui faisaient les convois sur la côte.

Il se passait peu de jours sans qu'il y eût des engagements entre les chaloupes incessamment tenues en mer par l'escadre anglaise, maîtresse de la rade des Basques et des pertuis, et les convoyeurs qui côtoyaient depuis l'entrée de la Sèvre jusqu'à celle de la Seudre, et presque toujours l'avantage restait à nos marins, qui vengeaient ainsi partiellement nos désastres.

Voici un trait de courage qui trouve naturellement sa place dans la présente histoire.

Le 13 février 1810, deux chasse-marées venaient de sortir de la Rochelle : poursuivis aussitôt par treize péniches anglaises, ces deux petits navires se réfugient dans l'anse de Châtelaillon, espérant y trouver du secours. Mais les ennemis, qui avaient sur eux l'avantage de la marche, les atteignirent avant qu'ils eussent eu le temps de se mettre en rapport avec la terre, et les capturèrent. Les Anglais regagnaient leur division, ayant à la remorque les prises qu'ils avaient faites, quand, entre l'île d'Aix et la pointe des Minimes, ils furent rencontrés par sept embarcations envoyées par *la Pallas* et *l'Elbe* au-devant d'un convoi qui avait dû appareiller de la Rochelle, chargé de vivres pour le port. Un combat s'engagea aussitôt entre ces sept embarcations et les treize péniches ennemies, et bientôt les deux petits bâtiments amarinés furent repris par nos braves marins ; mais dans cette affaire une de nos péniches, commandée par M. Potestas, aspirant de marine, à peine âgé de dix-sept ans, se trouva cernée de toutes parts. Le jeune commandant, ne voulant pas rendre son épée, lutta seul contre tous les ennemis, étonnés de tant d'intrépidité dans un âge aussi tendre. Au moment où, renonçant à combattre contre un homme si déterminé, les Anglais allaient l'abandonner, ils s'aperçurent que le jeune aspirant venait de recevoir un coup de feu qui lui avait traversé la poitrine et fracturé le bras gauche, et, à la faveur du désordre que cet événement jeta dans la péniche française, l'ennemi captura l'embarcation : le jeune Potestas et son équipage furent conduits à bord du *Christian VII*. Les prisonniers y furent traités avec les plus grands égards ; leur chef surtout fut l'objet des soins les plus délicats, des attentions les plus affectueuses. Le commandant du *Christian VII*, admirant tant d'héroïsme dans un homme au début de sa carrière, donna la liberté à M. Potestas, et lui permit d'emmener avec lui cinq de ses matelots, à son choix. Il poussa même la courtoisie jusqu'à l'accompagner lui-même dans son canot à une certaine distance de l'île d'Aix, d'où il fut transporté à bord de *la Pallas*. L'empereur, instruit de ce beau fait d'armes, accorda la croix de la Légion d'honneur à l'aspirant Potestas.

Passons à d'autres événements. Le capitaine de vaisseau Duperré était parti de Saint-Malo pour l'Inde, sur la frégate *la Bellone*. En route, il s'empara de la corvette *le Victor* et de la frégate *la Minerve*, et s'en forma une division. Près de Mayotte, il prit trois autres navires anglais, les vaisseaux de Compagnie *le Ceylan*, *le Windham* et *l'Astell*. Duperré ne s'est pas moins signalé par le combat qu'il a soutenu à l'Ile-de-France, à l'entrée du Grand-Port. Voici le rapport adressé par cet officier au commandant de l'île :

« Les événements qui viennent de se succéder avec tant de rapidité sous vos yeux ne m'ont pas laissé jusqu'ici un moment, depuis mon arrivée, pour vous rendre compte des opérations de la division sous mon commandement, pendant la campagne que je viens de faire. Je vais m'acquitter de ce devoir.

» Partie le 14 mars dernier, la division se rendit vers le premier point de croisière établi par les instructions de Votre Excellence. Elle y arrêta et expédia deux bâtiments, l'un venant de Chine et l'autre du Bengale. Au 1ᵉʳ juin, la saison n'offrant plus de chances, je levai la croisière et me dirigeai vers la baie de Saint-Augustin, pour y réparer des avaries et rafraîchir les équipages. J'y trouvai en relâche un navire anglais venant de la pêche de la baleine; il coulait bas d'eau et était hors d'état d'être expédié : je le brûlai. La division, après un court séjour, quitta sa relâche, bien radoubée et bien équipée. Elle remonta le canal à la hauteur de Mozambique. Je voulus, suivant mes instructions, aller explorer la rade de cet établissement; je n'y trouvai point de bâtiments, rien à entreprendre; les grandes brises qui régnaient alors rendant le séjour de la division sur la rade dangereux, je me contentai de renvoyer à terre quelques prisonniers. J'invitai M. le gouverneur à m'envoyer, dans les vingt-quatre heures, cinquante Cafres, utiles pour renforcer mes équipages, et je partis.

» Peu de jours après, le 3 juillet, à la pointe du jour, et à la vue de l'île Mayotte, trois voiles furent aperçues et chassées aussitôt. Je les reconnus promptement pour trois vaisseaux de la Compagnie; ils fuyaient aux amures opposées, à huit milles environ dans le vent. Un grand avantage de marche promettait à *la Bellone* les chances de les engager vers le milieu du jour; mais elle fut contrariée par la grande variété et l'inégalité des brises, qui toutes furent favorables à *la Minerve*, et lui permirent de les joindre à portée de canon à trois heures. Aussitôt mon signal d'attaquer, cette frégate prolongea noblement leur ligne au vent, les combattit à portée de pistolet, en les doublant par la tête pour les faire plier, les replongea sous le vent, et vint couper le serre-file et le combattre de nouveau. Cette manœuvre brillante allait être couronnée de succès, lorsque la frégate perdit à la fois et son grand mât de hune et son mât de perroquet de fougue.

» J'avais alors heureusement gagné les eaux de l'ennemi, et je portais dessus sous toutes voiles. Le succès inattendu qu'il venait d'obtenir parut l'encourager; il rétablit son ordre. Je fis le signal que j'allais engager une affaire décisive. A cinq heures et demie, je prolongeai sous le vent la ligne serrée, beaupré sur poupe; je vins prendre poste par le travers du vaisseau du centre, portant la marque de commandant, en position de diriger pareillement mon feu sur tous trois, et, à six heures, j'engageai à petite portée de pistolet.

Le feu de l'ennemi fut d'abord bien servi ; sa mousqueterie était vive. A sept heures, le vaisseau de la tête se laissa culer pour prendre le travers de son serre-file et par conséquent son abri ; celui-ci, exposé par cette manœuvre à presque tout son feu, s'empressa de me héler qu'il amenait. Je voulus de suite en prendre possession ; je fis mettre un canot à la mer, mais il coula. Pendant ce mouvement, le vaisseau de tête laissait arriver pour me passer à poupe ; je le suivis et le retrouvai sur l'autre bord, à portée de pistolet ; je l'engageai sérieusement, et, à la deuxième volée, il amena et éteignit tous ses feux. Son mouvement d'arrivée l'avait entraîné sous le vent très-près de *la Minerve* et du *Victor* ; je crus devoir le laisser à ces bâtiments et serrer le vent aussitôt pour aller amariner le premier amené et réduire le dernier. Je ne tardai pas à le rejoindre, et à la deuxième volée ses feux tombèrent. J'envoyai prendre possession de suite de ces deux bâtiments et me dirigeai vers *la Minerve*. Je la ralliai à dix heures ; mais mon étonnement fut des plus grands de la trouver seule. Le capitaine me rendit compte que le bâtiment que j'avais abandonné, amené près d'elle, profitant de la grande obscurité de la nuit, et surtout de la sécurité que lui donnait son pavillon amené, avait, contre les lois de l'honneur et de la guerre, fui de dessous sa volée. Il fallut s'occuper de l'amarinage des deux autres. Ces vaisseaux, nommés *le Ceylan* et *le Windham*, venaient du Cap et allaient à Madras ; ils étaient armés de trente canons et avaient à bord chacun quatre cents hommes de troupes, composant le 24ᵉ régiment d'infanterie ; officier général, colonel, drapeaux, tout était à bord ; ce qui explique leur vigoureuse résistance. L'indigne fuyard se nomme *l'Astell* ; c'était le vaisseau le plus fort.

» La division ayant besoin de réparations, je fis route pour l'île d'Anjouan. Après une relâche de douze jours, j'en partis le 17 juillet avec l'intention de diriger mes prises sur l'Ile-de-France, sous mon escorte. Malgré la saison, je descendis le canal de Mozambique, cette route m'offrant de nouvelles chances de succès, qui ne se rencontrèrent pas.

» Le 20 août, au matin, j'aperçus les montagnes du port impérial de l'Ile-de-France. A midi, le port était parfaitement reconnu; l'île de la Passe avait pavillon national et le signal : *l'ennemi croise au coin de Mire*. Un bâtiment à trois mâts avait mouillé sous le fort avec pavillon national. Je me décidai à y toucher, ou au moins à y prendre langue. La corvette prit la tête, puis *la Minerve*; *le Victor*, en doublant le fort, est accueilli par lui et le bâtiment, de coups de canon, et aussitôt l'un et l'autre arborent pavillon anglais. Ma première idée fut de croire que toute cette partie du vent était au pouvoir de l'ennemi; je fis le signal à ma division, qui était encore sous voiles, de ralliement général et de serrer le vent. Il était trop tard pour *la Minerve*; elle donnait déjà dans les passes avec *le Ceylan*. Un instant après, elle donna dedans, combattant le fort et la frégate ennemie. Je n'avais plus à balancer; il fallait forcer le passage, introduire ma division et opérer une diversion utile à la colonie : je fis route, faisant le signal d'imiter ma manœuvre. *Le Windham*, par trop d'indécision dans la sienne, ne put me suivre. Je donnai dans les passes, sous une voilure aisée, et sous le feu du fort et de la frégate; je répondis seulement de toute ma volée, à bout portant, en passant à poupe de celle-ci. Une fois entré, je ne tardai pas à reconnaître le pavillon français flottant sur tous les points. L'île de la Passe seule me paraissait occupée par l'ennemi. Je rejoignis ma division et lui donnai l'ordre de prendre un mouillage plus avancé, ce qui fut de suite exécuté. Je fus instruit par les communications avec la terre de la position de l'île.

» Le lendemain, 21, je fis embosser ma division, acculée

au récif qui borde la baie, et la tête appuyée à un pâté de corail.

» Le 22, la frégate anglaise *le Syrius* se joignit à la frégate *la Néréïde*, mouillée sous l'île de la Passe; toutes deux firent un mouvement pour m'attaquer. Dans ce moment, Votre Excellence, connaissant la position des équipages considérablement affaiblis par l'armement des prises et des engagements soutenus pendant la campagne, m'expédia un détachement de soixante marins de la frégate *la Manche* et de la corvette *l'Entreprenant*, sous le commandement de MM. Casté, lieutenant de vaisseau; Vieillard, Esnouf, Junot, enseignes; et Duboscq, Vergos, Fautrel, Arnauld et Descombes, aspirants, auxquels j'assignai de suite un poste à bord des divers bâtiments. Le projet d'attaque fut contrarié par l'échouage du *Syrius*, qui passa toute la nuit sur les récifs du canal. Le 23, deux nouvelles frégates parurent; elles rallièrent à quatre heures les deux premières au mouillage. Leurs dispositions ne me laissèrent pas de doutes sur une prochaine attaque. Je n'ai que le temps de me montrer à bord de chaque bâtiment de ma division, non pour rappeler aux braves qui les montent leur devoir envers leur pays, mais pour nous jurer tous, au milieu des cris de : *Vive l'empereur!* un dévouement mutuel et sans bornes.

» A cinq heures, les quatre frégates ennemies s'avancent; l'une se dirige sur *la Minerve*, une seconde sur *le Ceylan*, et les deux autres sur *la Bellone*, toutes annonçant l'intention de venir s'embosser pour nous combattre.

» A cinq heures et demie le feu commence; les premières volées coupent les embossures de *la Minerve* et du *Ceylan*; ces deux bâtiments sont jetés en dérive et viennent s'échouer par mon travers, me prolongeant bord à bord et de long en long, ce qui fit que leurs feux se trouvèrent entièrement masqués. *La Bellone* seule prête le travers à l'ennemi. Cet événement inattendu lui promettait tous les avantages. Trois de ses frégates nous présentaient le travers; une seule avait touché par l'avant et ne pouvait jouer de toute sa batterie. Dans cette position, le combat s'échauffe avec une ardeur indicible; la supériorité de notre feu se fait promptement sentir, et, à huit heures, la frégate *la Néréide* est réduite au silence. Bientôt après, le feu des autres frégates se ralentit d'une manière sensible et annonce du désavantage : le nôtre n'en devient que plus vif; il est alimenté par des secours d'hommes, d'apprêts et de munitions, que le capitaine de *la Minerve* fait passer sans relâche à bord de *la Bellone*.

» A dix heures et demie, je suis frappé à la tête par une mitraille et renversé de dessus le pont dans la batterie, d'où je suis enlevé sans connaissance. Le capitaine Bouvet, de *la Minerve,* en est prévenu et passe aussitôt sur *la Bellone*. Je puis à peine lui faire connaître mes intentions; mais ce brave officier m'avait deviné. Jamais on ne montra volonté plus prononcée de vaincre; les officiers de la division la partageaient tous, et la manifestèrent au même instant.

» A onze heures, l'ennemi cesse son feu; on le cessa aussi de notre côté pour prendre un peu de repos; on le rouvrit à onze heures et demie; l'ennemi n'y répondant pas, on le cessa de nouveau à une heure trois quarts.

» A deux heures, un aide de camp vint donner avis qu'un homme échappé de la frégate *la Néréide* avait annoncé qu'elle était amenée depuis le soir. On résolut d'attendre le jour pour continuer le combat.

» Au lever du soleil, un yacht anglais flottait encore sur *la Néréide. La Magicienne* présentait le travers; *le Syrius* échoué, l'avant, et *l'Iphigénie*, par le travers de *la Néréide*, ne pouvait prendre qu'une très-légère part à l'action.

» Quelques pièces furent dirigées sur *la Néréide;* peu après, son pavillon tomba; il fallut attendre, pour en prendre possession, que *la Magicienne* fût réduite; les feux, se croisant, exposaient trop les embarcations.

» La canonnade dura jusqu'à deux heures, mais de notre côté seulement; *la Magicienne* tirait de temps à autre quelques coups de canon jetés au hasard, et qui paraissaient être le dernier effort du désespoir. Ses embarcations communiquaient fréquemment avec les autres frégates, et, dès lors, plus de doute que l'ennemi ne voulût l'abandonner.

» M. le lieutenant de vaisseau Roussin fut envoyé amariner *la Néréide*. Il la trouva dans un état impossible à décrire : cent morts ou mourants étaient sur le pont; son capitaine, M. Willoughby, était blessé.

» Sur le soir, le feu se manifesta à bord de *la Magicienne*. La nuit se passa à surveiller les mouvements de l'ennemi, à se tenir en garde contre l'incendie, à débarquer *la Néréide* et à faire inhumer ses morts.

» Le 25, au matin, le feu fut dirigé sur *le Syrius;* il riposta de ses canons de l'avant; mais sa position rendait la lutte trop inégale pour qu'elle fût longue. Bientôt l'évacuation commença, comme la veille, à bord de *la Magicienne*, et le feu se manifesta également sur divers points. Le capitaine Bouvet, désirant sauver la frégate, fit cesser le feu, dans l'espoir que l'ennemi tenterait d'éteindre l'incendie, mais cet espoir fut bientôt perdu; à onze heures, l'explosion des poudres dispersa ce qui restait encore du *Syrius*.

» La frégate *l'Iphigénie*, la seule qui restât des quatre qui nous avaient attaqués, se hâta de se réfugier vers l'île de la Passe : elle fut bientôt hors de portée de canon.

» Le 26, *l'Iphigénie*, continuant d'élonger des amures, se toua jusque sous l'île de la Passe. La division travaillait à se mettre à flot, à réparer en gros ses avaries, et *la Bellone* faisait ses dispositions pour se touer à la poursuite de *l'Iphi-*

génie ; bloquée désormais par les vents et par nous, elle restait à notre merci.

» Dans la journée du 27, la division française, sortie du port Napoléon, parut.

» Le 28, à la pointe du jour, un officier se rendit à bord de *l'Iphigénie,* porteur d'une sommation de Votre Excellence, pour la reddition de la frégate et du fort ; dans le même moment, des communications avaient lieu entre le capitaine de cette frégate et le commandant de la division française.

» A onze heures du matin, le pavillon français fut arboré par le fort et la frégate. Le capitaine Bouvet envoya de suite prendre possession de cette dernière, et une garnison fut envoyée au fort. Tous les prisonniers furent dirigés sur le port Impérial.

» Tels sont, mon général, les détails du triomphe complet obtenu sous vos yeux par la division que j'ai l'honneur de commander. Officiers, sous-officiers, soldats et matelots y ont pris la part la plus active.

» Notre perte a été de trente-sept hommes tués et cent douze blessés, dont peu de blessures graves. La perte de l'ennemi a été immense et même incalculable : l'incendie des deux frégates et leur évacuation précipitée laissent des craintes trop fondées sur le sort des victimes du combat.

» J'ai l'honneur d'être, etc. »

Après les exploits de Duperré dans l'Inde, il nous reste à mentionner aussi le combat de la frégate française *la Vénus,* contre la frégate anglaise *Ceylan.* Cette brillante affaire a eu lieu le 18 septembre 1810.

La voyez-vous, cette belle frégate, la voyez-vous ? c'est *la Vénus !* Elle aussi est fille des mers ; mais elle aime la guerre ; chaude encore du combat de la veille, elle est impatiente de voler à de nouveaux trophées. Ses larges flancs recèlent la foudre ; une âme jeune, enthousiaste, avide de gloire; une âme toute française l'anime et l'intelligente; elle semble vivre et vouloir, comme si Dieu l'avait douée d'une vie et d'une volonté. Hier ses quarante bouches de fer vomissaient en grondant la flamme et la mitraille, l'incendie et la mort; hier l'îlot de la Passe et la frégate *l'Iphigénie* se rendaient à sa voix formidable unie à d'autres voix tonnantes; hier le yacht britannique amenait, humilié devant nos couleurs impériales. Aujourd'hui *la Vénus* est au repos, sous le beau ciel des tropiques, en vue de cette Ile-de-France, colonie toujours française, qu'une puissance rivale veut nous ravir, malgré le beau fait d'armes que vient d'accomplir *la Bellone* pour en assurer l'indépendance. *La Vénus* est là, mouillée au port nord-ouest, guettant un ennemi digne d'elle. Ah! si c'était la redoutable *Africaine*, que l'Angleterre a fanatisée de sa haine implacable!

Navire! à ce mot tous les cœurs battent d'espérance, tous les yeux se dirigent vers un même point de l'horizon, sous le vent de l'île : un trois-mâts, dont les formes vaguement dessinées semblent accuser un vaisseau de la Compagnie, s'approche avec lenteur.

Le capitaine général de Caen, gouverneur de l'Ile-de-France, en donne avis au capitaine Hamelin, commandant *la Vénus* : « Si vous êtes en mesure de pouvoir appareiller, ainsi que la corvette *le Victor*, mettez tout de suite sous voile pour donner chasse à ce bâtiment, et, s'il est possible, vous en emparer. »

Qu'un pareil ordre va bien au cœur généreux du capitaine Hamelin, lui qui déjà brûle d'en venir aux mains avec l'adversaire que le sort lui présente!

La Vénus et *le Victor*, favorisés par une belle brise de sud-est, cinglent chargés de voiles vers le bâtiment ennemi. Cependant Hamelin regrette cent soixante hommes de son équipage, bien instruits, bien disciplinés, que le gouverneur a retenus à terre. Il a fallu les remplacer par des étrangers, des hommes de couleur, des matelots en subsistance, des *dos blancs*, marins improvisés; mais le capitaine de *la Vénus* espère dissimuler à l'ennemi cette déplorable composition de son équipage. Il place ses meilleurs hommes à la batterie, et sous ses yeux les nouveaux venus, à défaut des matelots d'élite gardés par lui précieusement depuis quatre ans pour un jour de combat. L'état-major est excellent, capable de faire également bien servir le feu et la manœuvre. Le lieutenant en pied, Ducrest de Villeneuve, officier du plus grand mérite, a son poste sur le gaillard d'avant, avec l'enseigne de vaisseau Roquefeuille; la batterie est commandée par le lieutenant de vaisseau Longueville, ayant sous ses ordres le lieutenant d'artillerie Heudes et l'enseigne de vaisseau Dieudonné; les enseignes Mauclerc et Viellard sont sur le gaillard d'arrière. Les aspirants sont pleins de zèle et de dévouement, et le capitaine peut compter sur les cent cinquante hommes de son ancien et vaillant équipage. Chacun est à son poste de combat, chacun est prêt à vaincre ou à mourir pour la France.

On voit distinctement la frégate ennemie, — car c'est bien une frégate, — chassée devant *la Vénus* qui la poursuit avec toute la vitesse d'une marche supérieure.

« Ciel! je te rends grâce, se dit l'intrépide Hamelin, puisque tu n'as pas permis qu'à la faveur de la nuit elle échappât à ma vue. Dussé-je y périr, elle sera prise! J'entends nos gens crier : *Vive l'empereur!* C'est d'un bon augure; ils ont confiance en moi, je vais la légitimer!

» Je me suis dit souvent qu'il y a peu de mérite à réussir quand on a tout ce qu'il faut pour cela. C'est aujourd'hui qu'il faut que je m'applique cet adage, c'est cette nuit qu'il faut combattre et vaincre avec des hommes de toutes les couleurs que je n'ai pas l'avantage de connaître.

» Relisons la lettre dont m'honora Sa Majesté Impériale et Royale avant mon départ de France. Elle sera sur moi pendant l'action. »

A minuit, on distingue les feux de la frégate ennemie ; elle approche malgré elle, semblable à ces animaux qui veulent en vain se soustraire à la fascination magnétique du reptile prêt à les dévorer. Hamelin vient de visiter la batterie de *la Vénus*; elle est magnifique ; tout le monde paraît y partager la noble impatience du chef, tous les cœurs sont électrisés. Officiers, aspirants, canonniers, chacun se promet de rivaliser de courage. Le temps écoulé depuis le départ a été utilement mis à profit : les hommes les moins expérimentés sont préparés à la lutte qui va s'engager.

Le vent est toujours au sud-est variable à l'est-sud-est ; belle brise pour manœuvrer. Hamelin veut commencer l'engagement de très-près, afin de réduire promptement son ennemi. Mais celui-ci prend toujours chasse sur Saint-Denis, où des forces anglaises bien supérieures sont prêtes à sortir pour le protéger. Il faut tâcher de le faire amener avant qu'il parvienne au mouillage. La terre n'est plus qu'à trois lieues de *la Vénus*. Dégagée des nuages qui la voilaient, la lune est brillante. Va-t-elle éclairer le succès de nos braves ?... *Le Victor* ne paraît pas, il n'a pu suivre sa conserve : elle marche si vite ! « Tant mieux, se dit dans son noble égoïsme le vaillant capitaine Hamelin ; j'aurai vaincu, j'espère, quand il arrivera. »

A une heure, l'ennemi est à portée de canon de *la Vénus*. Quel silence ! quelle anxiété dans tous les cœurs ! on n'entend que le cri des poulies ou le sifflet aigu du maître d'équipage. « Cargue les basses voiles et les perroquets ! Gouverne dessus ! »

Encore vingt minutes. Voici l'ennemi ! *la Vénus* est à portée de fusil, sous le vent à lui. Feu ! Elle lui envoie sa volée de bâbord; il riposte par une artillerie bien nourrie et par une forte fusillade, mais sans diminuer de voilure, sans cesser de manœuvrer pour gagner la terre, dont il s'approche toujours. *La Vénus* revire de bord dans le bossoir de tribord de l'anglais, passe par derrière et lui lâche sa volée de tribord; elle revire de nouveau dans son bossoir de bâbord, et le combat de très-près par tribord. La lutte continue ainsi pendant trois heures; les deux athlètes se disputant l'avantage du vent, où se trouve le mouillage de Saint-Denis, que l'ennemi cherche à atteindre. On dirait deux lions rugissants, dont l'un mord et se défend, en fuyant son agresseur plus acharné, qui tourne et retourne sans cesse autour de lui, l'étreint, le déchire de ses dents meurtrières.

Quel spectacle offre un instant la batterie de *la Vénus!* hommes de toute couleur, de toute profession, étrangers à cette terrible péripétie, sont d'abord assourdis par le bruit retentissant du tonnerre qui gronde par la bouche des canons; glacés d'épouvante à la vue du sang qui ruisselle et se fige sous leurs pas chancelants, à la vue de ces braves et infortunés Heudes et Dieudonné et de leurs compagnons renversés, déchirés, broyés par la mitraille. Mais l'énergie des officiers, mais le roulement du tambour qui bat la charge, mais ce cri magique: *Vive l'empereur!* les raniment, retrempent leur courage abattu, les familiarisent avec la mort qu'ils ne redoutent plus, les aguerrissent à l'égal des anciens du lord, dont ils partagent la noble ardeur.

Par la vivacité de ses mouvements, du feu de son artillerie et de sa mousqueterie, l'ennemi paraît mieux armé que *la Vénus*, car il manœuvre, combat et fait la fusillade en même temps; tandis que Hamelin, malgré le zèle des officiers Longueville, Viellard et Mauclerc, est obligé, pour brasser, d'appeler ses canonniers, lesquels se multiplient à force de courage et d'activité. Pourtant il ne doute pas qu'avant le retour du soleil sur l'horizon, la frégate anglaise n'ait amené pour *la Vénus*.

A quatre heures, elle combat de très-près l'ennemi à bâbord; pour le suivre, elle est obligée de garder basses voiles, huniers et perroquets. La brise souffle violemment, le mât d'artimon et les mâts de hune de *la Vénus* craquent et tombent le long du bord, à bâbord. Sa batterie, engagée de l'avant à l'arrière par la mâture, les cordages, les voiles, va la trahir; l'ennemi, s'il est maître en stratégie navale, va profiter de la nullité des moyens de défense de *la Vénus*.

Le feu de l'anglais continue avec plus d'ardeur. Hamelin appelle l'abordage, dans le dessein d'y faire monter l'équipage ennemi, et de le détourner ainsi de sa batterie. Cette prévision se réalise; en passant à sa poupe, à demi-longueur de frégate, *la Vénus* fait sur son adversaire un feu très-vif de mousqueterie, lui lâche sa volée de tribord chargée à mitraille, et continue à le foudroyer par tribord, à une encâblure.

A quatre heures et un quart, la frégate ennemie est démâtée de ses deux mâts de hune, qui s'abattent le long de son bord, à bâbord, et la mettent dans l'état où était *la Vénus* quelques instants auparavant. Aux cris de : *Vive l'empereur!* la frégate française redouble sur l'anglais, dont la batterie de bâbord est engagée, et ne tire qu'à intervalles de plus en plus rares.

A cinq heures, son silence et la disparition de ses feux annoncent qu'il est amené.

L'air retentit des cris mille fois répétés de : *Vive l'empereur!*

Honneur au brave Hamelin! honneur à ses vaillants officiers, à son intrépide équipage!

La Vénus appelle par des fusées *le Victor*, qui doit bientôt la rejoindre. Au point du jour, il est à trois quarts de lieue de la frégate. Le brave capitaine Maurice, commandant de la corvette, témoigne à Hamelin le regret de n'avoir pu prendre part à l'action. « Pends-toi, brave Crillon! » Il reçoit l'ordre d'aller demander le nom de la prise et de rallier avec elle. Un officier vient dire que c'est la frégate *le Ceylan*, de vingt-huit canons de dix-huit, douze caronades de trente-six, et deux obusiers, commandée par le capitaine Gordon, armée de trois cent quatre-vingts hommes, dont cent trente soldats, allant de Madras à l'île Bonaparte, ayant à bord le lieutenant général Abercombie, un nombreux état-major d'armée, le major du génie Maxwell, plusieurs officiers d'infanterie, le payeur et la caisse de l'armée.

La Vénus travaille à frapper des balancines sur sa grande vergue, dont la voile est seule en état de servir; la misaine, criblée, est en lambeaux. Le lieutenant Ducrest de Villeneuve, qui, pendant l'action, a secondé si efficacement son capitaine, va prendre le commandement du *Ceylan;* il a pour officiers les aspirants Poupel et Hamelin.

La Vénus reçoit à son bord le général Abercombie, le capitaine Gordon, le major Maxwell et quinze officiers, puis elle fait route pour s'écarter de la terre. *Le Victor* remorque *le Ceylan*.

L'hymne de la victoire retentit encore à bord de *la Vénus*. Une division de trois bâtiments de guerre anglais, partie de la baie de Saint-Paul, attirée par le bruit du canon, s'avance sous toutes voiles, avec belle brise, vers le vainqueur mutilé. Voici la frégate *Bodicea* et les corvettes *Alter* et *Stanch*. Voilà, un peu plus loin, un vaisseau de la Compagnie, armé en guerre; il marche à leur suite.

Sans mâts de hune et sans mât d'artimon, sous ses deux basses voiles, avec un équipage incomplet, *la Vénus* ne peut, malgré le courage éprouvé des officiers et des marins, manquer de tomber au pouvoir de l'ennemi, qui a sur elle l'avantage du nombre.

Hamelin appelle *le Victor*, lui ordonne de prendre chasse sous son allure avantageuse, de faire route pour le port Napoléon, et de rendre compte au capitaine général de la position de *la Vénus*.

Pour faciliter la fuite du *Victor*, la frégate oriente à bord opposé à lui, et va attaquer la division ennemie.

A cinq heures, *la Vénus* commence, à demi-portée de canon, avec *la Bodicea*, un duel inégal. Elle combat vergue à vergue, et cède enfin quand le salut du *Victor* lui paraît assuré... Dans ce glorieux revers, état-major et équipage, chacun a également bien fait son devoir à bord de *la Vénus;* chacun a bien mérité du pays.

« Malheureusement cette action, la plus éclatante de toutes celles qui viennent d'avoir lieu dans les mêmes parages, écrivait le capitaine général de Caen au ministre, n'a pas été couronnée de tout le succès auquel le capitaine Hamelin avait droit de prétendre. »

Mais consolez-vous, braves de *la Vénus!* Dans cette mémorable journée, vous avez cueilli des cyprès beaux comme des lauriers...

Malgré le courage de nos croiseurs et des braves soldats de la garnison, l'Ile-de-France fut obligée de capituler, le 29 du mois de novembre, comme l'avait fait l'Ile-Bourbon, le 7 juillet précédent. Le général de Caen a longtemps résisté à une expédition anglaise, composée de soixante-dix voiles et de dix mille hommes de débarquement; mais l'état déplorable de la colonie n'a pas permis de triompher des forces considérables de l'ennemi.

Si les vieux officiers de notre flotte se couvraient de gloire en combattant l'ennemi sur toutes les mers, les jeunes aspirants appelés à leur succéder dans cette carrière périlleuse se distinguaient souvent aussi par des actes de courage et d'intrépidité. Nous avons cité l'aspirant Potestas; l'aspirant Turiault, son digne émule, a droit également à une mention honorable.

Turiault, à peine âgé de vingt-deux ans, commandait, dans la rade de Brest, la péniche *l'Hirondelle*. Avec cette embarcation, il eut plusieurs engagements, dans lesquels, selon l'expression de ses chefs, il se montra toujours supérieur à son ennemi, tant par sa bravoure que par l'habileté de ses manœuvres. Le 1er novembre 1810, se trouvant en présence du brick anglais *Palafox*, armé de dix caronades de douze, Turiault n'hésite pas à l'attaquer; cependant *l'Hirondelle* n'a que seize hommes d'équipage et un obusier de douze; mais le jeune commandant français, animé d'une bouillante audace, saute à l'abordage, enlève le navire ennemi, et le conduit triomphalement dans le port de Brest. Le capitaine Lucas, qui s'y connaissait, écrivit à Turiault : « Votre conduite, dans cette circonstance, mérite des éloges; votre équipage s'est montré Français. »

L'année 1811 a vu s'accomplir plusieurs combats de bâtiments isolés, où nos marins se sont montrés constamment braves et intrépides. L'escadre de Toulon, aux ordres du vice-amiral Emériau, s'est plusieurs fois mesurée avec la division anglaise qui surveillait ses mouvements. *L'Amazone* a courageusement repoussé les attaques d'une escadre ennemie. Plutôt que de se rendre, cette frégate s'est incendiée dans la baie de Barfleur.

Le 26 mai, le brick *l'Abeille*, provisoirement commandé par l'aspirant de première classe Armand de Mackau, aperçoit dans le nord-est du cap Saint-André, île d'Elbe, une voile ennemie. C'est le brick anglais *Alacrity*, de force supérieure. Ce navire courant vent arrière, est bientôt dans les eaux du brick français, et le prolonge à portée de pistolet.

11

Dès qu'il est par le travers de *l'Abeille*, il lui lâche sa bordée entière. Celui-ci, qui venait de ralinguer ses voiles, se lance sous l'arrière de son ennemi et lui envoie sa volée à bout portant. Aussitôt, profitant du désordre occasionné par cette décharge, *l'Abeille* prend les mêmes amures que *l'Alacrity*, et continue à le combattre par la hanche de dessous le vent, à un quart de portée de pistolet.

Cette habile manœuvre décide du sort du combat. Le commodore anglais, sir Palmer, est contraint d'amener son pavillon, et *l'Abeille* rentre avec sa prise, à Bastia, aux acclamations de la foule.

Quelques prames de la flottille de Boulogne attaquent une division anglaise. L'une de ces prames, *la Ville-de-Lyon*, résiste vigoureusement à une frégate ennemie, qui finit par l'enlever.

Trois frégates, *la Renommée*, *la Clorinde* et *la Néréide*, attaquent une division anglaise, non loin de Madagascar. Après un combat, deux de ces frégates succombent. *La Clorinde* seule rentra en France, ayant essuyé, sur les côtes de Brest, le feu d'un vaisseau anglais.

Une division anglaise rencontre, dans l'Adriatique, les frégates *la Pauline* et *la Pomone*, ainsi que la gabare *la Persane*. *La Pomone*, seule, capitaine Rosamel, soutient un combat contre les forces supérieures, et a bientôt désemparé la frégate *l'Alceste*. Elle s'attaque ensuite à la frégate *l'Active*, quand une troisième voile les décide à prendre chasse.

La Pomone était la première frégate française qui portâ des canons de calibre de dix-huit. Elle avait été construite par l'ingénieur Penevert, en vertu des ordres du baron de Bombel, directeur de l'artillerie. Ce beau navire avait des qualités tellement supérieures, que les Anglais l'ont **refondu** trois fois. L'ingénieur Penevert était sorti de la classe des élèves-maîtres. Son mérite lui avait valu, à diverses époques, des témoignages honorables, et un avancement assez rapide.

Après Anvers et Toulon, il était un point sur lequel des travaux importants préparaient une escadre nouvelle pour la flotte impériale : ce point, c'était Venise, ajoutée par Napoléon au royaume d'Italie. L'arsenal et son port présentaient déjà six vaisseaux de soixante-quatorze canons, dont un, *le Rivoli*, complètement équipé, pouvait prendre la mer. Ce vaisseau, salué par les acclamations de la foule, parcourut la passe et plongea dans les eaux de l'Adriatique.

Le lendemain, à huit heures du matin, il largua les voiles à une faible brise de vent d'ouest, et fit route vers Trieste : deux petites embarcations, *l'Iéna* et *le Mamelouk*, étaient jetées en éclaireurs sur son passage ; il était accompagné du brick de guerre *le Mercure*.

A trois heures de l'après-midi, deux voiles furent signalées, et bientôt reconnues pour un vaisseau et une corvette anglaise. La position du *Rivoli* devenait inquiétante ; ce vaisseau, au sortir des chantiers, était complètement inconnu de ses officiers. Ce qui était surtout inquiétant pour son commandant, le capitaine Barré, c'était la composition de son équipage : quelques troupes d'infanterie et un détachement d'artillerie de marine formaient le seul noyau des forces sur lequel il pût sérieusement compter ; le reste, ramassis d'Italiens à moitié vêtus, jetés à son bord par de récentes levées, ne pouvait que lui inspirer des craintes sur l'issue du combat. Le capitaine du *Mercure*, placé dans une position semblable, avait cru nécessaire de déclarer à son équipage qu'en cas de rencontre de l'ennemi, s'il apercevait des dispositions de lâcheté qui pussent compromettre l'honneur de son pavillon, il ferait sauter le brick. Le branle-bas se fit sur les deux navires français.

A la chute du jour, les deux bâtiments anglais n'avaient

pas encore atteint nos deux navires; ce ne fut qu'à trois heures que le combat s'engagea, au même instant, entre les deux vaisseaux et les deux bricks : l'explosion du *Mercure* marqua le commencement de l'action. Le capitaine de ce navire avait tenu sa parole.

Le Rivoli défendit son pavillon avec toute la puissance du désespoir; la batterie de dix-huit fut abandonnée pour nourrir avec plus de rapidité les volées de la batterie de trente-six. Nos soldats et nos marins firent des prodiges; les matelots italiens se virent, malgré eux, contraints de prendre part au combat.

La suspension du feu de l'anglais confirma, vers six heures et demie, l'espoir du commandant français. A sept heures, le combat avait repris toute la vivacité de son feu.

Dès ce moment, *le Rivoli*, canonné en travers par le vaisseau, et la hanche battue par la corvette, prolongea sa défense désespérée jusqu'à neuf heures, au milieu des débris de ses canons et de son bord.

Ce revers étant d'un funeste augure pour le centre maritime que Napoléon venait de fonder à Venise, Decrès appela Duperré à la direction de cet établissement. L'administration de cet officier rappela la confiance et l'activité à Venise.

Dès que l'ennemi fut instruit que *la Gloire*, capitaine Roussin, se préparait à quitter le Havre, une escadre vint la bloquer dans ce port. La frégate *Pyramus*, de quarante-six canons, la corvette *Star-North*, de vingt-huit, constamment mouillées sous le cap la Hève, ne quittèrent plus la baie de Sein. Cet obstacle n'était point le seul que *la Gloire* eût à vaincre à cette époque, où nos eaux étaient chargées d'escadres anglaises qui les sillonnaient dans toutes les directions.

Cependant, malgré toutes ces chances défavorables, le

capitaine Roussin quitta le Havre, le 16 décembre 1812, un mois seulement après avoir reçu l'ordre de prendre la mer. *La Gloire* appareilla sans que nul indice de départ révélât aux Anglais sa sortie.

L'ennemi, trompé dans sa croisière du Havre, le fut également dans celle de Cherbourg; mais la frégate française ne put doubler le cap Lézard sans tomber parmi les bâtiments ennemis stationnés dans ses eaux.

L'équipage de *la Gloire*, composé de trois cent quarante hommes, comptait deux cent vingt-sept conscrits, que les dernières levées avaient jetés, sans expérience de la mer, dans l'âpre et difficile carrière du marin. Le reste de l'équipage, provenant du quinzième de la flottille, était un peu plus aminariné, mais il était trop faible en nombre.

Deux cents hommes destinés au service de l'artillerie étaient absolument hors d'état de se mouvoir; les coups de canon qui purent être tirés dans cet engagement, le furent par quelques anciens chefs de pièces, beaucoup même par des officiers.

Toutefois, le pointage était si juste, qu'il fut bientôt facile de reconnaître les avaries qu'éprouvait l'ennemi. *La Licorne*, corvette de vingt-huit canons, dut même se hâter de tenir le vent, pour s'éloigner d'un feu si bien dirigé, que chaque détonation annonçait un boulet dans ses préceintes.

Deux voiles venaient pourtant de se dresser à l'horizon. Cet engagement, en se prolongeant, ne pouvait manquer, par son bruit, d'attirer sur ce point tous les navires qui croisaient dans ces parages. Le capitaine se rappela que, d'après ses instructions, l'objet spécial et dominant de sa mission était de faire le plus grand mal possible au commerce ennemi; il laissa *la Licorne* serrer le vent, et fit route à l'ouest pour déboucher de la Manche.

Le soir même, *la Gloire* avait établi sa croisière au point le plus fréquenté de la route que suivaient les bâtiments sortis des ports sud de l'Angleterre ou ceux qui voulaient y atterrir.

Dans cette position, Roussin fit cinq prises, dont une corvette à trois mâts, *le Spy*, équipée en flûte et armée de dix-huit canons. Ne voulant point affaiblir son équipage, le commandant français ôta à ce navire son artillerie, et l'expédia pour l'Angleterre en cartel d'échange

Les tempêtes de l'hivernage ne permirent point à *la Gloire* de sillonner longtemps cette mer toujours houleuse. Le Portugal était alors occupé par l'armée anglaise : elle se porta vers l'embouchure du Tage, pour intercepter les correspondances entre Lisbonne et l'Angleterre ; mais elle fut contrainte de prendre chasse devant deux frégates, *le Pique* et *la Loire*, à portée de canon desquelles elle éprouva une importante avarie. Une grande habileté de manœuvres réussit à la tirer de ce pas critique.

Elle alla alors croiser entre Madère et les Canaries, d'où, après y avoir capturé six bâtiments, elle se dirigea vers l'île de la Barbade, point d'atterrage de tous les bâtiments anglais destinés aux Antilles.

La fin prochaine de ses vivres et le mauvais état de sa mâture purent seuls contraindre le capitaine Roussin de regagner les côtes de France. La voix d'une vigie signala un navire : c'était *le Limet*, brick de quatorze canons. Le commandant de *la Gloire* ordonna de gouverner dessus ; un instant après, il lui hélait d'amener. Le capitaine Roussin expédia le bâtiment pour Brest.

Le 28 février 1813, *la Gloire* entra dans la rade de Brest, après une croisière de soixante-treize jours. Le tort qu'elle fit à l'ennemi fut évalué à cinq millions ; trois cent quatre-vingt-seize prisonniers, provenant de ses captures, parvinrent dans nos ports.

Le 21 décembre 1813, les armées coalisées commencent à franchir le Rhin. La France continue à lutter contre la coalition.

A la hauteur des îles Canaries, une division anglaise, composée d'un vaisseau, *le Vénérable*, et de deux corvettes, rencontre les frégates *l'Iphigénie* et *l'Alcmène*. La dernière tente d'enlever le vaisseau à l'abordage; mais elle succombe dans cette lutte glorieuse.

Nous appellerons l'attention du lecteur sur le beau combat que le brick *le Renard* soutint contre un ennemi supérieur, dans les eaux mêmes d'une division anglaise.

Ce brick, commandé par le lieutenant de vaisseau Baudin, escortait, de concert avec la goëlette *le Groënland*, un convoi de quatorze voiles sorti le 11 juin du port de Gênes, portant à Toulon des munitions navales pour l'escadre. Des croiseurs ennemis n'avaient cessé d'inquiéter sa marche. Le 18, l'attaque d'un vaisseau, d'une frégate et d'un fort brick anglais le déterminèrent à faire entrer le convoi dans le port de Saint-Tropez; les deux louvoyeurs restèrent en mer pour observer les mouvements de l'ennemi.

Le commandant du *Renard*, ayant remarqué la confiance dédaigneuse avec laquelle le brick ennemi s'était approché de la terre, voulut profiter de son isolement pour le combattre; il fit porter droit sur lui. Le brick anglais l'attendait avec résolution. Vingt minutes après, les deux bâtiments, vergue à vergue, s'écrasaient de leurs volées. L'engagement se prolongea trois quarts d'heure. Le brick ennemi, dont le feu languissait depuis quelques instants, ne put attendre la frégate qui se portait à son secours : il arriva pour prendre le large. Ce mouvement lui ayant fait prêter la poupe au *Renard*, le brick français l'enfila de deux bordées. L'ennemi avait vingt-deux pièces en batterie; son désemparement était si complet, qu'il ne put s'éloigner qu'à la remorque de la frégate anglaise. *Le Renard* eut quarante-deux blessés mis hors de combat sur un équipage de soixante-quatorze hommes.

Citons deux événements moins heureux. Le 25 février 1813, la frégate française *la Clorinde* engagea un combat avec *l'Eurotas*, frégate britannique de quarante-six canons. Cette affaire fut longue et meurtrière; *l'Eurotas* se vit contrainte de prendre la fuite.

Ce triomphe s'évanouit dans un prompt revers. *La Minerve*, attaquée le lendemain par la frégate *la Dryade* et la corvette *l'Achatès*, essaya vainement de soutenir leur feu. Le capitaine Denys de la Garde fut forcé d'amener son pavillon.

L'autre fait remonte aux premiers jours de 1814. Le 16 janvier, les frégates françaises *l'Alcmène* et *l'Iphigénie* fuyaient devant le vaisseau *le Vénérable* et la corvette *la Cyane*. Le vent régnait bon frais, la mer était légèrement houleuse. *L'Alcmène*, commandée par M. Ducrest de Villeneuve, accoste *le Vénérable* avec résolution et valeur; les deux bâtiments se heurtent de leurs bordées avant de se heurter de leurs murailles. Un engagement de mousqueterie et une lutte corps à corps suivent immédiatement cet abordage. Nos marins se font hacher sur les bastingages qu'ils tentent de franchir; mais *l'Iphigénie* ayant pris le large sous toutes voiles, au lieu de longer l'autre bord du vaisseau ennemi, *l'Alcmène* tomba au pouvoir de l'anglais, après avoir eu quatre-vingt-deux hommes mis hors de combat.

A la même époque, les événements politiques avaient tourné contre la France. Paris était occupé par les armées des puissances coalisées. L'empereur abdiquait et se retirait de Fontainebleau à l'île d'Elbe. Un traité de paix était signé à Paris entre le roi Louis XVIII et les souverains alliés.

Cependant, Napoléon s'échappe de l'île d'Elbe, débarque

dans le golfe Juan, et arrive à Paris le 20 mars 1815. La frégate *la Melpomène* part de Porto-Ferrajo pour aller à Naples recevoir la mère de l'empereur et la ramener en France. Cette frégate est attaquée par le vaisseau *le Rivoli*, près de l'île d'Ischia. Elle est forcée de se rendre.

Napoléon, vaincu à Waterloo, abdique et quitte Paris. La France subit une nouvelle invasion.

Le corps des marins de la garde, après avoir fait les campagnes de Boulogne, d'Autriche, de Prusse, de Pologne, de Poméranie, d'Espagne, de Russie et de France, est licencié.

La paix définitive est signée entre Louis XVIII et les puissances alliées.

Napoléon s'est retiré à Rochefort, dont le port est bloqué par une escadre anglaise. L'empereur n'a pas encore renoncé à tout espoir; mais les nouvelles arrivent chaque jour plus sinistres. Il se décide à s'embarquer sur *le Bellerophon*. Bertrand monta le premier sur le vaisseau anglais, où l'empereur le suivit aussitôt.

CHAPITRE V.

Le roi Louis XVIII rentre à Paris, le 8 juillet 1815. Son gouvernement s'occupe aussitôt de réduire l'effectif des armées de terre et de mer, et de liquider l'arriéré du gouvernement impérial, qui s'élevait à la somme annuelle de cent soixante-six millions.

La marine militaire, dans les loisirs de la paix, se montre attentive à protéger les intérêts politiques et commerciaux, et entreprend des voyages de découvertes, en vue d'agrandir le domaine de la science.

Les traités de 1814 et de 1815 venaient de rendre définitivement à la France les établissements qu'elle avait possédés sur la côte occidentale d'Afrique, depuis le cap Blanc jusqu'à l'embouchure du fleuve de Gambie. Une expédition, sous les ordres de M. Duroy de Chaumareys, et composée de la frégate *la Méduse*, que cet officier commandait, de la corvette *l'Echo*, de la gabare *la Loire* et du brick *l'Argus*, appareilla le 17 juin 1816, de la rade de l'île d'Aix, faisant route pour le Sénégal. La frégate portait à Saint-Louis le nouveau gouverneur pour la France, et avait quatre cents hommes à bord, marins, passagers ou soldats.

Ces bâtiments marchèrent d'abord de conserve; mais *la Méduse*, ayant ensuite dépassé les trois autres navires, se trouva, le 1er juillet, non loin de la côte du désert de Sahara; elle passa le tropique, continua une route qui la rapprochait beaucoup trop de la terre, sous prétexte que les vents alisés du nord-est laissaient le commandant libre de sa manœuvre, et que le moyen de faire une courte traversée était de serrer la plage d'aussi près que possible. A ce désir d'arriver avant les autres navires, se mêlait le sentiment de gloriole de paraître exempt de crainte, et d'affronter le voisinage des terres avec plus de hardiesse que n'ont coutume de le faire les autres marins.

Nous ne raconterons pas ici ce naufrage de *la Méduse*, si tristement célèbre, car tous nos lecteurs en connaissent assurément les principaux détails.

Parlons maintenant du soin que prit le gouvernement de la Restauration de poursuivre l'abolition de la traite des noirs.

L'esclavage a deux périodes bien marquées. La première se perd dans la nuit des temps. Nous trouvons partout l'esclavage chez les anciens peuples. Chez eux ce fut la guerre qui en devint l'origine; chez nous, ce fut l'avarice seule qui fit des esclaves.

Chez les anciens, les prisonniers de guerre étaient esclaves de droit; c'était d'abord la force brutale qui agissait. En temps de guerre on les vendit, on en trafiqua. La piraterie des Grecs et des Romains eut aussi ses vaisseaux négriers. Les esclaves étaient hors la loi; méprisés du peuple et des grands, ils étaient regardés comme des brutes et traités comme tels. Et cependant ces hommes qu'on foulait aux pieds trouvaient encore justice de leurs maîtres; il avaient leurs temples et leurs autels. Lorsqu'ils parvenaient à s'y réfugier, c'était pour eux un asile inviolable. De là ils parlementaient et demandaient justice, et l'obtenaient. De nos temps, jusqu'au moment de l'abolition de la traite des noirs, point de temples, point de tribunal pour les nègres : on ne pensait qu'à une seule chose pour eux : c'était au bourreau !

Dans l'antiquité aussi, les affranchis n'étaient pas rares. La liberté était donnée à quiconque la méritait. C'est de la classe des esclaves que se sont élevés Esope, Phèdre, Epictète, Térence.

La première époque de l'esclavage dura jusqu'au jour où la religion du Christ se répandit par le monde. Cette religion, qui posa les droits de tous, régénéra les peuples, fit pâlir les maîtres et tressaillir les esclaves. Et pourtant quelques siècles après, malgré les protestations et les défenses du clergé et des papes, l'esclavage reparaît en Amérique. C'est la seconde période de l'esclavage, la véritable origine de la traite des noirs.

Fernand Cortez et Pizarre avaient suivi la route tracée par Colomb, et acquis à l'Europe les richesses du Mexique et du Pérou. Il y avait de l'or en abondance dans ces pays, mais il fallait l'extraire des entrailles de la terre, et les Espagnols, après avoir plutôt massacré que vaincu les peuples sauvages, retombaient dans leur sieste et leur indolence naturelle sur un sol plus brûlant que celui de leur patrie. Il ne leur resta assez de force que pour engloutir les vaincus dans ces carrières sans fin, d'où ils ne cessaient d'extraire de l'or.

Mais bientôt cette population, habituée à respirer l'air libre et pur des campagnes, s'éteignit dans les tombeaux qu'on la forçait à creuser. Les bras vinrent à manquer pour les travaux ; il fallut donc encore des esclaves aux Espagnols. Ils se rappelèrent ceux qui étaient venus à la suite des Mores, lorsque Grenade tomba en leur pouvoir. Ils armèrent des vaisseaux et allèrent sur la côte d'Afrique voler des nègres. Ils les prirent d'abord de force en les combattant. Plus tard, voyant qu'ils avaient déserté la côte et qu'ils s'étaient retirés dans les terres, ils cherchèrent à les attirer vers eux par la ruse. Ils séduisirent leurs yeux, favorisèrent leurs penchants vicieux, et profitèrent de toutes leurs faiblesses. Les objets les plus communs de notre Europe devinrent pour les nègres des objets de luxe. Alors un traité de paix et de commerce fut conclu entre l'Europe et l'Afrique. Les rois nègres s'engagèrent à vendre leurs prisonniers de guerre et leurs sujets criminels.

Mais à mesure que les objets apportés par les Européens pour faire l'échange se répandaient dans le pays, les nègres prenaient l'habitude de les posséder et les convoitaient sans cesse. Alors chaque chef de peuplade nègre fit la guerre à son voisin pour avoir des prisonniers à vendre. Et lorsque les prisonniers manquèrent, on les arracha de force à leur famille et on les porta à fond de cale de négrier. Bientôt les époux vendirent leurs femmes, les frères leurs frères, les pères leurs enfants. La traite s'étendit d'un bout à l'autre du monde. Les guerres furent éternelles en Afrique, les mères étouffèrent leurs enfants pour qu'ils ne fussent pas esclaves, pendant que les rois de l'Europe donnaient des priviléges à leurs sujets pour faire la traite.

Ce fut surtout en 1740 que les négriers anglais couvrirent

les mers : on compta annuellement deux cents navires, armés pour la traite, qui sortirent des ports de Londres, de Lancastre, de Bristol et de Liverpool.

Le Danemarck prit peu de part à la traite.

Elle apparaît chez les navigateurs français, pour la première fois, dans l'ordonnance de Louis XIII, qui l'autorise et la commande. Elle diminue et augmente successivement à mesure que la France perd, en 1756, son établissement en Sénégambie, qu'elle le reprend en 1779, et le perd de nouveau en 1792.

Cette progression effrayante, dans laquelle marcha chaque nation de l'Europe, dépeupla peu à peu l'Afrique, et s'étendit de jour en jour sur toutes les côtes. Le passage des négriers laissait des traces de désolation et de solitude. On ne voyait plus que des vieillards, des femmes et quelques enfants. Les nègres trafiquèrent des nègres, sous le nom de courtiers ou de facteurs. On établit des règlements, des usages, des lois, qui furent observés comme une charte. La première classe de courtiers est celle qui se tient sur la côte; la seconde est composée de ceux qui voyagent dans l'intérieur des terres; la troisième et la plus pauvre, de ceux qui communiquent directement avec les vaisseaux.

La traite s'est longtemps faite avec des marchandises de l'Inde, telles que de petites coquilles qui servent de monnaie sur la côte, des étoffes blanches et bleues de l'Orient, des barres de fer, des chaudières, des cotons, des eaux-de-vie, etc. Mais, plus tard, les rois nègres ont exigé des armes et des munitions. Alors les négriers ont donné, en échange des esclaves, des armes qui ne pouvaient longtemps servir et qui se brisaient ou crevaient entre les mains des nègres.

La traite commence à peu près à la grande rivière du Sénégal, et s'étend jusqu'à la partie la plus reculée d'Angola.

Les Européens font la traite sur les rivières du Sénégal et

de la Gambie, en remontant avec leurs vaisseaux jusqu'à un lieu favorable à jeter l'ancre. Ils arment alors leurs canots et les envoient vers les villages; lorsqu'ils sont parvenus à portée, ils tirent des coups de fusil ou battent du tambour. C'est un signal pour avertir les nègres qu'un vaisseau est en rade et a besoin d'esclaves. Les nègres allument de grands feux sur la côte, pour donner avis aux Européens qu'ils ont des esclaves à leur livrer, mais ils ne les livrent que par trois ou quatre à la fois.

Les moyens d'échange varient suivant les différents endroits. A la côte, vers le vent, et à Bonny, l'objet ordinaire d'échange est appelé, par les Africains et les Européens, *une barre;* à la côte d'Or et à Whidah, on l'appelle *une once;* à Talabare, *un cuivre;* à Bénin, *une chaudière;* à Angola, *une pièce.*

Les négriers et les courtiers trafiquent de l'espèce humaine comme nous trafiquons des marchandises. Ce commerce de honte et de sang se fait encore par contrebande; seulement, n'étant plus permis par les lois, il a autorisé les négriers à user plus que jamais de ruses et de violence.

Les esclaves se divisent en plusieurs ordres : ceux qui le deviennent par ruse ou par violence; ceux que leur propre souverain a faits prisonniers en opérant des excursions dans ses Etats; les Africains convaincus de crimes; les prisonniers de guerre. La guerre a été allumée par les Européens sur les côtes d'Afrique, sans motif, sans autre but que celui de faire des esclaves.

Les êtres qui naissent dans la servitude forment une cinquième classe. Sur la côte, on voit des marchands établis qui en tiennent magasin. Les mères ne sont jamais vendues avec leurs enfants; enfin, les esclaves qui ont perdu leur liberté au jeu. Cette passion est si violente chez les Africains, que lorsqu'ils ont tout perdu, ils jouent la liberté de leurs femmes et de leurs esclaves. Un Africain de la nation de Mundigoë avait tout perdu au jeu, il ne lui restait que trois esclaves, il les joua et les perdit. L'un d'eux prit la fuite, le maître fut emmené esclave à sa place.

Une fois vendus aux négriers, les esclaves sont enchaînés, traînés à bord et jetés à fond de cale. Ils y périssent plus souvent par le manque d'air que de nourriture. Ordinairement, le tiers des nègres périt soit par l'épidémie, les mauvais traitements, le mal du pays, le désespoir et la révolte, qui les tuent.

Lorsque le navire est arrivé dans le port où doit se faire la vente des esclaves, on s'empresse de les préparer; puis des *agents* viennent à bord, et les achètent pour des tiers; ou l'on conduit les nègres dans un endroit public, et on les expose à l'encan, comme des bestiaux. Les acheteurs les examinent, les tâtent, les marchandent. Lorsqu'il y a des esclaves malades ou en mauvais état, ce sont d'ordinaire des juifs qui les achètent. Ils les rétablissent et les revendent ensuite avec bénéfice.

Que de nouvelles souffrances, que de fatigues pour ces malheureux nègres, lorsqu'ils sont passés en de nouvelles mains! D'abord il leur faut près de deux ans pour s'acclimater, pendant lesquels il en périt un tiers. On ne les tue pas, parce qu'ils valent de l'or, mais on les flagelle, on les meurtrit, parce qu'on guérit d'une meurtrissure. On ne les laisse pas vivre avec leurs parents, parce que le spectacle des souffrances d'objets qui leur sont chers pourrait les exciter à la révolte. Lorsqu'un noir a choisi sa compagne, on l'arrache de ses bras, parce qu'elle porte en son sein un enfant qui vaut de l'or.

Plusieurs voix se sont élevées contre la traite. En Angleterre, ce furent Morgan Godoryn, John Voolman, Antoine Benezet, qui les premiers ont cherché à flétrir ce honteux trafic. Plus tard, la parole puissante des Pitt, des Fox et des Wilberforce conduisit à l'abolition de la traite.

La France peut aussi citer avec un juste orgueil son comité, l'abbé Genty, Necker, Reynal, pour l'abolition de la traite des noirs.

En Espagne, Las Casas seul vint plaider la cause des Indiens au tribunal de Charles V.

Quant à l'Amérique, elle voulut se faire libre et elle le devint : la traite fut abolie ; l'Etat de Virginie en donna le premier l'exemple en 1773 ; bientôt il fut suivi de tous les Etats de l'Union.

En France, l'Assemblée nationale abolit de même la traite par un décret du 16 pluviôse an II. Ce décret fut cassé par le premier consul, sous prétexte que les besoins de nos colonies réclamaient impérieusement ce commerce. La traite fut donc rétablie. Enfin, abolie de nouveau avec restriction en 1814, elle fut définitivement proscrite en Europe dans le congrès des puissances alliées en janvier 1817. Plus tard, diverses ordonnances ont disposé des peines encourues par les négriers. Cette défense et ces peines les arrêtèrent faiblement ; ils firent clandestinement ce qu'ils avaient fait ouvertement. C'est ce que l'on fait encore de nos jours. Beaucoup de marins venaient d'être renvoyés, encore dans l'âge de servir leur pays, lors de l'abolition de la traite. Pour la faire alors, il fallait s'exposer à mille dangers, affronter les vaisseaux de l'Etat et braver les lois ; c'était presque une guerre à entreprendre, une victoire à remporter, de l'or à gagner ; ils firent la traite. Seulement, depuis qu'elle est défendue, les négriers sont devenus bien plus cruels envers leurs esclaves. Outre les maux de la traversée, souvent le propre danger des négriers auxquels on donne la chasse, leur fait sacrifier leur cargaison tout entière. Ils enferment leurs captifs deux à deux dans une barrique et les jettent à la mer, s'ils craignent d'être atteints. Il n'est pas de supplices que n'aient inventés les négriers pour contenir les esclaves, dont ils craignent plus que jamais la révolte.

Puissent les efforts réunis de toutes les âmes généreuses parvenir à voir abolir réellement et à jamais ce hideux trafic, honte de l'espèce humaine. Passons à un autre ordre de faits.

Le chiffre du budget de la marine et des colonies, réduit d'abord à quarante-neuf millions cinq cent mille francs, est porté à soixante-cinq millions pour l'exercice 1822, sur la demande du ministre, M. le baron Portal. D'après ce budget, le nombre des bâtiments à flot devait être de deux cent quarante-six, dont quatre-vingts de haut-bord, savoir : quarante-six vaisseaux et trente-quatre frégates. Quatre-vingts de ces deux cent quarante-six navires devaient être armés, y compris trois vaisseaux et douze frégates.

Par suite de l'intervention armée de la France dans la révolution espagnole, une escadre, sous le commandement du contre-amiral Hamelin, est destinée à seconder les opérations du corps d'armée placé sous les ordres du duc d'Angoulême. Le brave Hamelin, dont nous avons rappelé un combat mémorable, ne pouvant se plier aux exigences du prince et aux tracasseries de son entourage, profite de l'état de maladie où l'ont réduit les fatigues de l'armement, pour se démettre de son commandement. Il est remplacé par le contre-amiral Duperré. Dès lors, le blocus de Cadix est resserré, et une nouvelle impulsion est donnée aux opérations de la flotte, qui se compose de trois vaisseaux et treize frégates, plus onze corvettes, bricks, goëlettes, gabares et canonnières.

Le fort Santi-Petri est bombardé; l'escadre et la flottille ouvrent leur feu à seize mètres des batteries de Cadix; quatre mille cinq cents hommes de troupes sont embarqués sur l'escadre pour opérer une descente dans l'île de Léon; Duperré va donner l'ordre de renouveler le bombardement, lorsque Cadix se décide à se rendre.

On verra, dans les pièces officielles ci-après, les opérations de l'escadre française. Le contre-amiral Duperré écrivit au duc d'Angoulême :

« Le contre-amiral des Rotours a eu l'honneur d'informer Votre Altesse, par son adjudant, de la prise du fort Santi-Petri ; il m'adresse aujourd'hui son rapport, que j'ai l'honneur de vous transmettre. Cet heureux début dans le commandement des forces navales que Sa Majesté m'a confiées, est concluant pour le blocus de Cadix, et pour toutes les opérations que Votre Altesse peut vouloir tenter contre l'île de Léon ; il a fait la plus profonde impression sur l'ancien commandant du Trocadéro, qui est prisonnier à bord de *la Thémis ;* sa première pensée s'est portée sur l'île de Léon, et il a demandé : « L'isla est-elle prise ? »

» Dans le rapport du contre-amiral des Rotours, Votre Altesse Royale verra quelles difficultés, quels obstacles la division a eu à vaincre pour aborder le point d'attaque ; quelle a été ensuite au feu la conduite des braves sous ses ordres. Il en cite plusieurs, que Votre Altesse jugera peut-être dignes de récompense. C'est surtout sur MM. Trotel, lieutenant de vaisseau, et Ponée, capitaine de vaisseau, que je prendrai la liberté d'appeler les grâces de Votre Altesse ; le succès est dû aux manœuvres exécutées par eux.

» J'ai vu hier la flottille à San-Lucar, avec le major général. Je compte être rallié aujourd'hui par quelques bombardes et canonnières. Si le temps se soutient beau, peut-être dans les vingt-quatre heures pourrai-je, suivant les intentions de Son Altesse, faire jeter une centaine de bombes dans Cadix.

» *P. S.* Il me paraît de la plus haute importance de mettre de suite le fort de Santi-Petri à l'abri de toute attaque des forts de l'île de Léon, en le défendant à la gorge et de ce côté; il faut aussi le mettre à l'abri des tentatives des canonnières qui pourraient, en descendant la rivière, le canonner, vouloir l'escalader ou le surprendre. Il faut que l'artillerie soit bien servie; il faut donc des artilleurs. »

Voici maintenant le rapport fait à M. le baron Duperré, contre-amiral, commandant en chef nos forces navales devant Cadix, par M. le baron des Rotours, contre-amiral, commandant la division devant Santi-Petri :

« A bord du *Centaure,* le 20 septembre 1823 (onze heures du soir.)

» Ce matin, au point du jour, les vents étant à l'est, joli frais, belle mer, j'ai donné ordre aux vaisseaux *le Centaure* et *le Trident*, et à la frégate *la Guerrière*, d'appareiller, mon dessein étant d'attaquer le fort de Santi-Petri. A sept heures, la division était sous voiles, courant bâbord amures, *le Centaure* en tête, suivi du *Trident*, *la Guerrière* en serre-file. A huit heures, j'ai changé d'amures. Mon projet était de passer à terre du banc de rochers nommé le *Juan-Bella*.

» En conséquence, je donnai ordre à la corvette *l'Isis*, commandée par M. Boniface, capitaine de vaisseau, que vous m'aviez envoyée dans la nuit, et que j'avais retenue, de prendre la tête de la ligne et de sonder devant elle, à distance, afin de pouvoir me signaler le brassiage, et de virer toutes les fois qu'il serait au-dessous de dix brasses. Cet ordre fut très-bien exécuté, et la division s'approcha ainsi de la terre, au nord de Santi-Petri, en louvoyant sous les huniers.

» A midi je fus rallié par la goëlette *le Santo-Christo*, commandée par M. Trotel, lieutenant de vaisseau, à qui je donnai ordre d'aller sonder dans le vent, aussi près que possible du récif du bord de la côte, et de me signaler le fond, afin que je portasse mes bords plus au nord, mon intention étant d'embosser la division, bâbord amures, à quatre cents toises du fort, si les vents, la nature du fond, et les courants, dont la violence était un obstacle de plus, me le permettaient.

» A une heure un quart, je fis hisser le signal dont j'étais convenu avec nos batteries pour qu'elles commençassent leur feu, ce qui fut fait avec une extrême vigueur. Parvenu à la distance à laquelle je voulais être, et relevant le fort de Santi-Petri dans le sud-est, je donnai ordre à M. Porrée, commandant *le Centaure*, de prendre position à ce point et de s'embosser, ce qui fut exécuté avec habileté, malgré la force du vent, qui fraîchissait en ce moment, et celle des courants, qui prenaient le vaisseau par la hanche de bâbord. Les voiles serrées avec autant d'ordre que de célérité, je fis signal de commencer le feu, auquel le fort répondit par le petit nombre de pièces qu'il avait dans cette partie. Pendant ce temps, *le Trident* s'avançait : il devait mouiller à une demi-encâblure derrière *le Centaure;* mais le vent était variable de l'est-sud-est au sud-est; il ne put le faire qu'à une encâblure, et commença le feu aussitôt qu'il fut embossé, recevant, avec *le Centaure*, celui d'une batterie de l'île de Léon et d'une batterie de Santi-Petri, qui tiraient également sur la goëlette *le Santo Christo*, qui n'en était qu'à un quart de portée. *La Guerrière*, en serre-file, allait s'embosser en arrière du *Trident;* mais je lui fis signal de prendre la tête de la ligne; et, soit que les vents lui aient manqué, ou que les courants la maîtrisassent, elle ne put gagner son poste, et s'embossa à une encâblure et demie sous le vent du *Centaure*, et presque par son travers. Dans cette position, elle commença son feu; mais, m'apercevant qu'il n'atteignait pas le fort, et que les boulets du *Trident* ne le dépassaient pas assez, j'envoyai un de mes adjudants, M. Thibault, lieutenant de vaisseau, porter ordre à ces deux bâtiments d'appareiller pour reprendre poste, *le Trident* à la poupe du *Centaure*, et *la Guerrière* devant lui.

» Il était trois heures ; *le Centaure* combattait depuis une heure un quart ; le fort de Santi-Petri ne ripostait plus qu'à de longs intervalles : je jugeai que le moment d'en tenter l'assaut était venu. Je fis signal à la division d'embarquer les troupes dans les chaloupes et de les diriger sur *le Centaure ;* ce mouvement se fit avec toute la célérité que je pouvais désirer, et je n'attendais plus que le moment où *le Trident* et *la Guerrière* auraient pris leurs postes et commencé leur feu pour ordonner le débarquement, quand, à trois heures et demie, le fort arbora un pavillon blanc, qui fut à l'instant salué de mille cris de : *Vive le roi !* Je fis pousser sur-le-champ les chaloupes au large, ayant à bord quatre cent vingt hommes des 12ᵉ et 24ᵉ de ligne, et un détachement de grenadiers de l'artillerie de marine. Arrivés au pied du rocher sur lequel le fort est construit, M. Tétiot, capitaine de frégate, commandant le débarquement, m'expédia un parlementaire, officier espagnol, qui me proposa, pour capitulation, que la garnison du fort fût libre de se retirer dans l'île de Léon, sous ses drapeaux respectifs, pour continuer d'y servir contre l'armée française. Je ne voulus pas souscrire à cette condition, et je lui donnai pour *ultimatum* que la garnison prendrait l'engagement de ne pas servir contre la France pendant toute cette guerre. Ces conditions, consenties par le commandant du fort, allaient être remplies ; mais les craintes que les Espagnols avaient de rentrer dans l'île de Léon les déterminèrent ensuite à se constituer prisonniers, et nos troupes prirent à l'instant possession du fort, sous le commandement de M. Louftaud, chef de bataillon dans le 12ᵉ. Les Espagnols y avaient vingt-sept pièces de canon de vingt-quatre en bronze, cent quatre-vingts hommes de garnison, des munitions nombreuses et deux mois de vivres ; ils ont eu treize hommes tués ou blessés.

» Je connaissais trop l'importance de la position de Santi-

Petri pour ne pas profiter à l'heure même du succès que je venais d'obtenir. J'ai fait armer aussitôt un canot par bâtiment pour intercepter les bateaux qui, en entrant par la rivière de ce nom, ravitaillaient Cadix, malgré la surveillance la plus active de nos croiseurs, et déjà j'entends le canon du fort tirer sur ces bateaux ; son feu, joint à celui de la batterie que nous avons en face, ôte sans retour à Cadix ce moyen de ravitaillement, à peu près unique.

» Je ne terminerai point ce rapport, général, sans payer à l'état-major, aux matelots, aux soldats du *Centaure*, le tribut d'éloges qu'ils ont bien mérité ; tous ont montré un enthousiasme que rien ne peut exprimer.

» *Le Centaure* n'a pas à déplorer la perte d'un seul homme ; les boulets de l'ennemi ont porté presque tous dans le gréement, et n'y ont fait que peu de mal.

» Si la division a acquis quelque honneur dans ce combat, dont tous les marins sauront apprécier les difficultés, elle le partage avec les braves qui ont servi les batteries qui combattaient avec elle sur l'autre rive du Rio Santi-Petri. Je me plais à rendre hommage à la vivacité et à la bonne direction de leur feu... »

Le 27 septembre 1823, le contre-amiral baron Duperré écrivait au duc d'Angoulême :

« J'ai l'honneur de rendre compte à Votre Altesse Royale, que ce matin j'ai fait bombarder Cadix par la flottille de bombardement, composée de sept bombardes françaises, trois espagnoles, et cinq obusières.

» Je l'ai fait établir en-dedans de la portée du canon, huit cents toises environ de la place. La partie n'a été abandonnée que lorsque les munitions épuisées, le vent qui fraîchissait du sud-ouest, et la mer qui s'élevait, nous mettaient dans l'impossibilité de continuer. Je présume qu'environ deux cents bombes et quelques obus ont été lancés sur la place depuis huit heures jusqu'à deux heures et demie.

» L'attaque a été faite avec ardeur. Tous les forts et batteries de Cadix, appuyés d'une division de vingt grandes canonnières ennemies, y ont répondu. Les boulets, en grande partie, dépassaient de plus de cent toises notre ligne.

» Une bombarde a été coulée par le feu de l'ennemi; pour ne pas lui laisser ce léger trophée en vue, je l'ai fait remorquer jusqu'à la côte de la Catalina. Cette manœuvre a été habilement exécutée par M. le lieutenant de vaisseau Bretteville, commandant le brick *le Lynx,* assisté par M. de Bros, du *Colosse,* et de l'équipage de sa chaloupe.

» Un canot de ce vaisseau, commandé par M. l'enseigne de vaisseau Beauzée, a été percé par un boulet qui lui a tué deux hommes, au moment où, après l'action, il remorquait, sous le feu de l'ennemi, une bombarde hors de la ligne.

» Votre Altesse Royale jugera, dans le rapport succinct et modeste du capitaine de frégate Longueville, chargé en chef de l'opération, de sa conduite, et de celle des officiers, marins et canonniers de l'escadre. La flottille a fait route de suite pour San-Lucar, pour se ravitailler et se mettre à l'abri du vent de sud-ouest, qui souffle assez frais. Je n'ai donc pu encore recueillir tous les traits de courage auxquels ce fait d'armes a donné lieu; j'aurai l'honneur de les signaler à Votre Altesse. »

Le contre-amiral Duperré écrivit au ministre de la marine :

« J'ai eu l'honneur d'adresser à Votre Excellence mon rapport du bombardement de Cadix, dans la journée du 23. Tous les rapports s'accordent à nous faire croire que cent cinquante bombes sont tombées dans la ville et y ont répandu la terreur. Les bombardes et les canonnières improvisées avaient leurs munitions à remplacer et de grandes avaries, et le temps devenait menaçant ; elles ont filé de suite sur San-Lucar. Le lendemain, 24, j'ai pris les ordres du prince, qui a arrêté une descente sur la plage de l'île de Léon, du côté du fort de Santi-Petri, tandis qu'un pont serait établi sur la rivière pour une autre attaque.

» Il a fallu prendre des mesures extraordinaires pour l'exécution des ordres de Son Altesse Royale. Dès le lendemain, 25, malgré le vent frais, une mer grosse et des difficultés locales, quatre mille six cent cinquante-sept hommes de troupe ont été embarqués comme en pleine mer, sans le plus léger accident. Les canonnières et cinquante bateaux de débarquement ont rallié l'escadre. Jamais mouvement aussi précipité ne s'est exécuté avec un zèle plus éclairé. Les capitaines ont tout fait, je n'avais pu entrer dans aucun détail. Hier, 26, les généraux, accompagnés du prince de Carignan, du duc de Guiche, de l'aide-de-camp de l'empereur de Russie, se sont embarqués. Le temps est fort incertain ; le vent est à l'ouest-sud-ouest, mais très-faible ; il est impossible de ne rien entreprendre ; je ne laisserai pas échapper l'occasion, bien certain qu'elle ne se représenterait plus. Moyens d'attaque, moyens de débarquement, tout me paraît aussi bien combiné que nos faibles ressources et cette improvisation le permettent. Dans l'armée de terre comme de mer, tout n'est qu'espoir bien assuré du succès, si nous mordons la terre.

» Je laisserai le Centaure et le Trident sous voiles devant Cadix, avec les ordres les plus sévères de blocus. »

Le baron Duperré adressa, le 3 octobre, au ministre de la marine le rapport ci-après :

« Les événements heureux viennent de se succéder avec une telle rapidité, que je n'ai pu tenir Votre Excellence au courant. La prise du fort de Santi-Petri le 20 du mois dernier, le bombardement de Cadix le 23, l'embarquement des troupes le 25, la réunion de tous nos moyens d'attaque, les divers mouvements de l'escadre sous mes ordres pour opérer une descente dans l'île de Léon, sur la plage près de Santi-Petri, ont amené la délivrance du roi Ferdinand et la reddition de Cadix. Depuis quarante-huit heures, l'escadre avait quitté le mouillage avec les troupes à bord, pour se soustraire aux malheurs auxquels l'exposait, sur rade, un fort coup de vent de nord-ouest que nous avons éprouvé sous voiles.

» Le temps devenu beau, je revenais aujourd'hui sur rade pour y réunir la flottille et tous nos moyens d'attaque, quand j'ai été informé de l'arrivée du roi et de la famille royale à Sainte-Marie avant-hier, 1er octobre, et de la reddition de Cadix. D'après les ordres de Son Altesse Royale le prince, général en chef, l'escadre entrera demain matin dans la baie, sous la conduite de M. le contre-amiral des Rotours ; je me rends en personne au quartier général, pour y prendre ses ordres. Les troupes seront débarquées ; la garde royale le sera à Cadix même, pour y tenir garnison sous le commandement de M. le général Dambrugeac, nommé gouverneur de cette place. La marine a honorablement rempli sa tâche. Ce jour est le plus beau de ma vie. »

La France voulait que l'Espagne reconnût l'indépendance de ses anciennes possessions qui se trouvaient émancipées de fait. Il fallait donner l'exemple : c'est pourquoi l'affranchissement de l'île de Saint-Domingue fut décidé. Le gouvernement confia cette mission importante au capitaine de vaisseau de Mackau.

Il s'agissait de faire recevoir une ordonnance du roi qui, en accordant à la république d'Haïti son indépendance, devait assurer une indemnité aux anciens propriétaires de cette colonie et des avantages commerciaux à la mère-patrie.

Les instructions écrites portaient en substance que le roi s'était fait rendre compte des conférences qui avaient eu lieu à Paris, l'année précédente, au sujet d'une ordonnance par laquelle Louis XVIII s'était proposé d'octroyer aux habitants de la partie française de Saint-Domingue, l'indépendance pleine et entière de leur gouvernement;

Que la disposition qui réservait les droits de suzeraineté inhérents à la couronne de France, et qui avait été mal comprise par les envoyés d'Haïti, n'avait point pour objet, comme ils avaient paru le craindre, de ménager, pour l'avenir, des motifs d'intervention dans les affaires intérieures du pays; mais qu'elle avait, au contraire, pour but d'assurer à Saint-Domingue la protection de la France dans le cas où l'indépendance de cette île serait menacée par d'autres puissances;

Que cependant, et pour hâter le moment où ses sujets pourraient se livrer à Saint-Domingue à un commerce réciproquement avantageux, le roi consentait à renoncer à cette disposition, de sorte que l'ordonnance à faire accepter par le gouvernement d'Haïti, réduite aux autres conditions du projet, était ainsi conçue :

« ARTICLE Ier. Les ports de la partie française de Saint-Domingue seront ouverts au commerce de toutes les nations.

» Les droits perçus dans ces ports, soit sur les navires, soit sur les marchandises, tant à l'entrée qu'à la sortie, seront égaux et uniformes pour les pavillons, excepté le pavillon français, en faveur duquel ces droits seront réduits de moitié.

» ARTICLE II. Les habitants actuels de la partie française de Saint-Domingue verseront à la caisse générale des dépôts et consignations de France, en cinq termes égaux, d'année en année, le premier échéant au 31 décembre 1825, la somme de cent cinquante millions de francs, destinées à dédommager les anciens colons qui réclameront une indemnité.

» Article III. Nous concédons, à ces conditions, par la présente ordonnance, aux habitants actuels de la partie française de l'île de Saint-Domingue, l'indépendance pleine et entière de leur gouvernement.

» Donnée à Paris, au château des Tuileries, le 17 avril 1825. »

M. de Mackau était donc chargé de porter cette ordonnance au président de la république d'Haïti, et il devait en obtenir l'enregistrement suivant les formes établies par les lois du pays.

Il était prescrit à M. de Mackau de faire observer que les cent cinquante millions demandés par la France n'étaient qu'une faible indemnité des pertes subies par les anciens propriétaires.

Dans le cas où le gouvernement de Saint-Domingue aurait objecté la difficulté de se procurer une pareille somme dans le délai de cinq années, M. de Mackau devait lui donner l'assurance qu'il trouverait aisément à négocier l'emprunt en France à des conditions convenables.

Quant à la réduction de droits demandée en faveur de la France, M. de Mackau était chargé de démontrer au gouvernement d'Haïti que, sous ce rapport, c'était le moindre avantage que la France pût réclamer, et que, d'ailleurs, cette réduction aurait pour résultat certain de multiplier, au bénéfice du nouvel État, les relations commerciales à établir entre les deux pays.

Enfin, si l'ordonnance royale d'émancipation n'était pas agréée, si le gouvernement d'Haïti ne se montrait pas reconnaissant de ce que Sa Majesté le roi de France daignait faire, M. de Mackau avait ordre d'annoncer au chef de ce gouvernement que désormais il serait traité en ennemi par la France ; que déjà une escadre était prête à établir le blocus le plus rigoureux devant les ports de l'île.

Telle était la substance des instructions qui furent données à M. de Mackau ; il se rendit sans délai à Rochefort, et mit son guidon sur *la Circé*, et fit voile pour la Martinique, où il arriva le 3 juin suivant.

Là, ayant pris soin de recueillir près du gouverneur de cette colonie de derniers renseignements sur la situation de Saint-Domingue, et après s'être concerté avec M. le contre-amiral Jurien, commandant de l'escadre, M. de Mackau fit route pour Saint-Domingue, à la tête d'une division composée de *la Circé*, du *Rusé*, et de *la Béarnaise*. Il mouilla le 3 juillet sur la rade de Port-au-Prince.

Les négociations s'ouvrirent le lendemain 4 juillet, et, dans l'après-midi du 5, il semblait qu'elles dussent se rompre entièrement, lorsque, par des explications conciliatrices entre M. de Mackau et le président Boyer lui-même, elles purent être continuées et menées à une conclusion satisfaisante.

L'escadre du contre-amiral Jurien, forte de deux vaisseaux, six frégates et quatre bâtiments légers, arriva le lendemain sur la rade du Port-au-Prince, et tous les capitaines de l'escadre avec une partie considérable des états-majors assistèrent à la cérémonie de l'entérinement de l'ordonnance du roi de France par le Sénat d'Haïti.

La Béarnaise fut expédiée immédiatement en France pour informer le gouvernement de cette nouvelle, et quelques jours après *la Circé* elle-même fit voile pour Brest, emportant, avec M. de Mackau, trois commissaires haïtiens chargés de venir stipuler, en France, les conditions d'un emprunt pour réaliser l'indemnité de cent cinquante millions souscrite par Haïti.

La Circé arriva à Brest le 28 août.

Après avoir rendu compte des diverses expéditions dirigées contre Saint-Domingue et de l'état actuel de cette colonie, le ministre de la marine, dans un rapport au roi, s'exprime ainsi :

« M. le baron de Mackau, commandant *la Circé,* avait ordre de précéder de quelques jours le départ de l'escadre qui ne devait se montrer dans les parages du Port-au-Prince que d'après l'avis qui lui en serait donné.

» Cet officier a appareillé de la Martinique le 23, avec une division composée de *la Circé,* et des deux bricks *le Rusé* et *la Béarnaise.* Il a paru devant le Port-au-Prince le 3 juillet. Le surplus de l'escadre a appareillé le 27 juin du Fort-Royal.

» L'accueil que reçut M. de Mackau fut de nature à lui faire concevoir de justes espérances sur le succès de la mission dont il était chargé.

» A peine fut-il au mouillage, que deux officiers vinrent à son bord, et qu'un logement convenable lui fut désigné au Port-au-Prince, ainsi qu'aux officiers sous ses ordres.

» Des conférences s'ouvrirent de suite entre lui et trois commissaires qui avaient été délégués par le président du gouvernement d'Haïti, et comme au bout de trois jours elles n'avaient pas été amenées à un point de solution, elles furent reprises avec le président Boyer lui-même, aux intentions conciliantes duquel M. le baron Mackau se plaît à rendre la plus entière justice.

» Ce fut le 8 juillet, et après quelques discussions préliminaires qui n'étaient pas sans importance, mais qui furent traitées avec cet esprit de conciliation qui termine les affaires quand on veut franchement les terminer, que le président écrivit à M. de Mackau : que d'après les explications qui lui avaient été données, et confiant dans la loyauté du roi, il acceptait, au nom du peuple d'Haïti, l'ordonnance de Votre

Majesté, et qu'il allait faire les dispositions nécessaires pour qu'elle fût entérinée au Sénat avec la solennité convenable.

» Ce fut le 11 juillet que le Sénat fut convoqué pour procéder à l'entérinement de l'ordonnance, d'après les formes prescrites par les lois constitutives du pays.

» Depuis le jour de cette séance jusqu'au 18 juillet, jour où l'escadre est partie, et jusqu'au 20 juillet, jour où M. le baron de Mackau a quitté Port-au-Prince, la joie manifestée par la population a prouvé que les intentions bienveillantes de Votre Majesté avaient été senties et appréciées, comme elles avaient droit de l'attendre... »

Le 15 juin 1829, une division navale, composée de la frégate *la Terpsichore*, de la gabarre *l'Infatigable* et du transport *le Madagascar*, placée sous le commandement du capitaine de vaisseau Gourbeyre, part de Bourbon, pour diriger une expédition sur l'île de Madagascar. Quatre jours après, la corvette *la Nièvre*, la gabarre *la Chevrette* et l'aviso *le Colibri* sont ralliés par le capitaine Gourbeyre. Le 29 juillet, cet officier supérieur forme un établissement dans la baie de Tintingue et le fortifie. *La Terpsichore, la Nièvre* et *la Chevrette* ouvrent leur feu contre le fort de Tamatave. Un boulet rouge fait sauter la poudrière. Le débarquement s'opère, et les Hovas sont dispersés, abandonnant vingt-trois pièces de canon et deux cents fusils. Toutefois, les Français sont repoussés à Foulpointe, mais ils prennent une éclatante revanche à la Pointe-à-Larrée, où les Hovas avaient un poste militaire qui menaçait Tintingue et Sainte-Marie. Aucune suite n'a été donnée à cette expédition.

Avant 1830, le plus grand malheur qui pût arriver à un bâtiment, était de faire naufrage sur les côtes inhospitalières de l'Algérie. Le sinistre dont la relation va suivre est une des nombreuses preuves de notre assertion.

Le brick *l'Aventure*, commandé par M. d'Assigny, naviguait de conserve avec la frégate *la Bellone;* mais, dans la nuit du 14 au 15 mai, les deux bâtiments se trouvèrent séparés. Au point du jour, la frégate avait disparu. Deux bricks se montrèrent seuls à quelque distance de *l'Aventure.* L'un était anglais; le second était un brick de l'Etat, *le Silène;* il venait de Mahon. Les deux navires français firent route de compagnie.

A huit heures et un quart du soir, un grain chargé de pluie fondit sur *l'Aventure,* qui, peu d'instants après, ressentit une légère secousse. Une brume épaisse voilait l'horizon; *l'Aventure* venait de franchir l'accore d'un banc de sable. D'énormes lames le poussèrent de plus en plus vers le rivage. M. d'Assigny, ayant reconnu combien la chute inévitable de sa mâture allait ajouter de dangers à ceux que courait déjà son équipage, donna des ordres pour la faire abattre. Bien que *l'Aventure* fût tellement près de terre, que la chute de sa mâture établit en quelque sorte un pont volant entre le navire et le rivage, l'obscurité de la nuit était si complète, que la phosphorescence des lames révélait seule son gisement.

Le commandant d'Assigny put, dès cet instant, espérer de sauver son équipage. Les lames courtes et furieuses se roulaient sur le fond et se heurtaient violemment contre la coque déjà ruinée du brick. Aussi se trouva-t-il bientôt renversé vers le large. Il était temps d'abandonner le navire. A l'aide des tronçons de la mâture et des cordages, tout le monde put, sans trop de danger, gagner le rivage, où le commandant lui-même parvint le dernier.

Un second événement avait été la funeste conséquence du premier. *Le Silène,* qui naviguait dans les eaux de *l'Aventure,* avait presqu'en même temps éprouvé un désastre aussi déplorable. Pourtant, un avertissement malheureusement trop tardif, ayant éveillé les inquiétudes de M. Bruat, commandant du *Silène*, ce bâtiment faillit échapper au désastre ; mais au premier coup de talon, le *Silène* s'échoua presque aussitôt complètement.

Ce navire se trouvait moins endommagé par la mer que ne l'avait été *l'Aventure*. Ce ne fut qu'aux premiers rayons du jour qu'eut lieu l'évacuation. On rejoignit les naufragés de *l'Aventure*, qui, depuis sept ou huit heures, erraient sur le rivage que leur navire avait jonché de débris.

On forma immédiatement un conseil qui décida que, pour échapper à cette mauvaise fortune, on s'armerait et s'équiperait le moins mal possible, à l'aide des ressources que le désastre laissait encore à la disposition des marins ; puis, qu'on essayerait de joindre Alger, au risque de traverser les bandes de Bédouins. A peine avait-on abandonné le théâtre de la double catastrophe, qu'une troupe de Bédouins armés déboucha d'un angle de la côte, et fondit sur les Français.

Un Maltais, pris devant Oran dans un bateau de pêche, faisait partie de l'équipage du *Silène*. Il savait l'arabe pour avoir longtemps navigué avec les marins de la régence. Cet homme essaya de se dévouer au salut de tous. Il protesta à ces barbares furieux que les naufragés étaient Anglais ; par sa fermeté et son courage, il en imposa aux Arabes. Mais ils n'en persistèrent pas moins à vouloir guider la route des marins, et, sous prétexte de les conduire à Alger par un chemin plus court et plus praticable, ils enfoncèrent toute la caravane dans les montagnes. Là, les Arabes se jetèrent parmi les marins, qu'ils pillèrent complètement ; cet acte de brigandage et de cruauté laissa ces malheureux entièrement nus, exposés aux rigueurs de la brise que glaçaient les froides ondées du nord. Mais rien ne pouvait entraver la marche des naufragés, dont cet événement venait encore de doubler les souffrances. On continua à s'avancer à travers les montagnes

Nous ne suivrons pas nos marins au milieu de ces hordes de barbares. Il suffira d'emprunter au rapport de M. d'Assigny les passages les plus intéressants :

« Les femmes, qui d'abord nous avaient rebutés, dit le commandant de *l'Aventure,* finirent pourtant par s'attendrir sur notre sort, et la première maison qui d'abord nous avait repoussés devint notre asile. On nous alluma du feu, on nous donna à manger, et deux jours se passèrent sans trouble. Le premier sujet d'inquiétude nous fut donné par quelques marins qui s'échappèrent des maisons voisines, et coururent la campagne dans l'espoir de se sauver : ils furent arrêtés peu après, mais les Bédouins nous observèrent davantage, nous soupçonnant tous d'avoir les mêmes intentions.

» Le 18, vers le soir, les frégates de la division et quelques bricks s'étant approchés des navires échoués, envoyèrent des embarcations pour les reconnaître. Ces dispositions de débarquement jetèrent la terreur de toutes parts; tous les Arabes s'armèrent et descendirent les montagnes en hurlant; les femmes mirent leurs enfants sur leur dos, prêtes à fuir; nous autres, on nous enferma dans les cases les plus fortes, nous menaçant de mort, au moindre mouvement que nous ferions pour tâcher de nous sauver.

» Nous étions au moment d'être égorgés : un coup de canon que nous entendîmes nous parut pour tous le moment du massacre; car, de quelque côté que tournât la fortune, les Bédouins, vainqueurs ou vaincus, devaient se venger sur nous de leurs pertes, ou, exaltés par leurs succès, nous ajouter aux malheureuses victimes de leur fureur. Heureusement la chance tourna plus favorablement que nous ne devions l'espérer; la frégate rappela ses embarcations, et tout rentra pour nous dans l'ordre accoutumé; mais il n'en fut pas ainsi dans les montagnes.

» M. Bruat, que j'avais laissé avec vingt-trois hommes,

compris le Maltais et six officiers, fut logé d'abord dans la même maison avec ses compagnons; mais comme elle n'était pas assez grande pour tout le monde, on les en fit sortir et on les plaça dans une espèce de mosquée ouverte à tout venant, ce qui les exposa à des recherches pénibles et à des mauvais traitements. Les deux premiers jours, les Arabes qui les avaient capturés leur disaient, chaque matin, que la rivière de Bouberak, gonflée par les pluies, ne leur permettait pas de les conduire à Alger. Le troisième jour, quoique leurs intentions parussent plus hostiles encore, la vie des hommes était du moins en sûreté, lorsqu'un fils de Turc, ayant passé la rivière, vint dire dans ces villages que les officiers du dey étaient de l'autre côté pour nous protéger; mais que, pour eux, ils étaient bien sots de nous prendre encore pour Anglais.

» Le Maltais jugeait que sa présence hâterait les secours que nous attendions, étant plus à même que personne d'expliquer notre situation affreuse; à sa demande, M. Bruat le fit partir en lui recommandant toute diligence.

» Il y avait à peine une heure qu'il était en route, que nos marins furent mieux traités; plusieurs des Arabes leur rendirent les effets dont ils les avaient dépouillés le premier jour de notre captivité; en même temps, un des guides fit sortir le capitaine et lui fit entendre qu'il allait le conduire à la rivière. Celui-ci refusa de se séparer de ses camarades, qu'il informa aussitôt de la proposition qui venait de lui être faite; mais, d'un avis unanime, ils lui représentèrent que sa présence parmi eux ne serait pas, à beaucoup près, aussi utile qu'auprès des officiers du pacha. Il se décida donc à partir; mais, sur l'observation du commis aux revues, il obtint de changer de gardes, pour leur laisser celui qui paraissait prendre mieux leurs intérêts. M. Bruat, en passant la rivière à la nage, perdit ses effets, qui furent entraînés par la violence du courant. Arrivé sur l'autre rive, un Turc se dépouilla des siens pour l'habiller. De là, ayant été mené à la tente de l'effendi, et ne trouvant personne qui sût le français ou l'anglais, il fut interrogé en espagnol, et reçut les plus grandes assurances pour la sécurité de tous.

» Sur-le-champ on expédia deux officiers dans les montagnes; on lui permit même d'écrire une lettre à son second, pour lui donner les mêmes assurances. L'effendi, tout en lui témoignant beaucoup d'humanité, lui fit plusieurs questions sur le débarquement. Il lui demanda « s'il était vrai que les troupes partissent contre leur gré. » M. Bruat lui répondit « que la conduite de nos soldats, lorsqu'ils seraient débarqués, leur prouverait la fausseté de cette assertion. » Quant au point et à l'époque où devait avoir lieu le débarquement, il lui observa que les circonstances seules pourraient en décider.

» On insista particulièrement pour savoir ce qu'étaient devenues ses dépêches; sur la réponse qu'il fit qu'il les avait déchirées quelques minutes après l'échouage, on lui fit dire par un officier turc qui parlait français, que « s'il pouvait les lui livrer, il obtiendrait sur-le-champ sa liberté. » Sa réponse fut « que, quand même ses jours y seraient attachés, il ne balancerait pas à les lui refuser. » Tout paraissait tranquille dans les montagnes, le sort de nos camarades semblait être assuré; mais, à environ huit heures du soir, de grands cris se firent entendre de l'autre côté de la rivière : on disait que la division s'était approchée des débris des bricks; que des Bédouins avaient été blessés par le feu de l'artillerie; qu'enfin plusieurs Français échappés dans les montagnes avaient blessé une femme. Ces causes réunies furent probablement les motifs du massacre. L'effendi pâlit en apprenant ces nouvelles, et se plaignit à M. Bruat de ce que la présence de ces navires avait exaspéré les Arabes, sans pouvoir nous être d'aucun secours

Cependant, le capitaine lui observa que les bâtiments avaient fait leur devoir, dans la supposition que nous fussions encore cachés dans les montagnes; et pour les autres parties du rapport qu'on venait de lui adresser, il était probable qu'elles étaient fausses.

» Le lendemain, M. Bruat fut expédié pour Alger, d'après les ordres du dey, et y arriva le 20 au matin. Il fut conduit chez l'aga, qui lui renouvela les questions qui lui avaient été déjà faites. Une lettre qui fut montrée, datée de Toulon, lui prouva qu'il recevait des informations sur tout ce qui se passait.

» Le lendemain du départ de M. Bruat des montagnes, les Arabes conduisirent à la rivière, en deux bandes, onze personnes, dont deux officiers; ils furent aussitôt expédiés pour Alger.

» Enfin, le 20, à quatre heures du matin, les Arabes chez lesquels j'étais logé avec une partie des miens nous rassemblèrent pour nous conduire à la rivière de Bouberak, et nous remettre entre les mains des officiers du dey, que nous rencontrâmes un peu en-deçà de la rivière. L'un d'eux, qui parlait français, nous dit que nous étions bien heureux d'avoir échappé au massacre; que déjà vingt têtes avaient été portées à Alger; qu'on parlait d'un plus grand nombre encore. Ces nouvelles nous navrèrent le cœur, et furent, pendant toute cette triste marche, le sujet de nos douloureux entretiens. »

Ce ne fut qu'après des souffrances de toute nature, que les deux équipages parvinrent à Alger. Ils passèrent d'abord la nuit au cap Matifoux; une escorte de soldats turcs et une population nombreuse les accompagnèrent dans la ville. Conduits au palais du dey, un horrible spectacle vint jeter l'épouvante dans leurs âmes : les têtes de leurs malheureux camarades étaient exposées aux insultes d'une population effrénée. Après avoir été contraints d'envisager ce dégoûtant spectacle, les marins français furent conduits au bagne, où se trouvaient déjà réunis quelques hommes des deux équipages.

Bien que les consuls d'Angleterre et de Sardaigne eussent obtenu du dey que les états-majors de *l'Aventure* et du *Silène* fussent logés chez eux, MM. Bruat et d'Assigny ne voulurent point y consentir, préférant rester parmi leurs marins et partager jusqu'à la fin leur mauvaise fortune.

» Quelque affreuses que soient les suites de ce naufrage, disait M. d'Assigny en terminant son rapport au ministre, nous devons encore bénir la Providence d'avoir permis à nos soins d'en recueillir autant de débris; car, jusqu'à cette époque, les équipages dont les bâtiments périrent sur ces côtes, entraînés par leur courant variable, ont presque tous été entièrement massacrés. »

Un conseil de guerre maritime a reconnu que MM. Bruat et d'Assigny étaient sans reproches dans les manœuvres qu'ils avaient ordonnées pour préserver leurs bâtiments du naufrage qui les a engloutis; des éloges ont été accordés à ces deux officiers, touchant les mesures qu'ils avaient prises à bord et à terre, au milieu de ce désastre, pour sauver leurs équipages.

Le dey d'Alger, qui encourageait la piraterie, avait outragé la France dans la personne de son consul. Il fallait une réparation. Un vaisseau, *l'Amphitrite*, la frégate *la Galathée* et les bricks *le Faune*, *la Cigogne* et *la Champenoise* sont envoyés, sous le commandement du capitaine de vaisseau Collet, pour bloquer les ports de la régence. Cette division attaque une escadre algérienne, composée de six frégates et corvettes et de cinq autres bâtiments, et l'oblige à rentrer à Alger.

Ne pouvant obtenir la réparation qu'elle exigeait, la France se décide à l imposer par la force des armes. Une expédition est ordonnée; le lieutenant général comte de Bourmont commande en chef l'armée expéditionnaire. Le vice-amiral Duperré prend le commandement en chef de la flotte réunie à Toulon, laquelle se compose de six cent soixante-quinze bâtiments.

L'armée, forte de trente-sept mille hommes et de quatre mille huit cents chevaux, s'embarque le 18 mai 1830.

Une nuit, celle du 27 au 28, suffit à la flotte pour mettre sous voiles. Cependant un vent violent force les bâtiments à se réfugier dans la baie de Palma. Ils ne reprennent la mer que le 10 juin. Enfin, le 12, ils vont jeter l'ancre dans la baie de Sidi-Ferruch, et réduisent aussitôt le fort au silence. Le débarquement s'opère sous la protection de leur feu. L'armée renverse tous les obstacles et enlève d'assaut, le 30 juin, le fort de l'Empereur, qui domine la ville d'Alger. En même temps, la flotte, qui se tenait sous voiles, laisse arriver en ligne et bombarde toutes les batteries de la côte, pendant près de trois heures. Virant de bord, nos vaisseaux vont recommencer le bombardement, lorsque le drapeau de la France apparaît, le 4 juillet, sur le palais du dey. La ville est aussitôt occupée, Hussein est déposé, et le trésor de la Casobah livre ses immenses richesses.

Nous donnons, ci-après, les pièces officielles contenant les détails de cette glorieuse conquête.

Voici d'abord une dépêche de M. le vice-amiral Duperré, datée du 23 juin 1830, à bord du vaisseau *la Provence* :

« Dans mon premier rapport du 15 de ce mois, fait à la hâte le jour même de mon débarquement, après mes premières opérations et celles de l'armée expéditionnaire, j'avais l'honneur d'informer Votre Excellence que je lui transmettrais les détails des mouvements de la flotte confiée à mon commandement depuis son départ de la baie de Palma.

» Après être parvenu à rallier, dans la baie de Palma, les

bâtiments de la réserve et des deux divisions du convoi, dont l'une avait été dispersée, le surlendemain de mon départ de Toulon, par un coup de vent de nord-ouest; après avoir réuni surtout la plus grande partie de la flottille, qui avait les dix premiers jours de vivres de l'armée, et qui était indispensable au débarquement, j'ai réorganisé la flotte, qui a rallié l'armée qui attendait sous voiles en-dehors de la baie, et j'ai fait route, le 10 de ce mois, vers les côtes d'Alger. Le 11 au soir, le vent était frais de l'est, à l'est-sud-est; la mer était assez belle. Je m'estimais à soixante-deux milles de terre. Je dirigeai et modérai la vitesse de la flotte, de manière qu'elle se trouvât le lendemain, au jour, à douze milles de la côte. Effectivement, le 12, à la pointe du jour, on en eut connaissance à cette distance. J'avais été un instant auparavant rallié par le commandant de la division du blocus, avec la frégate *la Sirène*. Le vent soufflait bon frais et la mer devenait houleuse; elle pouvait l'être moins sous la terre, et surtout dans la baie désignée pour le débarquement. Mais la force du vent ne permettait pas de conduire à un mouillage très-resserré et à peu près inconnu, une flotte aussi nombreuse, et d'être maître de ses moyens d'attaque. Repoussé une seconde fois, je me trouvais encore en position, en reprenant le large, de conserver la flotte et la flottille ralliées (quoique cette dernière souffrît beaucoup) pour y revenir une troisième fois. Dans la soirée, la force du vent diminua, la mer s'embellit; la réserve, le convoi et la flottille s'étaient maintenus au vent. A neuf heures du soir, m'estimant à quarante milles de terre, la flotte revira sur elle et manœuvra pour s'en trouver au jour à douze milles.

» Le 13, à la pointe du jour, j'étais en vue et au vent des montagnes d'Alger; je suis bientôt rallié par la division du blocus, à laquelle j'en avais fait le signal. Je conserve la frégate *la Sirène*, commandée par M. Massieu de Clerval; la frégate *la Bellone*, capitaine Gallois, et les bricks *l'Actéon* et *la Badine*, capitaines Hamelin et Guindet. Le vent était frais, mais la mer assez belle. Le moment me paraît favorable : j'ordonne à l'armée la formation de la ligne de bataille, et je continue ma route sous petites voiles pour la faciliter. *La Sirène*, suivie de *la Bellone*, en prend la tête ; la réserve, le convoi et la flottille se maintiennent au vent, conformément aux instructions que j'ai données, pour n'arriver qu'à la suite de l'armée. A dix heures, l'armée laisse arriver et défile en ligne en vue des forts et batteries. M. le contre-amiral de Rosamel, commandant en second, avait pris son poste avec *le Trident* dans la ligne, et avait laissé le commandement et la conduite de la deuxième escadre à M. le capitaine de vaisseau Cuvillier. Le vaisseau *le Breslaw*, capitaine Maillard de Liscourt, prend poste en avant de *la Provence*, vaisseau amiral. Je fais signal à l'armée que je me dirige sur la baie de Sidi-Ferruch, dans l'ouest de Torre-Chica, et que chaque capitaine doit, pour l'attaque et le débarquement, se conformer aux instructions et au plan n° 1, délivrés à chacun d'eux. Je charge le brick *l'Alerte*, capitaine Andrea de Nerciat, d'aller sonder la baie de l'est, et les bricks *le Dragon*, capitaine Leblanc, et *la Badine*, capitaine Guindet, d'aller sonder la baie de l'ouest. Ces trois officiers remplissent cette mission en hommes du métier, avec habileté et courage.

» L'armée passe à une encâblure de la pointe du petit port et se dirige sur Torre-Chica. Arrivé par son travers, je suis fort étonné de n'y pas trouver les moyens de défense qui m'avaient été annoncés. J'ordonne à M. l'amiral de Rosamel, sur *le Trident*, et à *la Guerrière*, capitaine de Rabaudy, que j'avais chargés de l'attaque extérieure, de suivre l'armée. Après avoir doublé les roches saillantes de la presqu'île, *la Sirène* et *la Bellone* entrent et défilent sous voiles dans la baie. A onze heures et demie, le vaisseau le *Breslaw* prend son poste avec habileté et exactitude rigoureuse; il s'embosse, par quatre brasses et demie, à demi-portée de canon d'un fort en pierre percé de six embrasures. Le capitaine Villaret prend poste immédiatement derrière lui, avec le vaisseau *la Provence*, qui est suivi de *la Pallas*, capitaine Forsans. Les frégates *la Didon*, capitaine Villeneuve de Bargemont, et *l'Iphigénie*, capitaine Christy-Pallière, prennent poste, embossées parallèlement à la presqu'île. A notre grand étonnement, nous trouvons le fort désarmé et la presqu'île abandonnée sans moyens de défense; l'ennemi les avait portés sur les hauteurs voisines et commandant la plage, dans le double but de les défendre et de s'opposer au débarquement. Les dispositions d'attaque se trouvent alors sans effet; je me borne à faire occuper la baie par la flotte, qui, à cinq heures, y avait son mouillage.

» L'ennemi, de ses nouvelles batteries, a tiré quelques coups de canon et lancé quelques bombes sur les vaisseaux avancés. Sa position élevée et sa distance rendaient la riposte aux coups de canon sans effet; je préférai m'occuper des dispositions du débarquement. J'envoyai néanmoins les bateaux à vapeur *le Nageur*, capitaine Louvrier, et *le Sphinx*, capitaine Sarlat, pour approcher la plage d'aussi près que possible et inquiéter l'ennemi par leur feu. Ils réussirent, car la batterie la plus rapprochée, dans laquelle était un mortier, fut évacuée. Un matelot, le nommé Jacquin (Etienne), de la vingt-quatrième compagnie permanente, deuxième division, a reçu, d'un éclat de bombe, une blessure grave à la jambe, qui le mettra dans l'impossibilité de continuer ses services.

» La soirée était trop avancée pour opérer le débarquement, mais à la pointe du jour dix mille hommes avec huit pièces d'artillerie, montées prêtes à être mises en batterie, ont été débarqués sous le feu de l'ennemi ; peu de temps après ils ont été suivis de dix mille autres, et, dans la matinée, toute l'armée a été mise à terre. Le premier débarquement était commandé par M. le capitaine de frégate Salvy, du vaisseau amiral ; il y a fait preuve de courage et de discernement. Toutes les embarcations qui ont suivi étaient montées par un officier ou un élève de l'armée ; je ne saurais trop louer le zèle enthousiaste de chacun d'eux. Les bricks *l'Actéon*, capitaine Hamelin, et *la Badine*, capitaine Guindet, ainsi que la corvette *la Bayonnaise*, capitaine Ferrin, prirent position dans la baie et canonnèrent à revers avec avantage les batteries ennemies. Dans un des bateaux de *la Surveillante*, le nommé Guillevin (François-Marie), matelot de première classe, a eu la cuisse emportée par un boulet de canon qui atteignit également M. le lieutenant de vaisseau Dupont et le nommé Duguin (Alexis), matelot de deuxième classe, qui en furent quittes l'un et l'autre pour une forte contusion.

» En sautant à terre les premiers, deux marins, emportés par leur courage, s'élancent ensemble dans le fort et y arborent le pavillon du roi : ce sont les nommés Sion, chef de la grande hune de *la Thétis*, et Branon, matelot de *la Surveillante*.

» L'ennemi ne nous a pas mis dans le cas de multiplier ces actes de courage et de dévouement dont chacun était animé...

» Chacun a fait son devoir, et il m'est impossible de relater ici tous les titres acquis à la bienveillance de Sa Majesté. »

CHAPITRE VI.

Le 26 juillet 1830, Paris était en état de siége; le duc de Raguse commandait la garde royale et la garnison au nom de Charles X. Le soir, on avait enfoncé les boutiques d'armuriers et brisé les réverbères. Le 28 fut le grand jour du combat. La déchéance du roi fut prononcée. Le 30 juillet, le duc d'Orléans fut proclamé lieutenant-général du royaume. Le 7 août, la Chambre des députés le proclama roi sous le nom de Louis-Philippe Ier. Le 9, il prêta serment à la Charte révisée.

Le budget de 1830 fixa la composition de la flotte à 282 bâtiments; savoir: 32 vaisseaux, 41 frégates, 143 bâtiments de guerre de moindre force, 55 bâtiments de charge, 9 bâtiments à vapeur, 2 yachts. Sur ce nombre, par suite de l'expédition d'Alger, 193 navires étaient encore armés; savoir: 12 vaisseaux, 25 frégates, 8 corvettes de charge, 8 corvettes avisos, 40 bricks, 8 bombardes, 6 canonnières-bricks, 28 bâtiments de flottille, 10 bâtiments à vapeur, 15 corvettes de charge, 21 gabares, 2 transports.

Le premier événement maritime qui marque le règne du roi des Français, fut l'expédition du Tage. Des difficultés existaient depuis longtemps entre la France et le Portugal, où régnait don Miguel, et amenèrent une rupture entre les deux pays. La France dut se résoudre à exiger par la force des armes les réparations qu'elle n'avait pu obtenir par la voie des négociations. La cause de ces différends était la persécution dont les Français établis à Lisbonne avaient eu à souffrir de la part du gouvernement de don Miguel. L'un d'eux, le sieur Sauvinet, avait été condamné à la flagellation sur la place publique, et un autre, le sieur Bonhomme, avait subi la déportation. Les délits qu'on reprochait à ces deux citoyens étaient plutôt imaginaires que réels. Le consul de France protesta : on dédaigna ses plaintes; il dut demander ses passeports.

C'est alors qu'une petite division navale, sous les ordres du capitaine de vaisseau Rabaudy, vint croiser devant le Tage. Le commandant avait mission de demander réparation pour les Français qui avaient souffert dans leur honneur et dans leurs intérêts. Le gouvernement portugais n'en fit pas moins exécuter la sentence de flagellation. Alors le Tage fut bloqué. Mais la division qui y croisait ayant paru insuffisante, une escadre fut armée sous le commandement du contre-amiral Roussin. Il arbora son pavillon sur le vaisseau *le Suffren*, et partit de Brest le 16 juin 1831. Le 25, il arriva à la vue du cap la Roque, où il apprit que le gouvernement de don Miguel faisait des préparatifs de résistance. Le blocus fut maintenu, et la division commandée par le contre-amiral rallia le pavillon du commandant en chef.

Le 1er juillet, une corvette portugaise, chassée par un des bâtiments de la division, vint se réfugier dans la baie de Cascaës, où elle mouilla sous la protection du fort, qui tira sur le bâtiment français. L'escadre riposta. *Le Suffren* et *la Melpomène* vinrent canonner la forteresse, qui continua de tirer pendant trois quarts d'heure. Le bâtiment portugais fut amariné. La guerre était donc déclarée. Le contre-amiral Roussin prépara ses instructions pour son escadre, qui était ralliée devant l'embouchure du Tage. Elle se composait des vaisseaux *le Suffren*, commandant en chef; *le Trident*, *le Marengo*, *l'Algésiras*, *la Ville-de-Marseille*, *l'Alger*; des frégates *la Melpomène*, *la Pallas*, *la Didon*; des corvettes *l'Eglée* et *la Perle*; des bricks *l'Endymion* et *le Dragon*.

Le 9 juillet, le contre-amiral Roussin envoya ce dernier

bâtiment en parlementaire porter les propositions définitives au gouvernement portugais, et il devait attendre vingt-quatre heures la réponse. Indépendamment de cette sommation officielle, le commandant en chef écrivit confidentiellement au vicomte de Santarem pour l'engager à préférer le rétablissement encore possible de la paix, à la continuation certaine d'une guerre imminente. En même temps, le contre-amiral Roussin faisait lire sur les bâtiments de l'escadre l'ordre du jour qui annonçait la détermination d'entrer de vive force dans le fleuve, et il écrivait aux consuls pour les prévenir de l'état des choses.

Le 10, *le Dragon* revint avec la réponse du ministre des affaires étrangères du Portugal, qui rejetait les propositions de la France. Le contre-amiral Roussin ne dut pas attendre davantage pour agir. Le lendemain matin, il signala à l'escadre de prendre l'ordre de bataille, pour forcer les passes du Tage.

Les vaisseaux de tête étaient déjà par le travers des forts Saint-Julien et Bugio, qui ouvrirent, les premiers, le feu. L'escadre continua sa marche pendant dix minutes sans riposter. Bientôt le *Marengo*, l'*Algésiras*, le *Suffren*, et successivement toute la ligne, tirèrent et franchirent les deux formidables forts d'entrée, qu'ils réduisirent. Le contre-amiral Roussin rangea le fort Belème à soixante toises, le canonna vivement et lui fit amener pavillon. Pendant ce temps, les deux vaisseaux de tête, qui venaient de jeter l'ancre, remirent à la voile et rejoignirent l'escadre.

Le Trident, *l'Alger* et *l'Algésiras*, ainsi que les frégates et les corvettes se portèrent sur l'escadre ennemie qui s'était embossée dans toute la largeur du fleuve entre la ville et la pointe du Portugal. Ils reçurent ordre de la combattre, et aux premières volées de nos bâtiments, l'escadre portugaise, après avoir fait une faible résistance, amena et fut capturée par l'escadre française. A cinq heures, cette escadre était mouillée devant Lisbonne, en face du palais du gouvernement. Le contre-amiral envoya sur-le-champ son chef d'état-major porter au ministre portugais sa dernière sommation. « La France, toujours généreuse, lui écrivait le commandant en chef, vous offre les mêmes conditions qu'avant la victoire. » Vaincu par la force et la générosité, le gouvernement portugais céda, et envoya son adhésion à toutes les demandes de la France.

Le 26 juillet, une ordonnance royale promut le contre-amiral Roussin au grade de vice-amiral.

Après avoir terminé par la victoire la mission qui l'avait conduit à Lisbonne, le vice-amiral Roussin traita avec le gouvernement portugais de plusieurs objets d'intérêt national : il établit à Lisbonne un agent français pour protéger ses compatriotes, et obtint l'abrogation de plusieurs usages vexatoires pour eux. La présence du vice-amiral Roussin n'étant plus nécessaire dans le Tage, il reçut l'ordre de venir en France avec une partie des bâtiments capturés. Instruit de ces dispositions, le gouvernement portugais prit des mesures hostiles pour s'y opposer. Dès lors le commandant de l'escadre française se décida à emmener tous les bâtiments. Le 14 août, il remit le commandement de la station à son successeur, et sortit du fleuve pour rejoindre sa flotte et faire route pour Brest, où il arriva le 4 septembre suivant.

Cette expédition, si habilement conduite, si hardiment exécutée, eut cependant peu de retentissement en France, et le gouvernement lui-même ne parla qu'avec une satisfaction contenue d'un succès qui semblait honorer sa fermeté, mais dont il craignait que l'Angleterre ne prît ombrage. L'amiral Roussin eut même le regret de voir l'administration frapper d'une sorte de discrédit son brillant fait d'armes, en déclarant que les bâtiments qu'il avait légalement capturés ne seraient point considérés comme prise de guerre. Ce triste résultat dut d'autant plus affliger le chef de cette mémorable expédition, qu'on l'attribuait à la jalousie du ministre de la marine d'alors.

Fidèle au principe de non-intervention qu'il a proclamé, le gouvernement envoie une division navale d'observation dans l'Adriatique. Cette division, commandée par le capitaine de vaisseau Gallois, se compose du vaisseau *le Suffren*, des frégates *l'Arthémise*, *la Victoire* et *l'Eclipse*, ainsi que des corvettes de charge *la Caravane* et *le Rhône*. Elle embarque à Toulon le 66ᵉ régiment de ligne, colonel Combes, et met à la voile pour sa destination.

Informé de l'approche des Autrichiens, le commandant de l'expédition se décide à s'emparer d'Ancône. La ville est aussitôt escaladée, envahie et occupée au nom de la France. La garnison, sommée par le colonel Combes, se rend à discrétion le 23 février 1832.

Le 27 mars, la goëlette *la Béarnaise*, capitaine Friart, s'emparait, par un vigoureux coup de main, de la Casauba de Bône.

Pour venir au secours de la Belgique, envahie par les Hollandais, le gouvernement de la France fait marcher une armée et une division navale. Cette division, commandée par le contre-amiral Ducrest de Villeneuve, se compose de onze bâtiments de guerre. Elle part de Spithead le 4 novembre 1832, pour opérer de concert avec l'escadre anglaise, commandée par sir Pulteney Malcom.

Le contre-amiral de Mackau succède, dans le commandement de l'escadre, à M. Ducrest de Villeneuve, et continue la croisière et le blocus, pendant le siége de la citadelle d'Anvers. Après l'assaut de la citadelle, la division transporte, en juin 1833, de Dunkerque à Flessingue, les quatre mille Hollandais qui avaient été faits prisonniers.

Dans l'expédition préparée à Toulon et dirigée contre Bougie, le capitaine de frégate Parseval-Deschênes commande la division navale composée de la frégate *la Victoire*, des corvettes *la Circé*, *l'Ariane*, *la Caravane* et *l'Oise*, ainsi que de la gabare *la Durance*. La frégate *la Victoire*, montée par M. Parseval, s'embosse la première et ouvre le feu contre les batteries de Bougie; les autres bâtiments occupent leur poste de combat, et le débarquement s'opère sous le feu de toute la division. La place est enlevée le 29 septembre 1833, par les troupes de terre et les détachements de marins fournis par les équipages.

Cette expédition dura quatorze jours, pendant lesquels il a fallu repousser des nuées de Kabyles, qui menaçaient de reprendre la place.

Au mois de septembre, le contre-amiral de Mackau, nommé au commandement de la station navale des Antilles, se rendit à Brest. Il était encore sur rade, ayant son pavillon à bord de la frégate *l'Atalante*, lorsque parvint en France la nouvelle de l'insulte grave faite à M. Adolphe Barrot, consul de France à Carthagène. On rapportait que son domicile avait été violé, et qu'il n'avait dû son salut, dans une situation très-critique, qu'au courage et au sang-froid qu'il avait montrés.

M. de Mackau partit immédiatement pour se rendre sur les lieux, et exiger une prompte et convenable réparation.

M. de Mackau appareille le 27 octobre 1833. Il touche à la Martinique et arrive, le 3 décembre suivant, devant Carthagène.

Mais M. Barrot n'y était plus : élargi de sa prison, il s'était fait conduire à la Jamaïque, à bord de l'un des bâtiments français de la station, envoyé de la Martinique à Carthagène pour prendre les premiers renseignements sur l'injure commise, tandis que M. Lemoyne, chargé d'affaires de

France à Bogota, en poursuivait, de son côté, le redressement.

Les esprits étaient dans une extrême irritation contre les étrangers, surtout contre les Français. M. de Mackau dut chercher à calmer cette irritation, dont les effets pouvaient être funestes aux Européens; mais il comprit également que, pour être écouté, le langage de la modération doit être appuyé par la force. Laissant donc les négociations suivre leur cours entre M. Lemoyne et le gouvernement de la Nouvelle-Grenade, il fit voile pour la Martinique, afin d'y préparer les moyens militaires que les circonstances pourraient rendre nécessaires.

Le 25 avril 1834, M. de Mackau adressa au ministre le plan d'attaque qu'il avait projeté contre Carthagène pour le cas où les voies de rigueur devraient être employées. Le ministre fit savoir à M. de Mackau qu'après examen de son mémoire, le gouvernement avait décidé qu'on n'entrerait pas, pour le moment, dans la voie d'une expédition complète, mais qu'il serait chargé de la démonstration d'un blocus maritime contre le port de Carthagène. En conséquence de ces ordres, le contre-amiral de Mackau quitta la Martinique le 28 août 1834, et se présenta devant Carthagène le 11 septembre suivant, avec une division de cinq voiles, savoir : les frégates *l'Atalante* et *l'Astrée*, les corvettes *l'Héroïne* et *la Naïade*, et le brick *l'Endymion*.

Les deux frégates et le brick franchirent la passe étroite de Bocca-Chica et choisirent leur mouillage de façon à prendre à revers les forts de l'île de Tierra-Bomba qui commandent la navigation dans toute l'étendue de la baie de Carthagène. Quant aux deux corvettes, elles demeurèrent au large afin de pouvoir, le cas échéant, s'opposer à toute communication entre les bâtiments venant du large et la ville de Carthagène.

Les autorités alarmées entrent en négociation. Bientôt le gouvernement de Bogota accepte les conditions signifiées par l'amiral, et, le 21 octobre, la France obtient une éclatante et juste réparation.

Le vice-amiral Jacob est nommé ministre de la marine le 19 mai 1834, et reste en fonctions jusqu'au 10 novembre. Le baron Charles Dupin lui succède, mais il ne garde le portefeuille que huit jours. L'amiral Duperré consent à remplacer le baron Dupin.

Le vaisseau *le Trocadéro,* que le ministre de la marine avait prescrit de disposer à Toulon pour un armement immédiat, était entré dans le bassin. On l'avait dédoublé pour le visiter.

Le chauffage d'un vaisseau est une opération délicate, et qui présente mille dangers. On se rappelait que le vaisseau à trois ponts *le Majestueux* avait été brûlé dans le bassin de Toulon. De sages précautions furent prises.

La cloche du matin avait appelé les ouvriers du port aux travaux. Ceux qui devaient être employés au chauffage du vaisseau s'acheminaient lentement. On remarquait même qu'ils étaient tristes.

Dès la veille, le génie maritime avait fait placer des fascines de bruyère autour du vaisseau pour le flamber; des pompes étaient disposées pour l'arroser. A sept heures, l'ingénieur de service était sur les lieux. Le directeur arrive. On prépare les torches. « Mettez le feu! » s'écrie le maître calfat. On allume. Cette triple ceinture de bruyère s'embrase comme un éclair. La flamme monte en tournoyant, et s'attache au triple échafaudage. Le feu se communique aux planches; des flammèches, poussées par le vent, incendient la toiture en toile peinte. Les cris : « Le vaisseau brûle! au feu! au feu! se font entendre, et pénètrent dans l'intérieur du vaisseau, où des ouvriers travaillent encore. Ces malheureux se présentent, noircis et haletants, aux ouvertures des sabords, et sautent à terre au risque de se briser les membres. Les pompes à incendie fonctionnent avec une célérité incroyable; mais le feu ne peut être maîtrisé. Le beffroi sonne, tous les ateliers rallient leurs hommes et se rendent par compagnie sur le lieu du sinistre. La chiourme sort en masse des bagnes et des chantiers, et va se placer à l'avant et à l'arrière du vaisseau; les forçats forment la chaîne et font passer les seaux de main en main. Les troupes de la ligne et les marins en armes bordent toutes les avenues; les autorités sont accourues au son de la cloche et au bruit du canon d'alarme. Les embarcations des bâtiments en rade glissent rapides sur la mer pour arriver des premières. Les marins, les ouvriers, les forçats mêmes sont perchés à l'extérieur des sabords, d'où s'échappent des torrents de fumée. Leurs visages noircis, leurs vêtements trempés par les manchons de pompes qui se croisent et vomissent l'eau sur toutes les parties embrasées, les défigurent. On ne voit que des bras qui s'agitent; on n'entend que des cris, ce sont les commandements des officiers répétés par les maîtres et les ouvriers, c'est un écho sans fin de mille voix différentes. La même agitation règne aux abords des édifices, des dépôts de bois, des bâtiments en chantier, des bâtiments amarrés. On veut les préserver de l'incendie : le directeur des mouvements du port veille à tout.

Le bruit se répand en ville que des ouvriers ont été tués ou blessés. Aussitôt, pères, mères, femmes et enfants se précipitent en masse à la porte de l'arsenal. Ils font entendre des lamentations déchirantes : « Laissez, laissez-nous entrer!... » s'écrient-ils. C'était une fausse rumeur; ce funeste événement n'a fait aucune victime.

Pendant cette scène de désolation, *le Trocadéro* continuait à brûler; la flamme s'étendait en nappes sur toutes les parties du vaisseau, et s'effrangeait en langues ardentes qui montaient en tournoyant dans les airs. De temps en temps, des parties embrasées se détachaient et tombaient avec fracas, menaçant d'engloutir les travailleurs égarés par leur zèle. Le troisième pont s'abîme sur le second ; on n'aperçoit plus qu'un océan de feu qui s'étend de l'avant à l'arrière. Quel spectacle effrayant et majestueux que ce colosse incandescent qui jette des lueurs sinistres sur les monuments qui l'environnent et qu'une étincelle peut embraser. Tant de richesses peuvent s'ensevelir sous des amas de cendres !

Dans le bassin que l'eau de la mer avait rempli, ce beau *Trocadéro* ne présente plus qu'une carcasse hideuse toute déchiquetée. Le feu a consumé les trois ponts et la membrure ; on ne voit plus que quelques tronçons charbonnés qui se détachent à tout instant du corps du vaisseau. Un condamné a été frappé par un ouvrier. Celui-ci se trouve dans un danger imminent, le forçat l'en retire et lui dit : « Voilà ma vengeance. » Quelques instants après, l'ouvrier trouve le même condamné dangereusement engagé sur un bordage du vaisseau : « Voilà ma revanche, dit l'ouvrier au forçat, en le mettant en sûreté ; nous sommes quittes. »

Le soir, presque tout le monde sortit du port, à l'exception de trois à quatre cents hommes qui y passèrent la nuit. Cette garde se renouvela pendant trois jours de suite. On démolit le peu de membres qui restaient encore, et ce fameux trois-ponts, construit avec tant de soins, et qui promettait une si longue durée, fut rayé de la liste des bâtiments de la flotte, au moment même de son premier armement !...

Le contre-amiral Leblanc, commandant les forces navales à la station du Brésil et de la Plata, demande en vain le redressement de nombreux griefs contre la république argentine. Il se décide à déclarer Buénos-Ayres en état de blocus. Il donne l'ordre au capitaine de corvette Daguenet de s'emparer de l'île de Saint-Martin-Garcia, qui défend l'embouchure de l'Uraguay. Soutenu par le feu des gabares *l'Expédition* et *l'Indienne*, du brick *la Bordelaise* et de la goëlette *la Vigilante*, M. Daguenet attaque résolûment l'île et s'en rend maître, le 11 octobre 1838, malgré une très-vive résistance.

Le contre-amiral Charles Baudin reçoit la mission de mettre un terme aux différends survenus entre le Mexique et la France. Son escadre venait de se rallier sur la rade de Sacrificios, et se composait des frégates *la Néréide, la Gloire, l'Iphigénie, la Médée;* des corvettes *la Créole, la Naïade, la Sarcelle;* des bricks *le Cuirassier, l'Alcibiade, le Lapérouse, l'Oreste, le Voltigeur, le Dunois, le Zèbre, l'Eclipse, le Dupetit-Thouars;* des bombardes *le Cyclope, le Vulcain;* des bateaux à vapeur *le Météore, le Phaéton;* des gabares *la Fortune, la Caravane.* Total : vingt-deux bâtiments.

M. le capitaine de vaisseau Le Ray, qui avait été envoyé à Mexico en mission diplomatique, revint de son ambassade avec des probabilités de guerre. L'amiral Baudin, voulant donner aux Mexicains une nouvelle preuve de la longanimité de la France, accepta une dernière conférence à Xalapa avant de recourir à la puissance de ses canons. Elle n'eut point le succès qu'il devait en attendre. On résolut, néanmoins, d'en référer au congrès, et l'amiral déclara qu'il attendrait sa réponse à bord de sa frégate, jusqu'au 27 novembre à midi; mais que, passé ce délai, il ouvrirait le feu sur la citadelle.

Le gouvernement mexicain avait employé tous les moyens pour gagner du temps, parce qu'il voyait venir un auxiliaire sur lequel il comptait autant que sur ses troupes, autant que sur la fièvre jaune, *el noste*, les vents du nord. La saison en approchait.

Les frégates *la Néréide, l'Iphigénie* et *la Gloire*, qui portaient du gros calibre en batterie, et les deux bombardes seules, devaient prendre part au combat.

Le 27 novembre, les bateaux à vapeur *le Météore* et *le Phaéton* embossèrent successivement dans le nord et le nord-est de la citadelle, à quatre ou cinq encâblures des batteries, les deux bombardes et les trois frégates *la Néréide, la Gloire* et *l'Iphigénie* au poste que l'amiral leur avait assigné. Le prince de Joinville avait inutilement demandé à embosser la corvette *la Créole*, qu'il commandait, sur la même ligne que les frégates. L'amiral lui donna pour mission de se rendre dans l'ouest de la citadelle pour juger de la justesse du tir des bombes et pour le modifier au besoin.

Un parlementaire s'était rendu avant midi à bord de *la Néréide*. A deux heures et un quart, il quitta *la Néréide*, et l'ordre « se tenir prêt à commencer le feu lorsqu'on amènerait le signal, » monta en tête du grand mât de cette frégate. A deux heures vingt minutes, le premier coup de canon partit de *la Néréide*, et au même moment, la volée tout entière des trois frégates, des bombardes et de *la Créole* fut envoyée au cri de : *Vive le roi!* Cent cinquante pièces de canon répondirent aussitôt à ce premier feu, et le combat fut engagé.

La corvette *la Créole*, qui combattait seule dans l'ouest, avait déjà démonté une pièce de gros calibre, détruit plusieurs embrasures de la batterie Rincon, et venait d'être percée par un boulet de trente, lorsqu'elle toucha en virant de bord. Le prince, voyant que sa manœuvre serait gênée sur ce point, demanda à l'amiral à prendre une part plus active au combat, ce qui lui fut accordé. Les bombardes étaient embossées dans le nord : *l'Iphigénie, la Néréide* et *la Gloire* dans le nord-est, faisant face au front de Saint-Jean-d'Ulloa; et *la Créole* vint prendre poste sur l'avant de *la Gloire*, sous le feu de la batterie San-Miguel. Deux magasins à poudre avaient fait explosion. Dès quatre heures et demie, par une violente détonation, le cavalier s'était écroulé, entraînant dans sa chute ses nombreux défenseurs et une partie de ses canons. Sa destruction fit ralentir le feu de la citadelle. L'ennemi, pourtant, ne s'en déconcertait pas et se tenait honorablement à ses pièces, malgré une grêle de boulets. Son feu ne s'éteignit qu'à la fin du jour. Aux approches de la nuit, l'amiral ordonna de se rendre à l'île Verte, et de se tenir prêt à entrer en ligne le lendemain, à la pointe du jour. *La Créole* et *la Gloire* avaient à peine quitté le feu, et *la Néréide* en faisait autant, lorsqu'un parlementaire mexicain vint demander une suspension d'hostilités pour retirer les blessés et les morts des décombres de la citadelle.

L'amiral, se voyant maître du traité, dicta une capitulation et donna toute la nuit pour l'accepter. Le fort capitula.

Nous faisons suivre cette relation de la correspondance officielle de M. le contre-amiral Baudin. Sa deuxième lettre au ministre de la marine est datée, devant la Vera-Cruz, du 3 décembre 1838.

« Par ma dépêche du 25 novembre, écrit cet officier général, j'ai eu l'honneur de vous faire part de mon retour de Xalapa, et de la situation dans laquelle j'avais retrouvé ici ma division, à peu près complétée par les derniers arrivages.

» C'était le 27, à midi, qu'expirait le dernier délai que j'avais accordé au gouvernement mexicain ; j'avais signifié à son plénipotentiaire que, si ce jour-là je n'avais pas une réponse satisfaisante aux demandes de la France, je commencerais immédiatement les hostilités.

» Le 26, j'ordonnai les dispositions de combat à bord des trois frégates *la Néréide, la Gloire* et *l'Iphigénie,* et des deux bombardes *le Cyclope* et *le Vulcain*. Leurs mâts et vergues de hune de rechange furent mis à terre sur l'île Verte, et leur gréement fut dégagé de tout ce qui aurait été sans utilité exposé au feu de l'ennemi.

» Le 27 au matin, le temps était calme ; je donnai ordre aux deux navires à vapeur *le Météore* et *le Phaéton* de prendre chacun une des deux bombardes à la remorque, et de les conduire au poste que je leur avais assigné dans l'est de la petite coupure qui sépare en deux le grand récif de la Gallega.

» La corvette *la Naïade* et la gabare *la Sarcelle* allèrent se placer hors la portée de canon dans le nord-ouest de la forteresse de Saint-Jean-d'Ulloa, en position d'observer la direction et la portée de mon artillerie et de m'en signaler les effets.

» La corvette *la Créole* reçut ordre de se tenir en observation dans le nord-ouest d'Ulloa, mais sans se compromettre avec la forteresse plus que ne le permettait la portée des deux seuls obusiers longs dont elle pouvait disposer de chaque côté.

» Le brick *le Voltigeur* prit une position intermédiaire entre le récif de la Gallega et celui de l'île Verte, pour transmettre mes signaux aux navires laissés à ce dernier mouillage et à celui de Pajaros.

» A dix heures trois quarts, *la Néréide*, portant mon pavillon, reçut la remorque du navire à vapeur *le Météore* ; et, à midi dix minutes, je la mouillai à portée de pistolet de l'accore orientale du récif de la Gallega, où elle fut immédiatement embossée.

» Les frégates *la Gloire* et *l'Iphigénie* vinrent prendre, avec une parfaite précision, les postes que je leur avais assignés : la première sur l'avant, la seconde sur l'arrière de *la Néréide*.

» Les trois frégates, ainsi embossées beaupré sur poupe, formaient une ligne serrée parallèle au récif. Du milieu de cette ligne, la ligne des signaux élevés sur le cavalier du bastion de Saint-Crispin restait au sud-ouest-demi-ouest. C'était une position avantageuse, en ce qu'elle nous permettait de battre diagonalement la plus grande partie des ouvrages de la forteresse, en évitant le feu de ses fronts principaux.

» Après avoir remorqué les frégates, les navires à vapeur allèrent mouiller hors de portée du canon de la forteresse, mais en position de donner leur assistance, si elle devenait nécessaire.

» Les chaloupes des frégates armées par les équipages des bricks laissés à l'ancre, et munies chacune d'une ancre à jet et de deux grelins, furent placées à l'abri des frégates du côté opposé au récif.

» Quelques minutes avant midi, au moment où j'allais placer *la Néréide* près du récif de la Gallega, un Mexicain vint à bord en parlementaire : il portait deux officiers chargés par le lieutenant général Manuel Rinzon, commandant le département de Véra-Cruz, de me remettre la réponse définitive du gouvernement mexicain aux demandes de la France. Cette réponse ne me laissait aucun espoir d'obtenir par des voies pacifiques l'honorable accommodement que j'avais été chargé de proposer au cabinet mexicain. Depuis un mois, j'avais épuisé tous les moyens de conciliation. Il fallait recourir à la force.

» Un peu avant deux heures et demie, je renvoyai le parlementaire mexicain ; et, dès qu'il fut à bonne distance, hors de la direction de nos canons, je fis le signal de commencer le feu sur la forteresse.

» Jamais feu ne fut plus vif et mieux dirigé ; et je n'eus, dès lors, d'autre soin que d'en modérer l'ardeur. De temps à autre, je faisais le signal de cesser le feu, pour laisser dissiper le nuage d'épaisse fumée qui nous dérobait la vue de la forteresse. On rectifiait alors le pointage, et le feu recommençait avec une vivacité nouvelle.

» Vers trois heures et demie, la corvette *la Créole* parut à la voile, contournant le récif de la Gallega vers le nord; elle demandait par signal la permission de rallier les frégates d'attaque et de prendre part au combat.

» J'accordai cette permission : monseigneur le prince de Joinville vint alors passer entre la frégate *la Gloire* et le récif de la Lavandera, et se maintint dans cette position jusqu'au coucher du soleil, combinant habilement ses bordées, de manière à canonner le bastion de Saint-Crispin et la batterie rasante de l'est.

» A quatre heures vingt minutes, la tour des signaux, élevée sur le cavalier du bastion de Saint-Crispin, sauta en l'air en couvrant de ses débris le cavalier et les ouvrages environnants. Déjà deux autres explosions de magasins à poudre avaient eu lieu, l'une dans le fossé de la demi-lune, l'autre dans la batterie rasante de l'est, dont elle avait fait disparaître le corps de garde.

» Une quatrième explosion eut lieu vers les cinq heures, et dès lors le feu des Mexicains se ralentit considérablement. Au coucher du soleil, plusieurs de leurs batteries paraissaient abandonnées, et la forteresse ne tirait plus que d'un petit nombre de ses pièces. Je donnai alors ordre à *la Créole* d'aller reprendre le mouillage de l'île Verte, et je fis remorquer *la Gloire* au large par *le Météore*.

» Il importait de désencombrer notre position : les frégates étaient mouillées sur un fond de roches aiguës, et elles se trouvèrent serrées contre l'accore d'un récif dont elles ne pouvaient s'éloigner que l'une après l'autre; en sorte que le moindre vent du large, qui se serait élevé pendant la nuit, aurait rendu leur situation fort dangereuse.

» J'ordonnai donc de cesser le feu à bord de *la Néréide* et de *l'Iphigénie*, et de faire des dispositions pour recevoir les remorques des navires à vapeur La forteresse avait complètement cessé son feu ; les bombardes seules continuaient de tirer sur elle. A huit heures, ne voulant pas qu'elles dépensassent inutilement leurs munitions dans l'obscurité, je leur fis aussi le signal de cesser le feu.

» Vers huit heures et demie, un canot parlementaire se dirigea de la forteresse vers *la Néréide*, portant deux officiers mexicains. L'un d'eux, le colonel Manuel Rodriguez de Cela, me dit qu'il était envoyé par le maréchal de camp don Antonio Gaona, commandant la forteresse, pour me demander une suspension d'armes, afin de retirer de dessous les décombres un grand nombre de blessés qui s'y trouvaient ensevelis encore vivants.

» Je répondis que la suspension d'armes avait lieu de fait, puisque je venais de faire cesser le feu ; mais qu'elle ne pouvait durer que quelques heures, et que j'exigeais une capitulation, dont je dictai immédiatement les termes. Le colonel n'était point autorisé à traiter d'une capitulation ; le général même, commandant la forteresse, ne pouvait, disait-il, capituler qu'avec l'autorisation du lieutenant général Rincon, dont il était obligé de prendre les ordres ; il demandait le temps nécessaire pour le consulter.

» J'accordai jusqu'à deux heures du matin, et je fis accompagner les officiers mexicains jusqu'à la forteresse, par MM. Mengin, chef de bataillon du génie, et Page, lieutenant de vaisseau attaché à mon état-major. Ces messieurs furent reçus à la barrière par le général Gaona, qui s'excusa de ne pouvoir les admettre, à une telle heure de la nuit, dans l'intérieur de la place, et la conférence s'ouvrit sur la banquette qui borde le fossé.

» A peine avait-elle commencé qu'arriva de Vera-Cruz l'ancien président, le général Santa-Anna, accompagné de plusieurs officiers supérieurs; il venait s'informer de la situation de la forteresse. Sa présence interrompit l'entretien du général Gaona avec mes officiers, qui revinrent à bord, à onze heures du soir, sans avoir rien conclu.

» Je pris alors le parti d'écrire au général Rincon pour lui faire comprendre l'impossibilité dans laquelle il se trouvait de défendre la ville de Vera-Cruz du côté de la mer, après que la forteresse serait réduite, et je lui offris une capitulation honorable. A deux heures du matin, le colonel mexicain de Cela se présenta de nouveau à bord de *la Néréide*; il m'apportait un message verbal du général Gaona, qui reconnaissait la nécessité d'une capitulation pour la forteresse, mais qui se défendait de traiter sans l'autorisation du général Rincon.

» A trois heures, j'expédiai à Vera-Cruz mon chef d'état-major, M. Doret, et le lieutenant de vaisseau Page, avec ordre de presser le général Rincon, et de lui faire signer une capitulation. Au point du jour, *la Gloire* vint reprendre le poste d'embossage qu'elle avait occupé la veille sur l'avant de *la Néréide*. J'avais aussi appelé *la Médée* et *la Créole*, pour le cas où les Mexicains tenteraient de renouveler le combat : ces deux navires vinrent s'embosser par le travers de la batterie rasante de l'est.

» A huit heures, les officiers que j'avais envoyés à Vera-Cruz pour traiter avec le général Rincon n'étaient pas encore de retour; j'écrivis à M. Doret de signifier au général Rincon que si la capitulation n'était pas signée dans une demi-heure, j'ouvrirais mon feu sur la ville. Quelques instants après, M. Doret arriva; il n'avait pas reçu ma lettre, et ne m'apportait de capitulation signée que pour la forteresse d'Ulloa seulement : le général Rincon avait refusé de s'engager pour la ville; mais l'officier porteur de ma lettre, n'ayant plus trouvé M. Doret chez le général Rincon, avait fait connaître verbalement la substance de mon message au général, qui m'envoya aussitôt deux officiers chargés de traiter avec moi. La convention relative à la ville fut alors conclue, à quelques légères modifications près, dans les termes que j'avais moi-même offerts.

» C'était à midi que la forteresse devait nous être remise ; mais elle n'a qu'une seule porte, à laquelle on arrive par un quai fort étroit, dont l'accès se trouvait obstrué par les chaloupes canonnières mexicaines coulées bas dans le combat de la veille. D'ailleurs, l'encombrement des blessés mexicains était tel que, malgré les efforts des officiers qui commandaient les embarcations de l'escadre, l'évacuation ne put être terminée qu'à deux heures après midi.

» Je fis alors occuper la forteresse par les trois compagnies d'artillerie de la marine et l'escouade des mineurs embarqués sur les frégates. Lorsque le pavillon de France fut hissé, tous les navires de l'escadre le saluèrent de vingt et un coups de canon, et les équipages sur les vergues, de trois cris : *Vive le roi !*

» Aussitôt que la prise de possession de la forteresse fut terminée, je me hâtai de tirer les frégates et les bombardes de la position dangereuse qu'elles occupaient à l'accore du récif de la Gallega. Il était temps, car le vent fraîchissait, la mer devenait houleuse, et les amarres se brisaient comme du verre sur le fond de roches aiguës où nous nous trouvions mouillés. Enfin, à sept heures du soir, toute la division d'attaque se trouvait ralliée à l'île Verte, à l'exception du *Cyclope*, qui ne put rejoindre que le lendemain.

» La garnison de la forteresse d'Ulloa se composait de onze cents artilleurs ou soldats. D'après le rapport du général Santa-Anna, ses pertes, tués ou blessés, l'avaient réduite à environ moitié de ce nombre lors de la capitulation.

» Le matériel d'armement se compose de quatre-vingt-six

bouches à feu montées, plus sept mortiers de neuf pouces, non montés au moment de l'attaque; total : cent quatre-vingt-treize bouches à feu, dont cent dix en bronze et quatre-vingt-trois en fer, conformément à l'état détaillé que j'ai l'honneur d'adresser à Votre Excellence.

» A moins que de les avoir vus, il est impossible de se faire une idée des ravages que notre feu a causés dans la forteresse pendant le court espace de temps qu'a duré l'attaque. En peu d'instants, toutes les défenses de l'ennemi ont été criblées. Ce succès est dû surtout à la supériorité de notre artillerie. Votre Excellence pourra apprécier la bonne organisation de ce service à bord des navires dont se composait ma division d'attaque, lorsqu'elle saura que trois cent deux bombes, cent soixante-dix-sept obus, sept mille sept cent soixante-onze boulets ont été lancés contre la forteresse sans donner lieu au plus léger accident.

» Des deux mortiers que portait chaque bombarde, l'un était servi par des artilleurs bombardiers, l'autre par des marins. Le sentiment de noble émulation qui est résulté de cette mesure a eu de part et d'autre les plus heureux effets.

» J'ai donné le commandement de la forteresse d'Ulloa à M. Collombel, chef de bataillon d'artillerie de la marine; M. le chef de bataillon Mengin y commandera le génie : il a sous ses ordres le capitaine Chauchard, de la même arme, et le lieutenant Tholer, avec le détachement de vingt-cinq mineurs qui avait été embarqué sur *la Néréide*. J'ai donné ordre de rétablir la forteresse dans le meilleur état possible.

» J'ai l'honneur d'adresser à Votre Excellence un état détaillé des navires de la marine mexicaine trouvés dans le port. La goëlette *le Bravo* est coulée, la corvette *l'Aquila* est aussi en grand danger de couler. J'espère cependant qu'elle pourra être sauvée, grâce aux bonnes dispositions et à l'activité du capitaine Gourdon, commandant le brick *le Cuiras-*

sier, que j'ai stationné dans le port de Vera-Cruz, et que j'ai chargé de prendre possession des prises mexicaines et d'en avoir soin. Il est parfaitement secondé dans cette tâche par Son Altesse Royale monseigneur le prince de Joinville, commandant la corvette *la Créole*, et par le lieutenant de vaisseau Jame, commandant le brick *l'Eclipse*, tous deux stationnés dans le port de la Vera-Cruz.

» Votre Excellence verra avec satisfaction combien peu notre perte a été considérable. L'état nominatif des tués et blessés que j'ai eu l'honneur de lui adresser, se résume comme suit :

» *Néréide*, un tué, quatorze blessés; *Gloire*, un tué, quatre blessés; *Iphigénie*, deux tués, onze blessés; *Cyclope*, néant; *Vulcain*, néant; *Créole*, néant; total : quatre tués, vingt-neuf blessés.

» C'est un bonheur extraordinaire que d'avoir pu réduire une forteresse telle que celle d'Ulloa avec une si faible perte. Cet avantage est dû à plusieurs causes : 1° A ce que j'avais pu placer ma division dans une excellente position pour battre la forteresse en évitant le feu de ses principaux fronts; 2° à la précaution que j'avais prise de faire mettre à l'abri tous les hommes qui n'étaient pas employés au service des canons; 3° à l'excellente direction et à la vivacité de notre feu, qui a déconcerté tout d'abord les défenseurs de la place.

» Un devoir me reste à accomplir, c'est de dire à Votre Excellence combien j'ai eu à me louer de l'active coopération et du dévouement cordial de tous les capitaines et officiers placés sous mes ordres...

» J'adresse à Votre Excellence l'état des récompenses que me paraissent avoir méritées les officiers et les marins qui ont pris part à l'attaque... »

Passons maintenant sur un autre point. Les opérations se poursuivent contre Buenos-Ayres, et acquièrent une activité nouvelle, aussitôt après le remplacement du contre-amiral Leblanc par le contre-amiral Dupotet. Une division, composée de la gabare *l'Expéditive*, des canonnières *la Vigie*, *l'Eglantine*, *la Tactique*, et du brick *le Sylphe*, est confiée au commandement du capitaine de corvette Charles Penaud. Cette division est chargée de maintenir le blocus, et de favoriser les mouvements de l'armée montévidéenne aux ordres du général Lavalle. Tous les officiers commandants rivalisent de zèle et de courage, au milieu des privations et des dangers.

Le 22 et le 31 juillet 1839, au double passage du Rosario, le capitaine Charles Penaud dirige sa flottille avec autant d'habileté que d'audace, essuie le feu de l'ennemi et lui riposte vigoureusement.

La république Argentine, malgré le blocus qui se prolonge depuis près d'une année, malgré les dipositions conciliantes du commandant en chef de nos forces navales, persiste à refuser toute satisfaction à la France. Une expédition plus considérable est préparée pour avoir raison du refus opiniâtre de Rosas. Dans les premiers jours de juillet, le vice-amiral de Mackau obtient le commandement en chef de cette expédition, qui se compose de quarante-deux bâtiments.

Le 30 juillet, ayant son pavillon sur la frégate *la Gloire*, M. de Mackau met sous voiles; et, après une courte relâche à Gorée, il arrive devant Montevideo le 21 septembre.

Alarmé par la réunion de ces forces considérables, le président Rosas demande à entrer en négociations. L'amiral accède à ce vœu. Un traité, signé le 29 octobre 1840, met fin au long différend de la France avec la république Argentine.

Le Moniteur du 4 mars 1841, après avoir rendu compte de cette négociation, ajoute :

« M. le vice-amiral de Mackau, en surmontant les nombreux obstacles qui s'opposaient au succès de sa mission, a rendu à l'Etat un service signalé : il y a déployé tout ce que le roi et son gouvernement avaient droit d'attendre de lui : sûreté de jugement, fermeté de résolution et habileté, et il a mérité toute l'approbation de Sa Majesté et de son gouvernement. »

Depuis vingt ans, la France aspirait à recueillir dans son sein les dépouilles mortelles de Napoléon, qui reposaient sur le rocher inhospitalier de Sainte-Hélène.

Le baron Roussin, alors ministre de la marine, dut pourvoir aux préparatifs de la translation des cendres de l'empereur. Cette glorieuse mission fut confiée au prince de Joinville, capitaine de vaisseau, commandant la frégate *la Belle-Poule*, à laquelle on adjoignit *la Favorite*. La commission chargée de procéder à l'exhumation et à la translation du corps de Napoléon fut répartie sur ces deux bâtiments de guerre. Elle se composait de MM. de Chabot, commissaire du roi; du général Bertrand, grand maréchal du palais; du général Gourgaud; de M. le comte de Las-Cases fils, et de M. Marchand.

L'expédition fut poussée avec la plus grande activité, et le 7 juillet, à quatre heures du soir, le prince lui-même commanda l'appareillage, et fit route de Toulon pour Sainte-Hélène.

De retour à Cherbourg de cette mémorable expédition, le prince accompagna les restes mortels de l'empereur jusqu'à Paris. Le 15 décembre 1840, à la cérémonie funèbre de l'hôtel royal des Invalides, le commandant de *la Belle-Poule* remet ces cendres glorieuses au roi, qui les rend à la France. Nous donnons ci-après le rapport officiel du prince :

« En rade de Cherbourg, 30 novembre 1840.

» Monsieur le ministre,

» Ainsi que j'ai eu l'honneur de vous l'annoncer, je suis

parti le 14 septembre de la baie de Tous-les-Saints. J'ai prolongé la côte du Brésil avec des vents d'est qui, ayant hâlé le nord-est et le nord, m'ont permis d'atteindre promptement le méridien de Sainte-Hélène, sans que j'aie eu à dépasser le parallèle de 28 degrés sud. Arrivé sur ce méridien, des calmes et des folles brises m'ont causé quelque retard. Le 8 octobre, je mouillai sur la rade de James-Town.

» Le brick *l'Oreste*, détaché par M. le vice-amiral de Mackau pour remettre à *la Belle-Poule* un pilote de la Manche, était arrivé la veille. Ce bâtiment ne m'apportant aucune instruction nouvelle, je me suis occupé immédiatement des ordres que j'avais précédemment reçus.

» Mon premier soin a été de mettre M. de Chabot, commissaire du roi, en rapport avec M. le général Middlemore, gouverneur de l'île. Ces messieurs avaient à régler, selon leurs instructions respectives, la manière dont il devait être procédé à l'exhumation des restes de l'empereur et à leur translation à bord de *la Belle-Poule*; l'exécution des projets arrêtés fut fixée au 15 octobre.

» Le gouverneur voulut se charger de l'exhumation et de tout ce qui devait avoir lieu sur le territoire anglais : pour moi, je réglai, par l'ordre en date du 13 octobre, dont je vous envoie ci-joint copie, les honneurs à rendre, dans les journées du 15 et du 16, par la division placée sous mes ordres. Les navires du commerce français *la Bonne-Aimée*, capitaine Gallet, et *l'Indien*, capitaine Truquetil, s'associèrent à nous avec empressement.

» Le 15, à minuit, l'opération a été commencée en présence des commissaires français et anglais, M. de Chabot et le capitaine Alexander R. E., ce dernier dirigeait les travaux. M. de Chabot rendant au gouvernement un compte circonstancié des opérations dont il a été le témoin, je crois pouvoir me dispenser d'entrer dans les mêmes détails ; je me bornerai à vous dire qu'à dix heures du matin le cercueil était à découvert dans la fosse. Après l'en avoir retiré intact, on procéda à son ouverture, et le corps fut trouvé dans un état de conservation inespéré. En ce moment solennel, à la vue des restes si reconnaissables de celui qui fit tant pour la gloire de la France, l'émotion fut profonde et unanime.

» A trois heures et demie, le canon des forts annonçait à la rade que le cortége funèbre se mettait en marche vers la ville de James-Town. Les troupes de la milice et de la garnison précédaient le char recouvert du drap mortuaire, dont les coins étaient tenus par les généraux Bertrand et Gourgaud, et par MM. de Las-Cases et Marchand; les autorités et les habitants suivaient en foule. Sur la rade, le canon de la frégate avait répondu à celui des forts, et tirait de minute en minute; depuis le matin, les vergues étaient en pantenne, les pavillons à mi-mâts, et tous les navires français et étrangers s'étaient associés à ces signes de deuil. Quand le cortége a paru sur le quai, les troupes anglaises ont formé la haie, et le char s'est avancé lentement vers la plage.

» Au bord de la mer, là où s'arrêtaient les lignes anglaises, j'avais réuni autour de moi les officiers de la division française. Tous en grand deuil et la tête découverte, nous attendions l'approche du cercueil; à vingt pas de nous il s'est arrêté; et le général gouverneur, s'avançant vers moi, m'a remis, au nom de son gouvernement, les restes de l'empereur Napoléon. Aussitôt le cercueil a été descendu dans la chaloupe de la frégate, disposée pour le recevoir; et là encore l'émotion a été grave et profonde : le vœu de l'empereur mourant commençait à s'accomplir; ses cendres reposaient sous le pavillon national. Tout signe de deuil a été dès lors abandonné; les mêmes honneurs que l'empereur aurait reçus de son vivant, ont été rendus à sa dépouille mortelle, et c'est au milieu des salves des navires pavoisés, avec leurs équipages rangés sur les vergues, que la chaloupe, escortée par les canots de tous les navires, a pris lentement le chemin de la frégate.

» Arrivé à bord, le cercueil a été reçu entre deux rangs d'officiers sous les armes, et porté sur le gaillard d'arrière, disposé en chapelle ardente, ainsi que vous me l'aviez prescrit; une garde de soixante hommes, commandée par le plus ancien de la frégate, rendait les honneurs. Quoiqu'il fût déjà tard, l'absoute fut dite, et le corps resta ainsi exposé toute la nuit; M. l'aumônier et un officier ont veillé près de lui.

» Le 16, à dix heures du matin, les officiers et équipages des navires de guerre et de commerce français étant réunis à bord de la frégate, un service funèbre solennel fut célébré; on descendit ensuite le corps de l'entrepont, où une chapelle ardente avait été préparée pour le recevoir.

» A midi, tout était terminé et la frégate en appareillage; mais la rédaction des procès-verbaux a demandé deux jours, et ce n'est que le 18 au matin que *la Belle-Poule* et *la Favorite* ont pu mettre sous voiles.

» *L'Oreste*, parti en même temps, a fait route pour sa destination.

» Après une traversée heureuse et facile, je viens de mouiller sur la rade de Cherbourg, à cinq heures du matin. »

L'escadre de la Méditerranée, composée de vingt vaisseaux, est d'abord commandée par le contre-amiral Lalande, qui est appelé à siéger à la Chambre des députés. Il est remplacé, dans son commandement, par le vice-amiral baron Hugon, qui exerce cette escadre dans la Méditerranée jusqu'en 1842, époque où la France diminue successivement ses armements.

Le 1er mai de la même année, le contre-amiral Dupetit-Thouars, commandant nos forces dans l'océan Pacifique, prend possession, au nom du roi, de l'archipel des Marquises.

Deux officiers sont tués dans une attaque de naturels en armes, le 18 septembre.

Le contre-amiral Dupetit-Thouars accepte, le 9 septembre, le protectorat de Taïti et des autres îles de la Société, qui lui est offert par la reine Pomaré. Cette souveraine était alors en mésintelligence avec ses grands chefs.

A la même époque, le capitaine de corvette Edouard Bouet, gouverneur provisoire du Sénégal, établit des comptoirs sur la presqu'île d'Assinie et à Grand-Bassan, puis au Gabon, dans le golfe de Guinée. Ces comptoirs sont destinés à protéger le commerce français sur la côte occidentale d'Afrique, et ont aussi pour objet d'assurer l'extinction de la traite des noirs.

Le gouverneur de Bourbon est chargé de faire prendre possession des îles de Nossi-Bé et de Mayotte.

Le 1er novembre 1843, le contre-amiral Dupetit-Thouars, à la suite d'un différend survenu entre lui et la reine Pomaré, prononce la déchéance de la reine, et prend possession, au nom de la France, des îles de la Société. Le gouvernement, juge des conséquences fâcheuses qu'entraînait inévitablement cet acte de vigueur, ne croit pas devoir y donner son approbation, et ordonne, le 26 février 1844, le rétablissement du protectorat de la France sur Taïti et ses dépendances, tel qu'il existait d'après le traité du 9 septembre 1842. Cet événement fit beaucoup de bruit.

Le capitaine de vaisseau Bruat est nommé gouverneur des possessions françaises de l'Océanie. Instruit qu'un nombre considérable de naturels de Taïti se réunissent en armes et se retranchent à Mahahéna, il épuise tous les moyens pacifiques pour disperser cette réunion dangereuse. N'ayant pu réussir, il a recours à la force. Deux frégates, *la Charte* et *l'Uranie*, la corvette *l'Embuscade*, la gabare *la Meurthe*, le vapeur *le Phaéton* et la goëlette *la Clémentine*, reçoivent l'ordre de fournir des détachements de débarquement. Quatre cent quarante hommes sont formés en plusieurs colonnes.

A la tête de ce corps, le commandant Bruat enlève successivement les redoutes, disperse l'ennemi, et, le 17 avril 1844, se rend maître de tout le matériel de guerre. Dans cette sanglante attaque, treize Français, dont deux officiers, sont tués, et cinquante-deux sont blessés.

Le 30 juillet, une colonne composée de quatre cents hommes d'artillerie de marine et de marins de la frégate *l'Uranie*, est commandée par le capitaine Bruat. Appuyée par le feu du *Phaéton*, cette colonne bat et disperse, à Hapapé et à Papenou, un grand rassemblement de naturels, munis d'armes à feu. La perte de l'ennemi est considérable. La colonne d'expédition compte trois tués et dix-sept blessés.

Le même jour, un autre rassemblement est complètement dispersé près de Faaa, par cinquante hommes de l'équipage de *l'Uranie*, commandés par le capitaine de corvette Bonnard.

Voici, d'après une lettre d'un officier de marine, en date du 23 avril 1844, la relation du combat de Mahahana :

« Le 21 mars, les hostilités ont commencé à Taïti. Les naturels ont attaqué le fort de Taravan. Après une fusillade bien nourrie de deux heures, ils se sont retirés ; ils nous avaient tué deux hommes et blessé sept. Mais cela n'était que le prélude de ce qui devait avoir lieu.

» Il y a quelques jours, nous avons fait une expédition qui avait pour but d'enlever les positions retranchées où l'ennemi s'était réfugié. *L'Uranie* et *le Phaéton* sont allés à Mahahana avec cinq cents hommes d'infanterie, cinquante artilleurs, vingt-cinq hommes de *la Meurthe* et soixante hommes de *la Charte*. Les Taïtiens, avertis, se rassemblèrent au nombre de neuf cents, dont six cents armés de fusils. Ils se partagèrent dans trois redoutes, parfaitement situées et diaboliquement construites, car derrière les parapets il y avait des fossés, dans lesquels se tenaient les naturels. Ces fossés étaient couverts de toits et de terre; de sorte que quand nos hommes arrivèrent, ils ne virent rien. Aussitôt qu'ils furent à portée, les Kanacks passèrent le bout de leurs fusils par-dessus ces toits et firent un feu terrible. Malgré cette ruse, les trois redoutes furent enlevées à la baïonnette, après six heures d'engagement. Nos matelots, exaltés par une si opiniâtre résistance, massacraient les naturels, sans pitié, à coups de baïonnette ; ce fut une véritable boucherie.

» Dans cette affaire, qui a eu lieu le 17 de ce mois, vingt des nôtres, parmi lesquels nous avons à déplorer la perte de M. Seignette, lieutenant d'artillerie, et de M. de Nansouty, second du *Phaéton*, sont restés sur le champ de bataille. Nous avons eu soixante blessés, parmi lesquels un élève de *l'Uranie*, nommé Coloudre, et un élève de *la Charte*, nommé Debris. Ce dernier a été le plus abîmé; il a eu trois balles dans le bras droit et la cuisse gauche. Le gouverneur Bruat se trouvait à ce combat; il sabrait les Kanacks avec rage. Les indigènes se faisaient tuer avec un courage admirable.

» On a trouvé quatre-vingt-dix-neuf cadavres de Kanacks dans les redoutes, et plus de cent fusils. Leur artillerie, composée de quatre caronades, a été enclouée, leur drapeau enlevé. Parmi les insurgés, on a trouvé trois cadavres d'Européens, dont l'un avait des épaulettes. Leur perte est portée à cent cinquante tués, mais peu de blessés, car on les massacrait immédiatement. Il paraît qu'ils veulent continuer la guerre. Malheur à eux, en ce cas, car elle sera affreuse. »

Une lettre écrite de Valparaiso le 1er juin, ajoute :

« Les Taïtiens, réunis à douze milles de la ville occupée par nos troupes, y avaient construit des redoutes armées de sept canons, et défendues par la partie la plus brave de la population. Cinq cents Français débarquèrent en face de ces ouvrages, qui ont résisté trois grandes heures à l'assaut le plus acharné. Enfin, les matelots, exaspérés par la chute d'une cinquantaine des leurs, de deux officiers tués et de deux élèves laissés pour tels, s'élancèrent à l'arme blanche avec une fureur irrésistible. On compta dans les redoutes, lorsqu'elles furent prises, cent soixante-dix cadavres de Taïtiens et deux Anglais déserteurs qui s'étaient joints à eux. Les naturels sont dispersés et atterrés par une défaite aussi complète. Notre perte a été de cinquante-deux hommes hors de combat et vingt-cinq morts. Les deux officiers tués sont restés sur le coup. L'un des élèves (Coloudre) a reçu une balle dans le bras, l'autre (Debris) a la cuisse cassée et deux balles dans les chairs du bras et de la poitrine. »

Un nouvel incident de l'affaire de Taïti a été rapporté par les journaux anglais. En voici le résumé :

« La corvette britannique *le Hasard*, capitaine Bell, arriva le 7 mai devant Papeïti. Une embarcation se rendit à terre avec le lieutenant Rose, chargé de paquets pour le lieutenant Hunt, du côtre *le Basilic*, qui fait l'office de consul anglais. En retournant à bord, elle fut hélée par une chaloupe armée de la frégate *la Charte*, qui ordonne à M. Rose d'aller trouver le gouverneur ou de se rendre à bord de la frégate. L'officier anglais refusa, ne voulant recevoir aucun ordre de l'autorité française. Il lui fut alors enjoint de passer de son canot dans l'embarcation française, ce qu'il fit ; mais à l'instant, il commanda d'amener le pavillon anglais, et il remit son épée à l'officier français. Conduit à bord de *la Charte*, le lieutenant Rose eut une longue explication avec le commandant de cette frégate. Après deux heures et demie de séjour à bord, M. Rose put se retirer sur son bâtiment. Il demanda des excuses ; on les lui refusa, en lui disant que l'ordre de la rade était que toute communication fût interdite avec la terre. Le lieutenant de la frégate fit observer à M. Rose que pareille chose lui était arrivée à bord d'un bâtiment de la station de Gibraltar. Du reste, le lieutenant Rose se loue beaucoup de la politesse avec laquelle il a été traité à bord de *la Charte.*

» Cet officier vient d'arriver à Falmouth, apportant à l'amirauté les détails de cette affaire.

» Lors de son départ de Taïti, la reine Pomaré était toujours avec son mari à bord du *Basilic.*

» Madame Pritchard est arrivée de Taïti à Londres avec ses trois enfants. »

A la suite de ces deux affaires, l'ordre fut enfin rétabli à Taïti.

C'est vers le même temps que l'on apprend aussi en France la cruelle catastrophe du tremblement de terre de la Guadeloupe, qui vient ajouter aux embarras du ministre de la marine, déjà très-préoccupé par les graves questions de l'affranchissement et de la loi des sucres.

La commission supérieure, présidée par le duc de Broglie, termine et remet au ministre son rapport sur l'émancipation des esclaves, pour être examiné et ensuite transformé en projet de loi. La question des sucres exige aussi la préparation d'un projet de loi.

L'empereur de Maroc avait accordé à l'émir Abd-el-Kader un asile et des secours de tout genre, et il tenait une armée nombreuse réunie sur les frontières de l'Algérie. Malgré les représentations de la France, Abderrahman persistait dans cette attitude agressive. Dès lors, une expédition est décidée contre l'empire de Maroc.

Le maréchal Bugeaud, gouverneur général de l'Algérie, conduit un corps d'armée sur la frontière française, pour la faire respecter. En même temps, le contre-amiral prince de Joinville est investi du commandement en chef d'une escadre destinée à concourir, sur le littoral du Maroc, aux opérations de l'armée de terre aux ordres du maréchal.

Cette escadre se compose des vaisseaux *le Suffren*, sur lequel flotte le pavillon du contre-amiral, *le Jemmapes* et *le Triton*; de la frégate *la Belle-Poule*, des bricks *le Cassard*, *l'Argus* et *le Pandour*; des canonnières-bricks *la Tactique*, *l'Alouette* et *la Vigie*; des bâtiments à vapeur *l'Asmodée*, *le Groënland*, *le Cuvier*, *le Pluton*, *le Gassendi*, *le Véloce*, *le Lavoisier*, *le Phare*, *le Grégeois*, *le Rubis* et *le Var*.

Les troupes embarquées sur l'escadre se composent de huit cents hommes, infanterie de marine; deux cent trente hommes, artillerie de marine, et cent dix-sept hommes, sapeurs du génie.

En vertu des instructions du gouvernement, le prince ne néglige aucun des moyens pacifiques qui peuvent amener le Maroc à offrir une réparation à la France offensée. Mais l'empereur Abderrahman, aveuglé par le fanatisme, ne veut rien entendre et élève même des prétentions insultantes.

Le contre-amiral, commandant en chef, n'hésite plus à prescrire une attaque contre Tanger. Le 6 août 1844, l'escadre s'embosse aussi près que possible de la ville, et ouvre un feu terrible qui détruit les forts et batteries, ou les réduit au silence. Dans cette première journée, treize hommes de l'escadre sont tués ou blessés. L'ennemi en a perdu quatre cent cinquante.

Malgré la violence des vents et de la mer, l'escadre se porte, le 10 août, de Tanger à Mogador. Les bâtiments tiennent le mouillage jusqu'au 14, et l'escadre reprend le cours de ses opérations. L'ordre d'attaquer est exécuté avec autant d'élan que de précision. Les vaisseaux d'abord, puis les autres bâtiments à voiles, suivis des bâtiments à vapeur, ouvrent le feu contre les batteries ennemies, qui ripostent vigoureusement. La ville de Mogador est foudroyée.

L'île de Mogador, située en face de la ville, est encore défendue par des fortifications qui menacent d'opposer quelque résistance. Une flottille d'embarcations, protégée par l'artillerie des bricks et des vapeurs, débarque cinq cents hommes. Malgré la résistance de l'ennemi, l'île est occupée d'assaut le 15 août par la colonne d'attaque, à la tête de laquelle est venu se placer le contre-amiral commandant.

Dans cette seconde journée, l'armée navale a encore à regretter quatre-vingt-trois hommes tués ou blessés.

Le 16 août, une colonne de six cents hommes est débarquée sous la protection des bâtiments à vapeur *l'Asmodée, le Pluton* et *le Gassendi,* et des bricks *le Cassard* et *le Pandour.* Cette colonne s'empare, sans coup férir, des batteries dites de *la Marine,* et les détruit.

Le 23 août, un boulet ayant été lancé de l'une des tours de la ville, un officier, à la tête de cent soixante hommes, escalade cette tour, qui vient d'être évacuée, et encloue toutes les pièces.

Le 26 août, la frégate à vapeur *le Groënland,* trompée par une brume épaisse, s'échoue près de Larache. Le bâtiment est incendié, pour n'être pas livré aux Arabes accourus sur le rivage pour piller.

Pendant que le prince bombardait Tanger, détruisait Mogador et occupait l'île qui domine le port, le maréchal Bugeaud remportait sur l'armée marocaine la brillante victoire d'Isly. L'empereur Abderrahman, ainsi battu de tous côtés, se décide enfin à demander la paix.

Elle est signée le 10 septembre, et aussitôt le contre-amiral commandant en chef donne l'ordre de cesser toutes hostilités, et d'évacuer l'île de Mogador. Voici les préliminaires du traité de paix avec le Maroc.

Le pacha d'El-Araich, Sidi-Bou-Sellam, a fait les premières ouvertures. Il écrivit le 5, au nom de l'empereur, une lettre pleine de protestations amicales, où il déclarait que son maître, qui, malgré les hostilités, n'avait pas cessé d'être notre ami, était disposé à souscrire à toutes nos conditions.

Le consul général des Deux-Siciles, M. Martineau, qui plusieurs fois déjà avait montré du zèle et une courageuse activité pour tout ce qui touche aux intérêts français, M. Martineau voulut bien se charger de porter cette lettre au prince de Joinville.

Il s'embarqua à bord du bateau à vapeur *le Var*, et arriva à Cadix le 6 septembre.

Sidi-Bou-Sellam nous avait déjà donné de trop fréquentes preuves de sa duplicité, pour que l'amiral pût ajouter une foi entière à sa lettre. Il importait, avant tout, de s'assurer de l'étendue et de la nature des pouvoirs dont le rusé pacha se disait chargé.

En conséquence, le prince ordonna à M. Warnier, le même qui déjà avait signifié à Sidi-Bou-Sellam l'ultimatum de la France, de se rendre à Tanger auprès de lui.

Le Cuvier partit de Cadix le 6 dans la soirée; M. Warnier et M. Martineau, qui retournait à son poste consulaire, prirent passage à bord.

Le 7, ils arrivaient en rade de Tanger. M. Martineau descendit seul à terre; le kaïd l'attendait sur la plage pour recevoir ses ordres.

Dès que le fonctionnaire marocain connut la présence sur rade d'un envoyé français, il monta à cheval et se rendit au camp du pacha pour l'en prévenir.

A neuf heures, le pacha et le kaïd arrivaient en ville. Ils se rendirent aussitôt auprès du consul de Naples, qui fit, peu de temps, après arborer sur la terrasse de son palais un signal convenu.

M. Warnier descendit immédiatement à terre. Les autorités locales, militaires et civiles l'attendaient à la Marine. Des troupes en assez bonne tenue formaient la haie depuis le débarcadère jusqu'à la Casauba.

Le kaïd épuisa la formule des compliments orientaux; puis le cortége, précédé et suivi d'un peloton de soldats, se mit en marche. La population se montrait fort bienveillante, et les femmes remplissaient l'air de ce cri de joie bien connu à Alger, et qui est particulier aux femmes des côtes barbaresques.

A la porte de la Casauba, un poste d'honneur était sous les armes.

Sidi-Bou-Sellam accueillit M. Warnier comme une vieille connaissance. Quand M. Warnier lui eut expliqué qu'il venait vérifier les pleins pouvoirs dont il se disait chargé, le pacha exprima ses regrets de n'avoir pas demandé à l'empereur une lettre spéciale à cet effet. Mais pour obvier à cet inconvénient, que l'éloignement de l'empereur rendait irréparable, le pacha affirma, par un acte en bonne forme, écrit en présence de témoins, qu'il avait reçu *ordre* de traiter avec le plénipotentiaire français. D'après les usages musulmans, le mot *ordre*, dont le pacha s'est servi, indique à la fois que le contractant au nom du prince est chargé de pleins pouvoirs, et qu'il est dégagé de toute responsabilité.

M. Warnier et Sidi-Bou-Sellam se séparèrent dans les meilleurs termes.

A deux heures, le *Cuvier*, quittait la rade de Tanger et rentrait à Cadix.

L'acte donné par le pacha, attestant la mission dont il était chargé, parut suffisant à nos négociateurs. Le 9 septembre, la flotte quitta Cadix; elle arriva en rade de Tanger. Le 10, à dix heures du matin, le kaïd Abbou, gouverneur de Tanger, vint à bord du *Suffren* renouveler, de la part du pacha Sidi-Bou-Sellam, la demande de la paix.

Le prince accueillit avec distinction le kaïd Abbou, brave

militaire qui, pendant la journée du 6 août, fut nommé gouverneur de la ville et chef de la garnison par acclamation publique.

Le prince donna au kaïd une paire de pistolets, en souvenir de notre attaque et de sa courageuse défense.

A deux heures, M. Warnier, accompagné de M. Auger, enseigne de vaisseau, d'un premier maître d'équipage et d'un sous-officier d'infanterie de marine, descendit à terre. Il présenta à Bou-Sellam le traité, et lui demanda s'il l'acceptait. Bou-Sellam accepta.

Aussitôt un signal fut hissé sur le palais consulaire de Naples. MM. de Glucksberg et de Nion descendirent à terre, se rendirent dans le palais du gouvernement, et signèrent le traité avec Bou-Sellam, à cinq heures du soir.

Vingt et un coups de canon saluèrent immédiatement notre pavillon arboré sur le palais de France.

Un traité de paix fut conclu à Tanger, le 10 septembre, entre la France et le Maroc.

FIN.

TABLE

CHAPITRE Ier.

Avénement de Louis XVI. — Révolution d'Amérique. — Washington, Franklin, Lafayette, d'Estaing. — Siège de New-Port. — Attaque de Sainte-Lucie. — Prise de la Dominique. — Combat d'Ouessant. — *Le Québec* et *la Surveillante*. — *La Belle-Poule* et *l'Aréthuse*. — Alliance avec l'Espagne. — Prise de l'île de Saint-Vincent et de la Grenade. — Byron battu par d'Estaing. — Droit de visite. — Rodney. — Terrible ouragan. — La riche flotte de Saint-Domingue. — Prise de Charles-Town. — Rochambeau s'empare de Rhode-Island. — Défection d'Arnold. — L'Angleterre déclare la guerre à la Hollande. — De Grasse aux Antilles et en Amérique. — Expédition de Minorque. — Le bailli de Suffren bat l'amiral Johnston. — Prise de Saint-Christophe. — Échec de l'escadre du comte de Grasse. — Gibraltar. — Batteries flottantes. — Howe sauve sa flotte. — Paix de 1783. — Mort du capitaine de Langle. — *Le Vengeur*. — Combat du 25 messidor. — Bataille d'Aboukir. 13

CHAPITRE II.

Prise de la flotte hollandaise par de la cavalerie française. — Situation des îles de France et de Bourbon. — Le gouverneur Malartic. — Rébellion des colons. — Croisières sur les côtes de l'Ile-de-France. — *La Cybèle* et *la Prudente*. — Bonaparte quitte l'Egypte. — Coup d'Etat du 18 brumaire. — Nomination du premier consul. 49

CHAPITRE III.

Napoléon proclamé empereur. — Rétablissement de la dignité de maréchal de France. — Inauguration solennelle de la Légion d'honneur. — La flottille de Boulogne. — L'amiral Bruix est remplacé par le contre-amiral Lacrosse. — Tentative d'incendie de lord Keith. — Catamarans. — Combat de la division du contre-amiral Linois. — Force et composition de la flottille de Boulogne. — Escadre du contre-amiral Missiessy. — Armée navale du vice-amiral Villeneuve. — Escadre espagnole. — Flottes combinées. — Combat du cap Finistère. — Rapport de l'amiral Villeneuve. — Rencontre de l'armée anglaise. — Combat de Trafalgar. — Villeneuve se rend. — Mort de Nelson. — Tempête. — Fin de l'action. — Le vice-amiral Rosily. — Combat de *la Topaze* et de *la Blanche*. — L'escadre invisible. — *Le Marengo* et *la Belle-Poule*. — Coalition contre la France. — Les contre-amiraux Linois et Willaumez. — Les frégates *l'Italienne, la Calypso* et *la Cybèle*. — Combat de *la Junon*. — Incendue de l'escadre de l'île d'Aix. — Trait de bravoure de l'aspirant Potestas. — Duperré dans l'Inde. — Combat de *la Vénus* et du *Ceylan*. — *Le Rivoli*. — *La Gloire*. — *La Melpomène*. — Combats particuliers. — Marins de la garde. 62

CHAPITRE IV.

Réduction de l'armée de terre et de mer. — Mission de la marine militaire. — Abolition de la traite des nègres. — Le budget de la marine et des colonies. — Blocus et bombardement de Cadix. — Indépendance de Saint-Domingue. — Mission du capitaine de vaisseau de Mackau. — Expédition du capitaine de vaisseau Gourbeyre contre Madagascar. — Les côtes d'Afrique avant 1830. — Naufrage de *l'Aventure* et du *Silène*. — MM. Bruat et d'Assigny. — Conquête de l'Algérie. — Rôle qu'y a joué la flotte. — L'amiral Duperré. — Révolution de 1830. 163

CHAPITRE V.

Déchéance de Charles X. — Avénement de Louis-Philippe. — Budget de la marine. — Expédition du Tage. — Le contre-amiral Roussin. — Expédition d'Ancône. — Le capitaine Gallois. — L'escadre envoyée au secours de la Belgique. — Le contre-amiral Ducrest de Villeneuve. — Le contre-amiral de Mackau. — Le capitaine Parseval-Deschesnes. — La station des Antilles. — Expédition contre Carthagène. — Réparation éclatante. — Les ministres Jacob, Dupin, Duperré. — Incendie du vaisseau *le Trocadéro*. — Blocus de Buénos-Ayres par le contre-amiral Leblanc. — Bombardement et prise de Saint-Jean-d'Ulloa. — Le contre-amiral Charles Baudin. — Passage du Rosario. — Le capitaine de corvette Penaud. — Expédition contre Buénos-Ayres. — *La Belle-Poule* et les cendres de Napoléon. — Escadre d'évolution de la Méditerranée. — Le contre-amiral Dupetit-Thouars. — Les îles Marquises. - Taïti. — Attaque. — Prise de Mogador. — Bombardement de Tanger. 203

FIN DE LA TABLE.

Limoges. — Imp. Eugène Ardant et Cie.

www.ingramcontent.com/pod-product-compliance
Lightning Source LLC
Chambersburg PA
CBHW071907160426
43198CB00011B/1201